감수 조범성

숭실대학교 사학과를 졸업하고, 동 대학원에서 석·박사 학위를 받았다.
주요 논문으로 「일제강점기 식민사학회 연구(日帝强占期 植民史學會 硏究)」
등이 있으며, 현재 동국대학교 역사교과서연구소 연구원으로 있다.

일러두기
- 이 책의 일러스트는 사료를 참고하되 캐릭터를 강조하기 위해 다소 과장해서 표현했습니다. 실제 모습이나 복식과 다를 수 있습니다.
- 인물의 생몰 연도, 사건 연대 등은 『한국민족문화대백과사전』을 주로 참고했습니다.

들어가는 말

가장 뜨겁게
즐길 수 있는 한국사

우리는 역사를 왜 배워야 할까요?

아마 "역사는 미래를 비추는 거울"이라는 말을 들어보셨을 겁니다. 역사의 중요성을 강조하는 격언으로, 그것이 단지 과거의 일이 아니라 현재와 미래에 계속해서 영향을 끼친다는 진실을 알려주죠. 그만큼 역사가 중요하다는 데에는 모두의 생각이 같을 겁니다. 하지만 이렇게 질문하면 어떨까요.

얼마나 자주 역사책을 즐겨 읽나요?
평소 역사를 가깝고 친숙하게 느끼나요?
왜 역사가 중요하다고 생각하나요?

대부분 고개를 갸웃하거나, 쉽게 답하기 어려울 겁니다. 어쩌면 당연한 반응입니다. 역사가 다루는 시공간 범위는 워낙 방대해서 대체 어디서부터 시작할지, 연도·사건·인물 등 수많은 정보를 어디까지 외워야 할지 감을 잡기 힘드니까요.

이런 이유로 많은 역사 교양서가 방대한 사건을 시간순으로 요약 정리하는 방법을 택합니다. 물론 나름의 장점이 있지만, 이렇게 해서는 내용이 비슷비슷해 독특한 재미를 느끼기 어렵고, 여러 사건과 인물을 연결해서 의미와 맥락을 파악하기도 어렵지요.

그럼 어떻게 해야 역사의 재미와 의미, 맥락을 단번에 잡을 수 있을까?

『격돌! 한국사 배틀』은 이런 고민 끝에 탄생했습니다. 앞으로 우리는 역사, 그중에서도 한국사를 주제로 시공간을 초월해 한군데 모인 50여 명의 인물이 주제별로 끝장토론을 벌이는 모습을 관전할 것입니다. 또 다른 유명한 격언인 "역사는 과거와 현재의 끊임없는 대화"를 책으로 구현했다고 할까요.

라운드별 주제에는 '고구려가 삼국을 통일해야 했을까?', '과거가 중요할까, 현재가 더 중요할까?' 같은 역사적 질문도 있지만, '사회 갈등을 어떻게 해결할 것인가?', '강대국 틈에서 살아남을 방법은?' 같은 오늘날 우리 사회에 필요한 현실적 질문, '폭력으로 평화를 얻을 수 있을까?' 같은 철학적 질문도 있습니다. 단순히 연도·사건·인물을 달달 외우는 게 아니라 큰 맥락을 이해하고 스스로 의미를 찾을 수 있도록 돕는, 보다 재미있고 흥미진진한 역사를 만나기 위해 선정한 주제들입니다.

눈길이 가는 주제를 먼저 읽어도 좋고, 왠지 마음에 드는 인물을 응원하며 읽어도 좋습니다. 책에 등장하는 이들은 실제로 기록된 성격 묘사나 다양한 일화, 친구나 사제관계, 라이벌 등 여러 인간관계를 반영한 것에 조미료를 약간 더해 톡톡 튀는 캐릭터를 부여했습니다. 거기에 화룡점정을 찍어주신 분이 바로 최고의 일러스트레이터, 이리 작가님입니다.

다양한 주석을 통해 초심자도 토론을 잘 따라갈 수 있게끔 했고(불필요한 분은 얼마든지 건너뛰어도 좋습니다), 각 장 마지막에는 '이번 라운드 핵심 요약'을 통해 주요 내용을 간략하게 정리하고, '생각하고 정리해보자'를 통해 해당 라운드 주제를 한번 더 고민하고 다른 사람과 토론도 이어갈 수 있도록 했습니다.

최대한 역사적 인물들이 한 말이나 생각을 반영했지만, 이를 뒤집는 최신 이론이 있으면 현대 역사가나 고고학자에게 전해 듣는다거나 다른 인물에게 반론을 받는 형태로 대화를 구성했습니다. 현재까지 여러 이론이 대립하는 경우에는 가장 널리 인정받는 정론을 소개하거나 가장 설득력 있는 주장을 제시하되, 가급적 여러 이론을 함께 소개하려 했습니다. 여러분도 지켜보다가 언제든 '그거 아닌데?' 하고 참전해도 좋습니다. 누구나 가장 뜨겁게 즐길 수 있는 한국사, 그것이 이 책의 모토니까요.

이른바 '반만년'에 달하는 한국사를 한 권으로 정리하는 일이 쉽지는 않았습니다. 그래서 근현대사는 일단 이번 책에서는 과감하게 제외했습니다(기회가 되면 근현대사 편과 세계사 편도 다룰 수 있겠지요!).

　책을 작업하면서 다시 한번 느낀 것은 우리 역사가 알면 알수록 재미있다는 사실입니다. 원래 재미있는 것은 혼자만 즐기기엔 아깝죠. 가족과 친구, 연인과 함께할 때 그 즐거움은 배가 되니까요. 그렇게 『격돌! 한국사 배틀』속 열띤 토론을 관전하며, 때로는 대화에 맞장구치거나 반론도 던지면서 즐겨주시길 바랍니다. 그럼, 지금부터 토론회를 시작하겠습니다!

목차

들어가는 말 가장 뜨겁게 즐길 수 있는 한국사   004

Round 01.
단군 vs 기자, 우리의 진짜 시조는?   014
기자가 고구려인의 선조? 한민족 기원 논쟁

Round 02.
고구려가 삼국을 통일해야 했을까?   040
삼국통일의 의의를 재조명하다

Round 03.

한반도의 일본식 무덤, 그 정체는? 066
임나일본부 논쟁과 영산강 전방후원분의 비밀

Round 04.

발해는 정말 우리 역사일까? 090
동북공정과 발해사의 진실

Round 05.

한국사 최강의 국가는? 　　　　　　114
반만년 역사를 톺아보는 흥미진진한 대결

Round 06.

사회 갈등을 어떻게 해결할 것인가? 　　136
진보 vs 보수, 끝나지 않는 논쟁

Round 07.

강대국 틈에서 살아남을 방법은? 　　　160
고려를 살린 외교 vs 조선을 망친(?) 외교

Round 08.

정치인의 싸움은 무조건 나쁠까? 186
붕당으로 살펴보는 좋은 정치의 조건

Round 09.

빈부격차, 해결 방법이 있을까? 210
조선 후기 실학자, 양극화 해법을 논하다

Round 10.

개방 vs 보호, 무엇이 정답일까? 236
19세기와 21세기, 갈림길에 서다

Round 11.

폭력으로 평화를 얻을 수 있을까? 258
안중근 vs 이토, 진정한 평화주의자는?

Round 12.

3·1운동을 왜 기념해야 할까? 282
성공인가 실패인가, 평화 시위인가 폭력 시위인가?

Round 13.

독립을 위한 최선의 길은?   304
무장투쟁 VS 실력양성 VS 외교독립

Round 14.

과거가 중요할까, 현재가 더 중요할까?   326
친일 청산 문제로 돌아보는 역사의 의미

나가는 말 과거와 현재의 대화는 계속되어야 한다	351
참고문헌	354

ROUND 01. 기자가 고구려인의 선조? 한민족 기원 논쟁

단군 vs 기자, 우리의 진짜 시조는?

단군이 시조!

허목
조선의 문제적 논객

생몰년 1595년~1682년 | **라이벌** 송시열

17세기를 대표하는 성리학자이면서 "공자만 진리를 아는 건 아니다"라고 외친 이단아. 50세까지 공부에만 매진, 과거를 치르지 않고도 우의정까지 역임했다. 예송논쟁을 펼친 송시열과는 서로 맹렬하게 비난하기도 했지만, 정작 송시열이 중병에 걸리자 의학에 밝았던 허목이 약을 처방해주었다는 일화도 전한다. 역사책 『동사』를 집필했다.

신채호
독립운동가이자 역사가

생몰년 1880년~1936년 | **좌우명** "역사란 아(我)와 비아(非我)의 투쟁!"

유학자에서 민족주의자, 그리고 사회주의자, 아나키스트로 다양한 사상 변화를 겪으면서도 평생 독립운동에 매진했다. 기억력이 좋아서 한 번 읽은 책 내용은 줄줄 외웠다고 한다. 근대적 역사가로 한국사 연구에도 기여했다. 저서로 『독사신론』 『조선상고사』 등이 있다.

기자가 시조!

최치원
아웃사이더로 살아간 천재

생몰년 857년~908년(?) | **TMI** 부산 '해운대'를 작명

신라 육두품 출신의 천재. 어릴 적 중국 당나라에 유학해서 불과 18세의 나이에 빈공과에 합격했다. 이후 신라로 돌아와 벼슬을 살면서 '시무십여조' 등 개혁안을 냈지만 받아들여지지 않았다. 은퇴 후 금강산과 지리산 등 전국을 유랑했으며, 신선이 됐다는 전설이 있다.

이이
한 번도 어렵다는 장원급제만 아홉 번!

생몰년 1536년~1584년 | **TMI** 모자 지폐 모델

호는 율곡. 아홉 번 시험에 장원급제해서 '구도장원공'이란 별명이 있다. 스물셋에 '이기일원론'을 정립한 대사상가이자, 개혁정치가로 수미법과 서얼 차별 완화 등을 주장했다. 붕당의 분열을 막으려 했으나, 결국 실패하고 약세였던 서인의 지주가 되었다.

둘 다 우리 시조!

안정복
역사가이자 성리학자

생몰년 1712년~1791년 | **스승** 성호 이익

실학자. 스승의 감수를 받아 여러 정사와 야사를 모아 역사책 『동사강목』을 집필했다. 발해를 민족 정통의 역사로 인정하지 않았으나, 발해에 관한 많은 사료를 정리해두어 훗날 유득공이 『발해고』를 쓰는 데 도움을 주었다. 단군의 역사성에 의문을 가지면서도, 단군조선은 정통으로 인정했다.

여러분, 반갑습니다. 토론의 진행을 맡은 조선의 실학자 정약용입니다. 지금부터 우리는 반만년 시공간을 뛰어넘어 여러 역사 인물을 만날 텐데요. 오랜 논쟁거리부터 현대 사회의 문제들까지, 다양한 주제를 놓고 양보 없는 논쟁을 펼쳐보겠습니다. 그럼, 본격 논의에 앞서 질문을 하나 하겠습니다. 우리 민족 최초의 국가는 어디일까요?

정답! 너무 쉬운데요. 당연히 고조선이지요.

역시 잘 맞혀주셨습니다. 많은 분이 정답을 아셨을 텐데요. 오늘날에는 쑥과 **마늘**, 곰과 호랑이가 나오는 **단군신화**, 원래 국호는 '조선'이지만 훗날 다시 세워진 나라와 구분하기 위해 옛 고(古)자를 붙여 '고조선'으로 불린다는 사실이 잘 알려져 있습니다.

하지만 민족 최초의 국가라는 타이틀에도 불구하고, 고조선은 미지의 영역이 훨씬 많습니다. 언제 건국했는지, 정치제도나 사회·생활상은 어땠는지, 수도는

마늘 오늘날 우리가 먹는 마늘은 원산지가 중앙아시아로 7세기 이후 전래된 것으로 보인다. 단군신화에 나오는 마늘은 달래나 산마늘(명이나물)로 추정.

단군 한민족의 시조로 여겨지는 단군의 탄생신화. 단군이라는 명칭은 동아시아·중앙아시아 유목민들이 믿었던 하늘의 신 '텡그리'와 어원이 같다고 한다. 단군왕검이라고도 하는데, 이때 단군은 종교적 지도자, 왕검은 정치적 지배자를 뜻한다.

어디이며 영토는 어떻게 되는지 논쟁이 많습니다. 심지어 고조선의 지도자인 단군의 정체를 둘러싸고도 여러 논쟁이 있는데요. 과연 그 진실은 무엇인지, 지금부터 토론을 시작하겠습니다. 아, 저기 손을 드신 분이 있군요!

단군신화에 여러 버전이?

하늘나라 환인의 서자 환웅이 지상에 내려오자, 사람이 되고픈 호랑이와 곰이 찾아왔다. 환웅은 그들에게 쑥과 마늘을 주며 100일 동안 동굴에서 기도하게 했는데, 호랑이는 중간에 뛰쳐나갔지만 곰은 성공해 인간 여인이 됐다. 환웅은 그녀와 맺어졌고, 단군왕검이 태어났다.

우리가 잘 알고 있는 이 이야기는 일연의 『삼국유사』(1281년)에 전한다. 하지만 당시에는 이 외에도 여러 버전의 단군신화가 있었다. 대표적으로 이승휴의 『제왕운기』(1287년)의 단군신화에는 곰과 호랑이가 없다. 한편, 5세기 중엽 집안(중국 지린성 지안시) 각저총 벽화 속 유명한 씨름 장면 뒤쪽엔 커다란 나무와 곰, 호랑이가 그려져 있다. 이 일대에 단군신화의 중요한 모티브들이 널리 퍼져 있었다는 걸 알 수 있다.

최치원

우리 민족의 시조는 기자입니다. 그는 기원전 11세기 중국 상나라의 성인으로, 동쪽으로 이주해 우리 민족의 지도자가 되어 발전된 문명을 전수해줬지요. 중국 주나라 무왕이 그를 조선의 제후로 책봉했다는 기록도 있습니다.

저는 중국 당나라에 보낸 「양위표」를 통해, 우리 시조가 기자라는 점을 강조했습니다. 우리가 다른 야만국가와 달리, 아주 오래전부터 기자라는 훌륭한 성인의 가르침을 받은 오래된 문명국가라는 점을 분명하게 밝힌 것이지요.

이렇게 뵙게 되어 기쁘네요. 선배님은 어릴 적 당나라에 유학해 겨우 18세의 어린 나이에 빈공과에 합격하셨지요? 저 역시 시험이라면 조금 자신 있습니다!

하하, 무려 아홉 번이나 장원급제한 '구도장원공'이 아니십니까? 나보다 훨씬 나은데요.

과찬이십니다. 선배님께선 유학 시절 현지 자료도 꽤 접하셨을 텐데, 먼저 기자에 대해 좀 더 설명해주시겠습니까? 저 역시 선배님 의견과 같지만, 대체 중국인이 어떻게 우리 시조가 될 수 있냐며 의문을 품는 분들이 있어서요.

상나라 중국 고대 왕조. 오랫동안 신화로만 여겨졌으나, 마지막 수도인 은허와 갑골문 등이 발굴되어 그 존재가 증명됐다. 수도의 이름을 따서 은나라로도 불린다.

책봉 황제가 신하나 이민족 지도자에게 일정 지역의 지배권을 인정해주는 것. 이들은 형식상 군신 관계를 맺고 예물로서 '조공'을 바치는 대신, 벼슬을 책봉 받고 제국의 권위를 빌려 정치적 입지를 다졌다.

기자의 본명은 자서여로, 기자라는 이름은 '기 땅에 봉해진 자작'이라는 뜻입니다. 뛰어난 현자로, 폭정을 일삼다 주나라에 멸망당한 상나라 마지막 왕의 숙부지요. 바른말을 하다가 감옥에 갇혔는데, 주가 상을 정복한 뒤 그를 풀어주며 가르침을 구했다고 합니다. 이후에 우리 땅으로 옮겨와 여덟 개의 가르침, 즉 팔조금법으로 나라를 잘 다스렸지요. 바로 이러한 이유로 우리 신라인은 물론이고, 고구려인 또한 기자를 선조로 섬긴 것입니다.

고구려인도 기자를 선조로 섬겼다고요?

『구당서』에 그런 기록이 있습니다. 말씀하신 것처럼 우리는 기자가 온 뒤에 법과 제도를 갖춘 문명국가가 되었지요. 공자께선 늘 주나라의 예를 본받으라고 하셨는데, 우리 민족은 그런 주 무왕의 스승 격인 위대한 성인의 가르침을 일찍부터 받은 것입니다. 자랑스럽지 않습니까?

양위표 신라의 최치원이 진성여왕이 왕위에서 물러나고 효공왕이 즉위한 이유를 당에 설명한 외교 문서.

빈공과 외국인을 대상으로 한 당나라의 과거 시험. 당시 신라와 발해에는 과거제도가 없어서, 신라 육두품 등 신분상 한계가 있던 이들이 많이 응시했다.

하고 싶은 말이 많지만…. 일단 계속하시지요.

나는 이런 자랑스러운 역사를 『기자실기』라는 책을 써서 체계적으로 정리했습니다. 이를 통해 우리의 오랜 역사와 전통을 후손에게 전하려 한 것이지요.

오, 그런 책을 정리하셨군요? 내가 살았던 시대에도 기록이 거의 안 남아 있었는데, 선생의 시대에 그런 업적을 남기다니. 정말 대단합니다!

기록이 없긴 했습니다. 아니, 그나마 있던 자료들도 제대로 정리되지 않았죠. 그러니 중국에 갔던 사신들이 현지에서 기자에 관한 질문을 받아도, 제대로 답변 못하는 경우가 많았지요. 이에 선조 임금께서 기자에 관한 여러 정보를 모은 『기자지』를 쓰게 했고, 저는 그 책과 다른 자료를 참고해 체계적으로 정리한 겁니다. 쑥스럽지만, 제 책은 꽤 완성도가 높아서 명 사신들도 극찬하며 가져가곤 했지요.

자작 고대 동아시아 문화권에 있던 제후의 작위 중 하나. 공-후-백-자-남의 순서.

팔조금법 고조선 시대에 있었다는 8개의 법 조항. 『한서』에 3개 조항이 전해지며, 근대 역사학이 발전하기 전까지는 기자가 만든 것으로 여겨졌다.

하하, 역시 율곡 선생. 참 잘나셨습니다. 물론 기자도 훌륭한 분입니다만, 그보다 앞선 민족의 시조 단군의 이름을 모르는 건 아니겠죠?

물론 알고 있습니다. 하지만 설마 『삼국유사』 이야기만 하시려는 건 아니겠죠?

왜요? 승려가 쓴 책이라서 믿지 못하겠다고 말씀하시는 건가요? 이런, 사실 저보다 율곡 선생께서 불교와 더 친하시면서.

말씀에 뼈가 있으시군요!

뼈 있는 말로 따지는 건 원래 선생의 특기 아닙니까? 워낙 똑똑한 분이니 잘 아시겠지만, 여러 책에 기록이 있습니다. 비현실적인 내용을 없앤 역사책 『삼국사기』에도 '선인왕검'에 관한 언급이 있지요. 고구려 추모왕을 만난 비류국왕 송양이 "나는 선인의 후손으로 여러 대에 걸쳐 왕이 됐다"라는 기록이 그것입니다. 또한, 『동국통감』에도 단군이 조선을 건국한 시기를 밝

율곡 이이의 친가가 있는 파주 파평면 율곡리에서 따온 호. 과거 동아시아 선비들은 이름을 여러 개 썼는데, 원래 이름인 명(名), 성인식 이후 본명 대신 지어 부르는 이름인 자(字), 스스로 지은 별명인 호(號)가 그것이다. 율곡(이이), 다산(정약용) 등이 바로 호다.

> **율곡 이이는 불교와 친했다?**
>
> 이이는 어린 시절 어머니 신사임당이 죽은 뒤 방황했고, 삼년상을 마친 뒤 잠시 절에 들어가 거사(정식으로 출가하지 않고 수행하는 사람)로 생활한 적도 있다. 남인 강경파였던 허목은 이 경력을 빌미로 서인의 정신적 지주였던 이이를 강하게 비판했고, 심지어 "율곡은 유학자가 아니라 승려"라는 원색적인 비난까지 했다.

히고 있지요.

말씀 중에 끼어들어서 죄송합니다만, 오늘날 **단기**의 기준을 기원전 2333년으로 삼는 이유가 『동국통감』 때문이죠? 그런데 그 연대가 정확할까요?

그 건국 연대가 정확하다고 생각하지 않습니다. 뭐, 단군에 대한 기록들이 남아 있는 건 나도 알았지만, 너무 옛날 일이라서 신뢰도가 떨어져요. 말씀하신 『삼국사기』의 기록조차 12세기에 쓰인 것입니다. 우리나라나 중국에서 그보다 앞선 시기에 단군의 존재를 언급한

동국통감(1484년) 성종 때 완성된 국가 공인 관찬 사서. 단군조선에서 고려 말까지의 역사를 편년체(역사를 시간순으로 서술하는 방식)로 기록했다.

단기 단군이 고조선을 건국했다는 연도는 기록마다 다르다. 일연은 "요 임금이 즉위하고 50년"이라고 언급했으며, 오늘날 단기의 기준을 기원전 2333년으로 삼는 것은 서거정 등이 왕명으로 편찬한 『동국통감』의 주장을 따른 것이다.

기록은 없습니다.

진행자로서 자세한 의견을 밝히긴 어렵지만, 사실 저도 단군왕검이 실존 인물인지 의심이 들었어요.

황해도 구월산의 삼성사에선 고려 때부터 단군을 모셨다고 하더군요. 뭐, 단군왕검이란 분의 실존 여부는 차치하고, 진정한 문명의 시작은 기자부터라고 말해도 되지 않을까요? 본격적으로 문자를 쓰고 선진 문명을 연 것이 그때부터니까요.

쯧쯧, 그런 편협한 사고방식이 문제라는 겁니다. 단군을 제쳐두고 기자만 강조하는 건 문명의 뿌리가 오직 중국에만 있다는 사대주의적 사고예요. 단군은 중국의 요순만큼 훌륭한 지도자로서, 우리 문명을 개척한 분입니다. 마땅히 시조로 추앙할 만하지요.

전부 동의할 수는 없지만, 분명 일리 있는 말씀입니다. 저 역시 문명의 뿌리가 중국에만 있다고 생각하진 않습니다. 유가·불가·도가의 핵심적인 가르침이 이미

사대주의 작은 나라는 힘이 센 큰 나라를 섬겨야 한다는 사상.

요순 중국 전설상의 임금 요와 순을 함께 부르는 말. 훌륭한 정치를 펼친 지도자의 표본으로 '요순시대'라는 말이 널리 쓰였다.

우리 민족 고유한 정신인 **풍류도**에 담겨 있다고 생각했지요.

옳은 말씀입니다. 단군이나 단군조선뿐 아니라, 그동안 우리가 주목하지 않았던 나라들도 다시 살펴볼 필요가 있다고 생각합니다. 부여나 예맥·숙신·탐라 등이지요. 비록 그들이 우리의 직계 역사는 아니지만, 주변부 역사로서 살펴볼 필요가 있어요. 이런 생각에서 쓴 것이 『동사』라는 역사책이죠. 특히 그 안에 있는 「단군세가」를 통해 단군이 우리 시조라는 점을 분명히 밝히고자 했습니다.

하하. 계속 단군이 시조네, 기자가 시조네 옥신각신할 생각입니까? 둘 다 중요한 분 아닌가요? 요순의 가르침이 단군에게 전해져 고조선이 세워졌고, 그 뒤에 다시 기자가 와서 문명을 더욱 발전시킨 게 아니겠습니까? 저는 성호 이익 스승님과 논쟁을 펼치면서, 『동사강목』이란 책을 썼습니다. 특별히 '정통론'에 입각해서 우리 역사를 서술했지요.

풍류도 최치원은 「난랑비 서문」에서 "우리나라에는 현묘한 도가 있으니 이름을 풍류라 한다"고 밝히면서, 풍류도가 유·불·도교의 가르침을 모두 포함하고 있다고 주장했다.

그게 뭔지 자세히 설명해주시겠습니까?

그러죠. 자고로 한 나라가 세워지고 망하는 것은 하늘의 뜻에 달려 있습니다. 그렇게 천명을 얻은 국가만이 정통성을 갖춰서, 세상을 잘 다스릴 수 있는 거지요. 폭정을 저지른 상나라가 망하고, 선정을 펼친 주나라가 천하를 다스리게 된 것이 그런 이치입니다.

아하, 유학자라면 다 동의할 내용이네요.

이런 정통론을 우리 역사에 적용해볼까요? 기자조선의 마지막 임금 준왕은 반역자 위만에게 쫓겨나 **바다 건너 마한 땅으로 옮겨갔지요**. 그렇다면 이때 단군-기자조선의 정통성은 어디 있을까요? 당연히 위만조선이 아닌 준왕이 옮겨가서 세운 마한에, 그리고 그 뒤를 이어 삼한(마한·진한·변한)을 통일한 통일신라로 이어졌다고 보는 게 맞지 않을까요?

답답한 소리만 하는 분들 틈에서 선생님을 뵙게 되니 기쁩니다. 저 역시 역사가로 『동사강목』을 무척 사랑했습니다. 독립운동을 위해 압록강을 건널 때도 품고 갈 정도로요. 비록 시대적 한계도 있지만, 최대한 정밀한 고증 방법과 **사료 비판**으로 우리 역사를 정리한 학

> **준왕은 정말 바다 건너 한반도로 왔을까?**
>
> 오늘날 역사 연구에는 문헌사료뿐 아니라, 고고학적 연구 성과도 매우 중요하다. 예컨대, 고조선의 성립 시기나 전성기에 관해서는 문헌사료보다 요서·요동 일대의 '십이대영자문화'(기원전 9세기 이후. 비파형 동검과 잔무늬 청동거울이 대표 유물)가 더 많은 걸 말해준다. 이 문화는 기원전 6세기~기원전 4세기 무렵 요동의 '정가와자 유형'을 중심으로 발전하는데, 이는 기원전 4세기에 편찬된 『관자』에 조선에 관한 기록이 나오는 것과 연결된다.
>
> 한편, 『삼국지』「위서」 동이전에는 고조선 준왕이 위만에게 쫓겨나 바다 건너 마한 땅에 가서 왕이 됐다는 기록이 있다. 고고학 성과에 따르면, 전북 익산에 있던 건마국이 '준왕의 후예'로 추정된다. 또 그 뒤를 이어 마한을 주도한 천안 일대의 목지국 역시 고조선 계열 묘지 형식과 세형동검 등의 유물이 있어, 초기 마한 연맹의 주도 세력이 고조선 계열이라는 사료의 기록을 뒷받침한다.

자로서의 태도를 본받으려 애썼습니다. 저뿐만 아니라 후대에 정말 큰 영향을 주셨지요.

허허, 감사합니다. 저는 책을 쓸 때 늘 여러 사료의 신빙성을 따져 잘못된 사실을 바로잡으려 했습니다. 대표적으로 『삼국사기』에선 신라가 제일 먼저 건국됐다

사료 비판 역사 자료(사료)의 신뢰성과 진실성, 의미 등을 분석하는 작업.

고 쓰여 있지만, 저는 『한서』 등 여러 역사책을 검토한 결과, 신라가 아닌 고구려가 삼국 중 가장 먼저 세워졌을 거라는 생각도 밝혔지요.

사실 고대국가는 정확한 성립 시기를 알 수 없지 않나요? 저도 여기 와서 배운 건데, 고대의 국가란 처음부터 완성된 형태로 건국되는 게 아니라 작은 연합체로 시작해 점점 성장하는 거라고 하던데요.

그건 그렇습니다. 다만, 죄송하게도 이 자리에선 안정복 선생님의 시대적 한계를 몇 가지 지적하려 합니다. 첫째, 정통성에 대한 인식입니다. 선생님께서는 '단군-기자-마한-통일신라'로 정통이 이어진다고 말씀하셨지만, 제 생각은 좀 다릅니다. 저는 『독사신론』을 통해 우리의 정통이 '단군조선-부여-고구려'로 이어지는 걸 밝혔죠. 기자는 고조선 전체가 아니라, 일부 지역만 다스렸을 뿐입니다.

오호, 부여를 중요한 나라로 보는군요?

독사신론(1908년) 신채호가 《대한매일신보》에 연재한 글을 모은 것으로, 민족주의 사관에 따라 저술된 최초의 한국 고대사 역사서. 만주 중심으로 고대사를 다루었으며, 민족의식을 고취시키고 애국심을 높이려는 목적에서 쓰였다.

그렇습니다. 부여는 이미 고조선 후기 때부터 고조선에 버금갈 정도로 강한 세력을 갖고 있었습니다. 또한 무엇보다 삼국을 대표하는 두 나라, **고구려와 백제의 뿌리가 되는 강국**이지요.

고구려와 백제의 뿌리, 부여의 건국신화?

강의 신 하백의 딸인 유화는 천제의 아들 해모수와 사랑에 빠졌다가 임신하고 만다. 아버지에게 쫓겨난 유화는 동부여 금와왕에게 거둬져 알을 낳는데, 거기서 태어난 것이 바로 주몽(추모)이다. 주몽은 활의 명수여서 다른 왕자들의 시샘을 받았고, 결국 이들을 피해 일행을 이끌고 남쪽으로 도망쳤다. 도중 나룻가에 이르렀을 때, 물고기와 자라가 다리를 만들어줘서 도망칠 수 있었고, 마침내 새 나라를 세웠다.

위 내용은 우리가 잘 아는 고구려 동명성왕의 건국 신화다. 그런데 서기 60년 후한의 왕충이 쓴 『논형』에는 거의 똑같은 내용의 '부여 동명왕 신화'가 기록되어 있다. 오늘날에는 고구려가 같은 예맥족 국가이자 자신들보다 앞선 나라인 부여의 건국 신화를 자신들의 것으로 차용한 것으로 여겨진다. 백제 역시 '도모왕(주몽)'을 시조로 섬겼는데, 고구려의 동명성왕(주몽)을 섬겼는지 부여의 동명왕을 섬겼는지 논란이 있다.

음. 다음은요?

둘째, 발해에 대한 인식입니다. 선생님께선 발해에 관한 많은 자료를 남기셨습니다. 다만, 그러면서도 발해

가 정통 왕조는 아니라 선을 그으셨지요. 시대의 한계일 테지만, 아쉽습니다. 발해는 고구려를 계승한 나라로 마땅히 우리의 자랑스러운 역사입니다. 비록 선생님을 존경하지만, 발해에 관해서는 유득공 선생님을 더 높게 평가할 수밖에 없군요. 『발해고』 덕분에 천 년 가까이 한민족이 잊고 살던 압록강 이북의 역사를 되찾은 셈이니까요.

음, 의아하군요. 먼저 기자가 고조선 전체가 아닌 일부 영역만 다스렸다고 말씀하셨는데, 그런 주장에 근거가 있을까요?

준왕이 쫓겨나 마한으로 갔다는 기록에서 알 수 있듯, 고조선은 진한·변한·마한처럼 셋으로 나뉘어 있던 겁니다. 앞서 많은 분이 기자에 대해 의미 부여를 하셨는데, 그는 고조선의 극히 일부만 다스린 사람입니다. 그냥 '그런 사람이 있었구나' 하고 넘어가면 될 뿐, 시조라 불릴 사람은 단군뿐이죠.

자, 논의가 치열해지면서 관중석에서도 수군거리는 소리가 들리는데요. 잠깐만요. 뒤쪽에서 논쟁을 듣고 있던 현대의 역사학자와 고고학자들이 쪽지를 보내왔습니다!

웬 쪽지를…. 아니, 이럴 수가? 나의 '삼조선설'과 기자가 조선을 다스렸다는 '기자동래설'이 사실이 아니라니!?

지금까지의 논의를 뒤집는 주장입니다! 새로운 근거라도 나온 걸까요?

중국계 청동기가 유입된 시기나 분포 영역 등을 살펴보면, 기자로 대표되는 중국계 청동기의 분포 지역은 고조선의 영역과 겹치지 않는다네요. 책으로는 알 수 없었던 사실을 오늘날엔 이렇게 고고학 사료로 알 수 있군요.

믿을 수 없네요. 평양에는 엄연히 <u>기자의 흔적</u>도 발견된 걸로 아는데요.

그건 중국 문화의 영향을 받은 고구려 평양성 유적 일부를 착각한 것이라 하는군요. 기자와 관련 있는 고대 중국의 청동기 유물이 요서 대릉하 일대에선 발견된 적 있지만, 비파형 동검과 고인돌로 대표되는 고조선의 강역과는 출토 지역도 다르고 유물 특징도 완전히 다르다고 합니다.

> **기자의 흔적이 평양에?**
>
> 실학자 한백겸은 실증적인 방법으로 역사와 지리를 연구했다. 특히 『고려사』「지리지」나 명나라 왕기의 『삼재도회』등에 언급된 기자의 정전(고대 중국 주나라에서 실시했다는 이상적인 토지제도. 땅을 우물 정(井) 모양으로 나누어, 바깥 여덟 부분은 백성에게 나누어주고 가운데 부분은 공동 경작, 그 수확물을 세금으로 냈다고 한다.)이 평양에 있다는 걸 실증하려 했다.
>
> 오늘날에는 평양의 유적이 실제 기자의 정전은 아닌 것으로 밝혀졌다. 하지만 기자의 정전에 관한 믿음은 류형원, 정약용 등 당대 실학자들이 토지 개혁안을 세우는 데 영향을 주었다.

이상하네요. 그러면 대체 우리는 언제부터 기자를 시조로 착각했던 걸까요?

충격적인 이야기입니다. 그런데 가만히 생각해보면, 그 실마리는 앞선 대화에서 찾을 수 있겠어요. 중국에도 존경받는 위대한 성인을 선조로 삼으면, 그만큼 오랜 역사와 뿌리 깊은 문화적 전통을 지녔다는 자부심이 생기니까요.

기자가 조선의 제후가 됐다는 이야기가 처음 언급된 건 기원전 2세기 『상서대전』부터라고 하네요.

그렇다면 기자동래설은 기자가 살았던 시대에서 천

년이 지난 뒤에야 처음 등장한 거군요.

네. 그 이전 중국 기록에도 기자에 관한 언급은 있었지만, 그가 조선으로 갔다거나 제후가 됐다는 이야기는 없다고 합니다. 아마 중국이 한의 군현을 통해 고조선 유민을 지배할 이데올로기로 지어낸 이야기일지도 모르겠습니다. 반대로 우리 조상들이 그런 이데올로기를 유리한 쪽으로 이용했을 수도 있고요.

아무튼, 분명 어느 시점부터 기자동래설은 사람들 사이에 널리 퍼져나갔고, 우리나라와 중국에서도 진짜로 믿어졌으며, 그런 믿음이 점차 역사적 사실로 받아들여진 거겠죠.

제가 살았던 시대에는 고고학이 발전하지 않아서, 그런 진실을 알기는 어려웠지요.

저도 그렇습니다. 아, 좀 더 이곳에 남아 자유롭고 평화롭게 역사 연구를 할 수 있다면 좋을 텐데!

상서대전 진시황의 분서갱유로 사라진 줄 알았던 『상서(서경)』를 전한의 학자 복승이 암기해 옮겨 적은 것.

한의 군현(한사군) 한나라가 고조선을 멸망시키고, 그 지역을 다스리기 위해 군현. 평양 일대에 세워진 낙랑군이 대표적이다.

고대에는 지배층의 권위를 높이기 위해 건국 신화를 꾸미거나, 시조의 업적을 과장하는 일이 흔했다고 합니다. 신라의 경주 김씨 역시 시조를 『삼국사기』에서 '김알지'라고도 했다가, 중국 삼황오제의 하나인 '소호 금천씨'라고도 했다가, 다시 〈문무왕릉비〉에는 '성한왕' 또는 흉노 왕족 출신 한나라 명장 '김일제'의 후손임을 자처한 적도 있죠. 훗날 청나라 황족들도 자신들이 신라의 후예라고 인식한 기록도 전하고요.

흥미롭네요. 아, 혹시 그럼 단군조선의 정확한 건국 연대도 밝혀졌나요?

아직 고조선의 정확한 건국 연대는 알 수 없다고 합니다. 기원전 2333년은 확실히 신화적 연대고, 오늘날 고고학 성과에 따르면 기원전 10세기에서 기원전 4세기 사이에 고조선이라는 정치 연맹체가 성장했다고 봅니다. 아무튼, 고조선을 말할 때 빼놓을 수 없는 중요 인물이 하나 더 있습니다.

위만을 말씀하시려는 거지요?

삼황오제 고대 중국의 신화적 제왕들. 진시황은 이들에게서 '황제'라는 호칭을 만들었다.

청나라 황족이 신라의 후예?

건국 신화는 지배층의 권위를 세우려고 만든 것이다. 그런데 독특하게도 시조는 대개 외부인이다. 고조선을 세운 단군은 하늘나라 환웅의 아들이고, 부여의 동명왕은 북방 고리국 출신, 고구려·백제·신라·가야의 건국자 역시 모두 외부인이다. 심지어 『고려사』에는 태조 왕건의 조상이 당나라 숙종이라는 믿기 힘든 이야기도 전한다.

우리나라만 그런 게 아니다. 로마제국의 창시자 로물루스는 전설적인 트로이전쟁의 그리스 영웅 아이네이아스의 후손이며, 『금사』에서 태조 아골타는 8대조 완안함보가 한반도 출신(고려 혹은 통일신라)이라고 주장했다.

이러한 신화는 사실일까? 당연히 아니다. 사실 고대국가의 시조가 권위를 가지려면 신비감이 필수다. 따라서 익숙한 존재가 아니라, 외부에서 강력한 기술·문화를 갖고 들어온 신비롭고 강력한 존재로 그려지는 것이다.

맞습니다. 기록에 따르면 그는 옛 연나라 사람으로 고조선에 귀순해서 서쪽 변방을 지키다가, 준왕을 배신하고 왕위를 빼앗았죠. 이를 '위만조선'이라고 하는데, 문제는 그의 출신이 중국이라는 겁니다. 이 사건을 두고 중국은 동북공정 논리를 펴기도 하고, 일제는 식민사관 논리 중 하나인 '타율성론'을 주장했는데요. 우리는 그의 정체를 어떻게 바라봐야 할까요?

위만은 찬탈자이자 배신자지만, 아마 조선인이 아닐까요? 처음 고조선에 왔을 때, 상투를 틀고 조선인의

옷을 입었다는 기록이 있으니까요.

항복하는 마당이니 잘 보이려고 그런 복장을 했던 건 아닐까요?

뭐 그럴 수도 있겠지만요. 아무튼 그는 왕위를 빼앗은 뒤에도 국호를 유지했고, 다른 지배층들 역시 반발 없이 왕위가 아들과 손자에게로 이어졌습니다. 만약에 그가 중국인이었다면, 분명 귀족이나 백성이 반발하지 않았을까요?

일리 있는 주장이지만, 증거가 없어 확신할 순 없군요. 그런데 말입니다. 애초에 그의 출신이 고조선계인지 중국계인지 따질 필요가 있을까요? 출신지와 관계없이, 고조선의 문화를 받아들여 고조선인으로 살았는데요. 물론 고조선의 정통성은 준왕이 망명해서 세운 마한에 있겠지만 말입니다.

그렇습니다. 출신은 중요하지 않아요. 제가 유학한 당나라만 해도 전 세계인이 한데 어울려 살았죠. 고대에

타율성론 일제가 우리나라를 지배하기 위해 만들어낸 식민사관. 지정학적으로 한반도의 운명은 대륙 세력(중국)과 해양 세력(일본)에 의해 좌우됐다는 주장.

도 인적·문화적 교류는 활발했습니다.

육두품 출신으로 신분의 벽을 느끼셨던 한이 느껴지네요. 저도 정치적 소수자로 핍박을 받았고, 서얼 출신 벗들도 많아서 조금은 이해가 됩니다.

하하, 아쉬움을 어떻게 말로 다 표현하겠습니까…. 그나저나 지금 사회는 신분이나 출신지 때문에 부당하게 차별하는 일이 없겠지요?

그래야 할 텐데요…. 후손들이 자유롭고 평등한 사회를 계속 지켜주면 좋겠네요.

그런 나라를 되찾으려 독립운동을 한 것이지요. 아무튼 고대에는 전쟁도 잦고, 여러 이유로 대거 이민하는 경우가 많았습니다. 중국에서 전쟁을 피해 많은 이민자가 한반도로 왔고, 한반도에 살던 이들이 일본 열도로 옮기는 일도 있었지요. 우리나라 위인 중에도 중국계가 있고, 반대로 중국이나 일본에서 활약한 고구려·백제·신라 출신 인물도 많습니다.

 그런 이주와 교류 과정에서 토착문화와 외래문화 사이에 경쟁과 융합이 발생하고, 그 결과 새로운 정치집단이 등장하거나 사회가 발전하는 거죠. 일종의 아

와 비아의 투쟁 과정이라고 할까요.

앞서 기자조선에 대한 믿음도 현대인의 관점에선 '중국인을 건국시조로 삼는 게 뭐가 자랑스럽지?' 하는 의문이 들 수도 있을 겁니다. 하지만 앞서 이야기했다시피, 고대에는 건국시조가 이질적인 존재이거나 외국인인 것이 자연스러웠어요. 시대적 필요에 따라 그런 믿음이 필요했던 것이지요.

자, 다들 첫 주제부터 열띤 논쟁을 펼쳐주셨습니다. 간단히 정리하면, '기자가 한민족의 시조'라고 주장하신 분들은 우리 역사와 문화 수준의 '보편성'이 중국 역사와 문화에 뒤지지 않다는 점을 강조하셨던 것 같고, '단군이 우리 민족의 시조'라고 주장하신 분들은 우리만의 '고유성과 주체성'에 좀 더 주목했다고 해석할 수 있겠네요.

아무래도 고조선의 역사적 실체에 관해선 앞으로 더 많은 연구가 필요하겠지요. 다만, 분명한 것은 한민족은 그 탄생 과정부터 주변 민족이나 문화와 서로 밀접하게 연결되어 있다는 점이겠지요. 당연합니다. 문

아와 비아의 투쟁 신채호가 『조선상고사』에서 사용한 용어로, 역사를 주체와 객체(대상)의 투쟁 과정으로 바라본 아나키즘적 역사 관점.

명은 홀로 고립된 채 발생하고 발전하는 게 아니라, 수많은 교류와 경쟁 과정에서 변화하고 성장하는 것이니까요.

이번 라운드 핵심 요약

① 기자조선은 오랫동안 실재한다고 믿었지만, 고고학적·역사적 사실은 아닌 걸로 밝혀졌다.
② 최치원과 이이는 기자를 시조로, 허목은 단군을 시조로 여겼으며, 안정복은 둘을 모두 중시했다.
③ 안정복은 마한, 신채호는 단군 정통론에 입각해 역사를 해석했다.
④ 고조선의 역사적 성립 시기는 기원전 2333년이 아닌, 기원전 10세기~기원전 4세기쯤으로 추정된다.
⑤ 고조선 문명은 주변 문화와 교류를 통해, 점점 독자성을 갖추며 발전했다.

생각하고 정리해보자

오늘날 우리에게 단군신화는 어떤 의미가 있을까? 다음 글을 읽고, 그 의미에 대해 생각해보자. 또한 고구려·백제·신라·가야의 건국 신화도 이번 기회에 살펴보자.

> 단군은 고려시대 몽골의 침략에 대한 저항 과정에서 고려인들에게 역사공동체라는 동질 의식의 밑바탕이 되어주었고, (…) 일제강점기 독립에 대한 열망 속에서 시조 단군은 근대 한국 저항민족주의의 구심점으로 자리하였으며, 신앙의 대상으로 숭배되기도 하였다.
> _이승호, 「단군: 역사와 신화, 그리고 민족」, 《역사비평》(제117호), 2016.

ROUND 02. 삼국통일의 의의를 재조명하다

고구려가 삼국을 통일해야 했을까?

통일은 어차피 신라!

김유신
통일 주역인가, 민족 배신자인가?

생몰년 595년~673년 | **특징** 고대 한중일 역사서에 모두 등장!

신라 진골 출신의 명장으로, 금관국(금관가야) 후예. 선덕여왕 때 비담의 반란을 진압하고 백제와의 전쟁에서 큰 공을 세웠다. 정치적 동지인 김춘추가 왕이 된 후(무열왕), 황산벌에서 계백을 물리치고 백제를 멸망시켰고, 고구려 멸망과 나당전쟁의 승리를 지원하면서 삼국통일의 주역이 되었다.

최치원
아웃사이더로 살아간 천재

생몰년 857년~908년(?) | **TMI** 부산 '해운대'를 작명

신라 육두품 출신의 천재. 어릴 적 중국 당나라에 유학해서 불과 18세의 나이에 빈공과에 합격했다. 이후 신라로 돌아와 벼슬을 살면서 '시무십여조' 등 개혁안을 냈지만 받아들여지지 않았다. 은퇴 후 금강산과 지리산 등 전국을 유랑했으며, 신선이 됐다는 전설이 있다.

백제도 자격 있다!

의자왕
명군인가, 암군인가?

생몰년 595년(?)~660년 | **별명** 해동증자

백제의 마지막 왕. 무왕의 맏이로 태어났으나, 40세 가까이 돼서야 태자가 됐다. 신중한 성품과 효성으로 '해동증자'로 불렸고, 즉위 후 왕권 강화와 대외 정벌에 힘썼다. 하지만 무리한 왕권 강화로 귀족들의 반발을 샀고, 위협을 느낀 신라가 당나라와 동맹을 맺고 협공해 결국 백제는 멸망한다.

최강 고구려가 통일했어야

연개소문
반역자인가, 영웅인가?

생몰년 595년(?)~665년(?) | **관직** 초대 대막리지

고구려의 권신이자 명장. 쿠데타를 일으켜 영류왕을 죽이고 보장왕을 세운 뒤 대막리지가 되었다. 이후 당나라 대군의 공격을 여러 차례 물리쳤다. 하지만 권력을 독점해 통치 체제를 무너뜨렸고, 결국 그의 사후 자식들의 분열로 나라가 멸망하고 만다.

신채호
독립운동가이자 역사가

생몰년 1880년~1936년 | **한마디** "연개소문은 영웅, 김유신은 배신자!"

유학자에서 민족주의자, 그리고 사회주의자, 아나키스트로 다양한 사상 변화를 겪으면서도 평생 독립운동에 매진했다. 기억력이 좋아서 한 번 읽은 책 내용은 줄줄 외웠다고 한다. 근대적 역사가로 한국사 연구에도 기여했다. 저서로 『독사신론』, 『조선상고사』 등이 있다.

이번 주제는 고대사의 하이라이트, 삼국통일입니다. 한국사를 배울 때, 고조선 다음으로 삼국시대를 배우는데요. 뭔가 이상하지 않으셨나요? 삼국시대라고 하면서 고구려·백제·신라 외에도 부여·동예·옥저·가야 등 여러 나라를 배우니까요.

사실 삼국만 존재하던 시기는 가야가 완전히 신라에 병합된 뒤 고구려 멸망 전까지 백 년이 채 안 됩니다. 그런데 왜 이 시기를 삼국시대라 부를까요? 바로 이들 중에서 **고대국가**로 발전한 것이 고구려·백제·신라 삼국이기 때문입니다.

국가도 진화한다!

'진화'하는 것은 포켓몬만이 아니다. 국가 역시 변화하고 발전한다. 그 단계별 명칭과 특징에 대해서는 여러 논의가 있으나, 이 책에서는 '군장(성읍)국가 → 연맹왕국 → 고대국가'의 구분을 따른다. 연맹왕국 단계에 이르면 여러 부족이 하나의 국가를 이루지만, 왕과 중앙정부의 힘은 아직 약하다. 부여의 '사출도(마가, 우가, 저가, 구가)', 고구려의 '오부(계루부, 절노부, 순노부, 소노부, 관노부)'가 그 흔적이고, 백제 역시 초기에는 마한 여러 나라 중 하나에 불과했다.

연맹왕국은 사회와 경제가 발전하고 왕권이 강화되면서 점차 고대국가로 발전한다. 그 과정에서 율령 반포와 불교 공인 등이 이루어지는데, 실제로 삼국의 전성기를 연 왕들은 모두 이 업적을 이루었다(다음 표 참조). 이들 외에 고조선, 부여, 가야 등은 고대국가로 발전하지 못한 채, 군장국가나 연맹왕국 단계에서 멸망하여 삼국에 흡수된다.

	율령 반포	불교 공인	전성기
백제	고이왕 (3세기 중반)	침류왕 (4세기 후반)	근초고왕 (4세기 중·후반)
고구려	소수림왕 (4세기 후반)	소수림왕 (4세기 후반)	광개토왕·장수왕 (5세기)
신라	법흥왕 (6세기 초반)	법흥왕 (6세기 초반)	진흥왕 (6세기 중·후반)

『삼국사기』에 따르면 삼국은 신라·고구려·백제 순서로 건국됐습니다. 서로 치열한 경쟁과 협력을 오가던 삼국은 신라가 백제와 고구려를 차례로 무너뜨리면서 마침내 하나로 통일됩니다. 그런데 이 '삼국통일'을 비판적으로 바라보는 시선이 있습니다. 신라가 아니라 넓은 만주 벌판을 지배한 고구려가 통일했다면, 한국사에 더 크고 강한 나라가 탄생하지 않았을까 하는 아쉬움이 있는 건데요.

맙소사. 그런 논란이 계속되고 있다고? 물론 우리 신라는 고구려나 백제에 비해 전성기가 늦었소. 하지만 그런 현실에 좌절하지 않고 계속 힘을 길렀기에, 마침내 서라벌의 작은 나라에서 삼한 전체를 아우르는 통일국가를 건설할 수 있었던 거요.

우리가 언제부터 친했다고 통일이란 말을 쉽게 쓰지? 또 그게 어디 혼자 힘으로 한 건가? 비겁하게 외부 세력인 당나라를 끌어들였으면서. 염치도 없군!

비겁이라…, 이상한 말이군. 그러는 백제야말로 걸핏하면 바다 건너 왜(일본)를 끌어들여 우리를 괴롭히지 않았나?

그땐 신라가 고구려와 한 편을 먹었으니까! 어쨌든 이후 고구려가 남진 정책을 펼치자 백제와 신라는 백 년 넘게 힘을 합쳤지. 하지만 그 오랜 신뢰의 끝은 어땠지? 자네들이 비열하게 배신해서 한강 유역을 빼앗고, 우리 성왕까지 잔인하게 살해하지 않았나?

나라 간 경쟁은 원래 냉정한 법. 자네 욕은 칭찬으로 듣지. 뭐, 먼 옛날까지 거슬러 올라갈 것도 없어. 당장

삼한 원래 한반도 남부에 있던 연맹왕국 마한·진한·변한을 일컫는 용어였으나, 7세기 이후에는 점점 고구려·백제·신라를 가리키는 말로 자리 잡는다.

고구려의 남진 정책 흔히 광개토대왕은 북진 정책, 장수왕은 남진 정책을 폈다고 알려졌지만, 실제로는 광개토대왕 때부터 평양 천도를 추진했다. 국내성 일대의 귀족 세력을 견제하는 한편, 세력이 커진 고구려의 도읍지로서 넓은 평야 지역이 있는 평양이 더 적합했기 때문이다. 실제로 천도 이후, 고구려는 북연을 멸망시키고 강대국 북위와 대등한 관계를 맺는 최고 전성기를 누린다.

고대사의 미묘한 삼각관계

고대 삼국은 누가 가장 힘이 센지에 따라 적과 아군이 계속 바뀌었다. 먼저 백제는 지배층이 고구려와 같은 예맥족이라 친할 것 같지만, 정작 국경을 맞댄 뒤에는 서로 싸우며 앙숙이 되었다. 결국 삼국 중 가장 먼저 전성기를 연 백제 근초고왕이 고구려 고국원왕을 죽이고(371년) 가야·왜와 함께 신라를 압박하자, 신라는 고구려와 동맹을 맺고 광개토대왕의 구원을 받기도 했다(400년).

하지만 이후 고구려가 평양으로 수도를 옮기며 남하정책을 추진하자, 이번엔 백제와 신라가 위협을 느껴 '나제동맹'을 맺는다(433년~554년). 이 동맹은 신라가 백제를 배신하고 한강 유역을 점령(551년~553년)하면서 깨진다. 신라의 전성기가 시작되자, 고구려와 백제가 가깝게 지내기도 했다.

자네가 한 일을 떠올려보자고. 의자, 자네는 어떤 왕이었지? 충신 성충을 죽이고, 흥수를 귀양 보내는 등 신하들 말도 제대로 안 듣지 않았나?

의자왕

그렇게 단순한 문제가 아냐. 당시 백제는 귀족의 힘이 세서, 나는 친위 정변 뒤에야 제대로 왕 노릇을 할 수 있었지. 성충이나 흥수에 관해선 잘못 판단한 부분이 있는 것 같지만…. 왕보다 힘이 센 귀족들의 권력을 견제

의자왕의 친위 정변 이 사건은 『일본서기』에만 기록이 전한다. 의자왕은 '해동증자'로 불릴 정도로 효심이 강했다고 알려졌으나, 양모이자 귀족 세력의 대표인 사택왕후가 죽자, 친위 정변을 일으켜 귀족들을 견제하고 왕권을 강화한 것으로 보인다.

하는 과정에서 어쩔 수 없는 선택이었어.

『일본서기』 기록을 믿을 수 있을까?

2022년 전라도천년사편찬위원회가 편찬한 『전라도 천년사』가 논란이다. 책에 쓰인 '침미다례'라는 명칭이 『일본서기』에만 나온다는 이유로, 일부에서 식민사학에 오염됐다며 비난한 것이다. 이런 주장은 올바를까?

『일본서기』는 일본에서 가장 오래된 역사서로, 720년 완성됐다. 대외적으로는 백제와 고구려의 멸망이라는 정세 변화에 대처하고, 대내적으로는 왕실 권위의 강화를 위해 만든 것이다. 그들은 자기 역사가 오래된 것처럼 연대를 끌어올리고(특히 3~4세기 기록들은 '이주갑인상'이라고 하여, 실제 사건에 비해 연도가 120년씩 앞당겨졌다), 특정 사건의 주체를 백제에서 자신으로 바꾸는 등 왜곡했다.

하지만 이 책에는 여러 역사적 진실의 원형 또한 담겨 있다. 왕인·아직기 등의 이름도 『일본서기』에만 나오며, 특히 백제 무령왕의 이름 '사마'와 출생 및 가족 기록은 『일본서기』의 기록과 일치한다는 것이 1971년 무령왕릉 발굴로 밝혀졌다. 『일본서기』 편찬에는 백제 멸망 후 일본으로 건너간 백제 귀족들이 많이 참여했고, 특히 3~6세기 기록은 『백제기』, 『백제신찬』, 『백제본기』 등 백제인이 직접 쓴 책을 다수 인용했다. 이런 이유로 여러 한계에도 불구하고 『일본서기』는 고대사 연구의 귀한 자료로서 가치가 있다. 물론 철저한 사료비판과 교차 검증이라는 필터를 거치는 것이 필수지만 말이다.

왕보다 힘이 센 귀족들 대표적으로 대성팔족 이 있다. 백제에서 강력한 권력을 쥐고 있던 귀족 가문으로 『수서』 「동이전」에서 언급된다.

어쩔 수 없는 선택?

그래. 우리는 위례성(한성)을 고구려 장수왕에게 뺏기고 웅진, 사비로 수도를 계속 옮기면서 왕권이 불안정했지. 많은 왕이 귀족에게 연달아 살해되기도 했어. 내가 그들을 견제하지 않았다면, 백제는 더 빨리 망국의 위기에 처했을 거야.

변명이 많군. 이유야 어쨌든, 결과는 많은 걸 말해주는 법. 자네 같은 이를 위해 목숨을 바친 계백 장군과 5천 결사대가 안타깝군!

흥, 그나저나 자네는 모국인 **금관가야**를 멸망시킨 게 바로 신라 아닌가. 원수의 나라를 위해 일하다니, 부끄럽지 않나?

과거는 어디까지나 과거일 뿐. 나는 자랑스러운 신라인이야. 부끄러워할 사람은 내가 아니라, 나라를 망하

금관가야 김해를 중심으로 한 국가. 가락국, 금관국이라고도 불린다. 3~4세기 무렵 전성기를 맞았으나, 신라의 성장과 고구려 광개토대왕의 남정 이후 쇠퇴한다. 532년 멸망해, 왕족은 신라 진골 귀족이 됐다.

연개소문의 군사 정변 642년 10월 연개소문이 일으킨 정변. 전쟁영웅이면서도 즉위 후 친당 노선을 펼친 영류왕을 죽이고 보장왕을 세웠으며, 스스로 대막리지에 올라 권력을 독점했다.

게 한 자네 같은 무능한 지도자들이지. 저기 개소문이도 마찬가지야. **군사 정변**을 일으켜 신하가 왕을 죽이고 국정을 농단하는 말도 안 되는 일을 저지르니, 어찌 나라가 망하지 않겠나?

연개소문

껄껄, **삼한인**들은 남의 나라 일에 관심이 많구만 기래? 자네들이 굽실거리기 바빴던 중국 수나라와 당나라 수십, 수백만 대군을 우리는 몇 번이나 물리쳤어. 저 이세민도 소정방도 나한테는 모두 무릎을 꿇었지! 내가 조금만 더 오래 살았다면, 감히 신라가 통일 운운하는 일은 일어나지 않았을 거야.

김유신

싸움 하나 잘한 건 인정하지. 하지만 국가를 분열시키고, 강대국과 전쟁을 계속해서 백성의 삶을 피폐하게 만든 죄는 어찌 할 셈인가?

연개소문

먼저 싸움을 걸어온 건 당나라야! 나도 무조건 싸우고 싶진 않았다고. 처음에는 **도교를 수용**하면서 어느 정도 비위도 맞추려 했어. 하지만 그들은 수나라를 멸망으

고구려의 삼한 인식 중국이 고구려·백제·신라를 '삼한'으로 묶어 인식한 것과 별개로, 〈광개토대왕릉비〉에서 고구려는 자신을 삼한과 다른 특별한 존재로 인식하기도 했다.

고구려의 도교 수용 연개소문은 당나라와 대립을 피하고(당 황실은 스스로 도교의 성인 노자의 후손이라 주장했다) 불교 중심의 귀족 세력을 견제할 목적으로 도교를 도입했다.

로 이끈 고구려의 강함을 잘 알고 있었지. 그래서 우릴 완전히 제거하려 든 거고. 결국 치욕을 피하려면 무조건 숙이는 게 답이 아니란 걸 깨달았지. 싸워야 할 때는 싸워야 하는 법이야!

음, 그건 맞는 말이긴 해. 우리도 고구려 멸망 후 당이 원래 약속을 깨고 신라 땅까지 지배하려는 야심을 보이자 **나당전쟁**을 벌였고, 마침내 그들을 이 땅에서 몰아내고 삼한통일을 완성했지.

말 한번 거창하군. 그래, 자네 말처럼 신라가 소위 '삼한통일'을 했다고 치자고. 그 뒤에 무슨 대단한 통합을 했지? 저기 늙고 힘없는 의자한테는 술시중을 들게 하고, 그 아들한텐 침까지 뱉으며 모욕을 줬다면서?

아니, 그런 얘기를 공개적으로 하면 내 체면이…. 자네가 진작 좀 도와주지 그랬나!

도와주려고 준비하는 도중에 이미 망했던데? 도대체 그 잠깐도 못 버티고 말이야.

나당전쟁 670년 신라와 고구려 부흥군 연합의 요동 공격을 시작으로 676년까지 7년간 계속된 전쟁. 백제와 고구려의 멸망 이후 당나라가 신라마저 지배하려 들자, 신라는 치열한 전쟁을 벌여 이를 물리쳤다.

의자왕: 그, 그건 내 탓이 아니야! 맞서 싸울 의지가 있고 전략도 있었지만, 웅진성에서 **억울한 배신을 당했지**. 그런 일만 없었어도, 우리 백제가 그리 허망하게 망할 일은 없었을 텐데.

연개소문: 무슨 배신?

의자왕: 웅진성에서 결사 항전을 준비하고 있는데, 성주인 예식이 갑자기 나를 배신하고 몰래 성문을 열어 항복해 버렸지. 다시 생각해도 정말 화가 치미는군!

연개소문: 쯧쯧. 아랫사람 간수를 잘해야지.

의자왕: 이봐, **나라를 망친 망나니 아들들**을 둔 자네가 그런 말할 자격이 있는가?

연개소문: 뭐, 뭣이?!

김유신: 나라 망친 두 분 싸움은 알아서 하시고…. 아무튼 중요한 건 의자왕이 삼천궁녀와 어울리는 동안 우리 신라

연개소문의 망나니 아들들 연개소문 사후 맏아들 남생이 대막리지가 되었으나, 결국 동생 남건, 남산과 의심하고 싸우게 된다. 쫓겨난 남생은 당에 투항해 고구려 멸망에 앞장선다.

억울한 배신을 당한 의자왕

660년 나당연합군이 침공하자, 의자왕은 수도인 사비성을 버리고 방어에 유리한 요새인 웅진성으로 옮긴다. 하지만 불과 5일 뒤, 백제는 제대로 된 싸움도 해보지 않고 항복하고 만다. 대체 어떻게 된 일일까?

그 진실은 2006년 중국에서 예식진(예식)의 묘비명, 2010년 손자 예인수의 묘비명이 발견되면서 밝혀진다. 『구당서』, 『신당서』에는 "예식이 의자왕을 끌고 소정방에게 항복했다"라는 기록이 있었는데, 이들 묘비명에 그 구체적인 배신행위가 적혀 있던 것이다. 배신한 명확한 이유는 알 수 없으나, 아마 웅진의 귀족으로 의자왕의 왕권 강화에 반감을 가졌던 것으로 추정된다.

는 가야의 여러 나라를 하나로 통합하고 화랑도를 통해 실력을 단단하게 다졌다는 사실이오. 오직 나라를 생각하는 마음 하나로! 금관가야 왕족의 후손이자 신라 진골 귀족인 나는 물론, 관창 같은 젊은 화랑들도 목숨을 걸고 기꺼이 전쟁터에 앞장섰지. 이렇게 하나로 똘똘 뭉쳐 통일을 이뤄낸 신라의 역사가 자랑스럽지 않은가?

화랑도 신라의 귀족 청년들의 모임. 국선도·풍월도·원화도·풍류도 등의 이름으로 불리며, 유교경전을 공부하거나 명산을 다니며 심신을 단련하고 애국심을 길렀다. 김유신도 화랑도 출신이다.

또 그 삼천궁녀 얘기. 대체 그런 말도 안 되는 거짓말은 누가 처음 지어낸 거지?

흥, 백제가 그렇게 빨리 망하지 않았다면, 아니 하늘이 내게 약간의 시간만 더 허락해줬다면 좋으련만! 그랬다면 저 넓은 만주 땅까지 계속 지배했을 텐데.

내가 배신만 당하지만 않았다면….

하하, 역사에 가정은 없네. 그리고 요즘 세상엔 '강자가 살아남는 게 아니라, 살아남는 것이 강자'라는 말이 있다고 하던데? 실제로 삼한을 통일한 건 고구려도 아니고 백제도 아닌, 우리 신라지. 궁극적으로 당을 몰아낸 것도 우리고.

당 태종 이세민을 물리친 건 바로 난데, 대체 무슨 헛소리야?

뭐, 전투 몇 번은 이겼지만, 결국 나라가 망했잖나? 자네들이 강하고 잘 싸우는 건 알지. 하지만 군사력보다

의자왕의 삼천궁녀 의자왕과 관련된 삼천궁녀나 낙화암 이야기는 역사적 근거가 없으며, 후대에 만들어진 이야기다.

중요한 게 바로 정치와 경제, 외교야. 고구려는 사방이 적인 데다가, 인구수도 적었고, 내부적으로도 동예·옥저·부여·**말갈** 등 거느리던 이들이 많았지?

연개소문

그래. 그래서 한반도 남부에 집중해서 통일할 여력이 없었지. 광개토대왕께서도 신라를 도우러 갔다가, 뒤에서 후연의 공격을 받기도 했으니까.

김유신

그러니 더욱 내부 단결이 중요하지. 그런데 자네가 막무가내로 권력을 휘두르니 단결이 되겠나?

연개소문

반대로 그들과의 융합을 통해 강대국 고구려가 될 수 있었던 거라고! 뭐, 내 자식들이 나라를 망친 것만큼은 변명의 여지 없이 부끄러운 일이지만….

정약용

오늘날의 관점이긴 하지만, 당시 고구려가 내부에서 빠르게 무너지지 않았다면 역사가 달라졌을 수도 있어요. 요동성 등 서쪽 방어선이 워낙 강력하기도 했고, 무엇보다 고구려 멸망 후 얼마 되지 않아 당나라 서쪽

말갈 만주와 한반도 북부 등지에 거주하던 반농반목 집단. 속말말갈, 백산말갈, 흑수말갈 등 여러 부족이 있었으며, 부족에 따라 예맥과 동화되기도 하고 독자성을 유지하기도 했다. 이들 말갈족은 후일 여진으로 이어져, 금나라와 청나라를 건국한다.

신라의 이름이 아랍까지 알려졌다고?

삼국통일 이후 신라는 최전성기를 유지하며, 세계 여러 나라와 교류했다. 중동 지역의 여러 문헌은 신라를 "금이 풍부한 곳", "깨끗한 물, 비옥한 토지 등으로 누구도 떠나지 않는 땅"으로 부르기도 했다. (중세 아랍의 지리학자 무함마드 알이드리시의 세계지도[1154년]에도 신라의 이름이 나온다.)

『삼국유사』에서 "동해 용왕의 아들", 『삼국사기』에서 "어디서 왔는지 알 수 없는" 인물로 그려지는 처용설화 속 처용 역시 이런 역사적 배경으로 미루어 볼 때 외국인일 거라고 추정된다.

에서 돌궐이 크게 일어나 위협이 됐거든요.

기래? 아쉽군, 아쉬워!

고구려나 백제가 우리보다 앞서 전성기를 누린 건 사실이지. 하지만 결국 승리를 거둔 건 우리야. 삼한을 통일한 뒤, 수백 년간 불국사와 석굴암, 황룡사9층목탑 등 찬란한 문화를 꽃피우고, 멀리 **아랍까지 이름을 떨친 나라**. 그런 신라를 후손들이 조금만 더 자랑스럽게 생각해줬으면 좋겠군.

말씀 나누시는 데 한마디 보태도 되겠습니까?

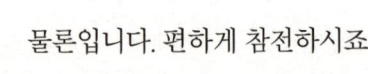

물론입니다. 편하게 참전하시죠!

후손으로선 아무래도 신라의 삼국통일을 좋게 평가할 수 없군요. 외세인 당나라를 끌어들인 게 첫째 이유고, 만주를 비롯해 고구려의 넓은 땅 대부분을 상실한 불완전한 통일이라는 것이 둘째 이유입니다. 마지막으로 셋째, 그런 불완전한 통일로 인해 우리 역사에 사대주의가 깃든 것도 빼놓을 수 없지요.

거 말 한번 시원시원하게 하는군!

장군, 만나서 반갑습니다. 저는 『조선상고사』를 통해 장군의 훌륭한 업적을 후손들에게 알리려 했습니다. 그 작업을 통해 식민 지배에 놓여 있던 민족에게 자긍심을 심어주고 싶었지요.

하하! 후대 역사가인 자네가 나를 높게 평가했다니, 참 고마운 일이군.

흥. 반역자에, 제 자식도 제대로 못 가르친 이를 존경한다고?

그러는 장군은 늘 교활한 계략으로 이웃을 혼란에 빠뜨린 음험한 정치가 아닙니까?

뭐, 뭐라?!

자, 진정하시죠. 이번엔 신채호 선생이 지나쳤습니다. 인신공격은 자제해주세요. 열기도 좀 식힐 겸, 여러분께 묻고 싶은 질문이 하나 있습니다. 당대 사람들은 삼국통일을 어떻게 인식했을까요?

다들 흥분하신 것 같으니, 제가 대신 이야기해도 괜찮겠습니까?

아이고, 오히려 감사하죠! 말씀하세요.

네. 저는 통일신라 사람으로서 당대인도 분명하게 삼국이 같은 집안, 삼한일통이라는 인식을 했다는 점을 말씀드리고 싶습니다.

아니, 그건 어디까지나 신라 자네들 입장이라니까.

물론 현대의 여러분처럼 완벽하게 같은 민족이라 생각한 건 아니지만…. 그래도 고대 삼국 역시 종족적으로 상당히 연결되어 있었고, 무엇보다 삼국은 서로 말이 통했습니다.

아, 당시 사람들이 서로 말이 통했군요?

표준어가 널리 보급된 현대처럼 완벽하게 통하진 않았지만요. 중국 역사책에도 재미있는 기록이 많다고 합니다. 과거 신라인의 중국어 실력이 부족했을 때 신라 사신의 통역을 백제 사신이 맡은 기록이 있고, 일본 역사책에는 발해 사신의 통역을 신라 유학생이 맡은 기록도 있습니다. 또 나당 동맹을 맺기 전, 아직 즉위하기 전인 태종 무열왕께서 고구려 연개소문을 찾아가 직접 담판을 지은 적도 있지요.

그만큼 서로 가깝고 강한 동질성이 있었기에 가능한 일이겠지요.

고대인은 말이 통했을까?

6세기 무렵 〈양직공도〉와 『양서』에는 중국 양나라를 찾은 백제와 신라 사신에 대한 기록이 있다. 중국과 오래 교류해 중국어에 능숙한 백제와 달리, 신라는 그러지 못했다. 결국 신라는 백제의 통역에 의존해야 했는데, 이것이 문제였다.

당시 백제는 약 50년 전 고구려에 한성을 빼앗긴 뒤, 수도를 웅진으로 옮기고 절치부심 국력을 회복하던 시기였다. 그야말로 외교가 중요한 시기였기에 백제는 스스로 한반도 중남부 일대 패권국으로 포장하고, 신라는 자신의 보호를 받는 작은 나라라고 거짓말을 한 것이다. 결국 백제는 신라는 물론 고구려보다 높은 작위를 받고 많은 물품도 얻어냈다.

이번 라운드 주제를 놓고 좀 더 토론해보죠. 한민족은 고대 한반도 남부에 거주하던 농경민과 한반도 북부와 만주에서 거주하던 예맥인 등이 섞여서 이루어졌다는 것이 현대의 정설입니다. 특히 한반도 남부에는 삼한이라고 하여 마한 54개, 진한 12개, 변한 12개의 여러 소국이 있었다고 전해지는데요. 아마 실제로는 더 많았을 수도 있어요. 4세기까지도 가야의 여러 나라뿐 아니라, <u>전라도 일대에도 여러 소국</u>이 남아 있었으니까요.

그렇습니다. 물론 생전에는 저도 자세히 알지는 못했습니다만. 후배 학자들에 따르면 백제와 신라 역시 처음부터 강력한 중앙집권국가로 건국된 것이 아니라, 소국 연합체에서 점차 발전한 거라고 하더군요. 아마 고조선계 주민과 한반도계 주민이 오랫동안 교류하고 뒤섞이며 점차 같은 민족, 즉 '삼한인'이라는 동일 의식이 자연스레 생겨난 것이 아닐까요?

이 부분과 관련해서는 지난 1라운드 토론을 다시 살펴보는 것도 좋겠네요.

중국은 우리 민족의 세 나라, 고구려·백제·신라를 통틀어 삼한이라고 불렀습니다. 물론 몇몇 학자는 '삼한

> **전라도 일대에 여러 소국이?**
>
> 6세기까지 한반도 남부 영산강 유역에는 마한의 소국 연합체가 있었다. 그들은 백제를 마한의 맹주로 인정하지 않았고, 『진서』에 따르면 별도로 사신을 보내 '신미국', '신미제국(신미의 여러 나라라는 뜻)'이라 칭하기도 했다. 『삼국지』에는 '신운신국', 『일본서기』에는 '침미다례'라는 이름이 거론된다. 이들은 4세기 근초고왕 대에 백제에 복속된 이후에도 간접 지배만 받으며 세력을 어느 정도 유지한 걸로 보이며, 5세기 후반~6세기 초 동성왕 대에 이르러서야 백제의 직접 지배를 받게 된다.

일통'이라는 개념을 신라가 불완전한 통일을 한 이후 고구려·백제 유민을 다독이기 위해 내세운 정치적 표어라고도 합니다만. 뭐, 어쨌든 그런 의미에서 더더욱 당나라 같은 외세를 불러들여 형제국을 공격한 신라가 괘씸하군요!

가, 갑자기 신라를 공격하신다고요? 같은 삼한이지만, 세 나라가 서로 싸운 지 오래됐어요. 당시에는 고구려와 백제, 왜가 힘을 합쳐 압박하는데, 신라라고 가만히 앉아서 당할 순 없지 않나요? 물론 여러분의 관점에서는 안 좋게 보일 수도 있겠습니다만….

제가 불완전한 통일이라고 말하는 이유가 있습니다. 삼국통일 이후에 무슨 일이 있었습니까? 20년 만에 발

해가 들어섰고, 이후에는 후삼국시대가 열렸습니다. 통일신라라는 말이 무색하지요.

또, 이건 최치원 선생님께서 더 잘 아시겠지만, 신라는 엄격한 골품제 사회였어요. 백제인과 고구려인을 차별하고, 정치 참여도 제한했죠. 그런 이유로 결국 견훤과 궁예가 반란을 일으키면서 수백 년 전 망한 백제와 고구려를 잇겠다는 명분을 앞세우자 많은 사람이 따른 게 아닙니까? 신라가 이들을 잘 통합했다면 그런 반란이 성공할 수 있었을까요? 통일이라고 했지만, 결국 사회 통합에 실패한 명백한 근거지요.

물론 그런 한계는 있었습니다. 다만 중요한 건 옛날에는 조그마하고 나뉘어 있던 세 나라가 삼국통일로 하나가 됐다는 점입니다. 신라는 고구려 유민을 지원해 보덕국을 만들기도 했고, 나당전쟁의 시작도 우리 신라와 고구려 부흥군이 힘을 합쳐서 요동의 오골성을 공격한 사건이 아니었습니까? 또한, 백제 유민 중에도 신라와 함께 당나라와 싸운 이들이 많았습니다. 이렇

후삼국시대 통일신라 말기, 견훤의 후백제(900년)와 궁예의 후고구려(901년)가 차례로 세워졌다. 후고구려는 이후 마진, 태봉으로 국호를 바꿨다가, 왕건이 궁예를 몰아내고 국호를 고려로 바꿨다.

골품제 신라의 신분제도. 왕족인 진골과 귀족, 그리고 지방 귀족과 평민을 여섯 등급으로 분류한 것으로, 골품에 따라 승진에 한계가 있는 폐쇄적 신분제.

게 삼국이 힘을 합쳐서, 한마음 한뜻으로 외세를 쫓아낸 경험이 있다는 게 얼마나 멋진가요?

뭐, 힘을 합쳐 외세를 물리친 일은 훌륭하긴 합니다.

후대 학자 중에는 신라의 삼국통일을 한국사에서 가장 큰 영향력을 끼친 사건으로 꼽기도 했더군요. 물론 신라에도 부족한 점이 많습니다. 하지만 최초로 통일을 한 이후 그 성과가 고려와 조선으로 이어졌다는 점이 중요하지 않을까요? 통일신라의 영토와 민족 구성은 약간의 변동만 있을 뿐 현대까지 이어지니까요. 다시 말해 지금 한민족의 토대를 마련한 것, 그게 바로 신라 삼국통일의 의의입니다.

이 부분과 관련해서는 우리나라의 이름 '코리아'와 관련 있는 왕조, 고려를 세운 태조 왕건 님을 특별 초청해서 이야기를 들어보면 어떨까요?

반갑습니다. 우리 고려는 이름만 들어도 알 수 있듯이 고구려를 계승한 나라입니다. 건국 초 북진 정책을 통

보덕국 신라가 지금의 익산 지역에 고구려 왕족 안승과 유민들을 이주시켜 세운 국가.

해 고구려의 옛 영토를 회복하려고 노력한 것도, 후삼국을 통일한 뒤 동명성왕을 국조로 공인한 것도 바로 그런 이유 때문이지요.

기래? 그렇다면 역시 진정한 의미에서 삼국통일은 신라가 아니라, 우리 고구려가 했다고 봐도 되겠구만?

그런 식의 인식을 우리 후손들은 '정신승리'라고 부른다던데.

하하, 993년 요나라가 쳐들어왔을 때 명재상이자 최고 외교관 서희가 그들을 물리칠 수 있었던 명분도 우리 고려가 고구려의 진정한 후예라는 것이었다고 들었습니다. 다만, 중요한 점이 있습니다. 우리 고려는 고구려인만의 나라는 아니라는 겁니다. 통일신라의 '삼한일통' 이념을 이어서 새로운 통합을 이루려 했지요. 즉, 고구려나 신라뿐 아니라 백제까지, 삼국을 모두 계승해 하나로 만든 나라가 바로 고려입니다.

개인적으로 썩 좋아하진 않지만, 『삼국사기』에 고구려·백제·신라 삼국이 동등하게 다뤄진 것도 그런 이유 때문이겠군요.

삼한 통합에 관한 우리 뜻을 잘 이어주시고 이해해주셔서 기쁩니다. 고려왕조에는 제 후예인 **최승로** 등 많은 신라인이 활약했지요.

자, 이번에도 열띤 토론을 해주셔서 감사합니다. 신라의 삼국통일은 지금 기준에서 볼 때 분명 아쉬운 점이 있습니다. 외세의 힘을 빌렸고, 고구려 영토는 일부만 차지했으며, 이후 정치적·사회적 통합도 완벽히 이루지 못해 9세기 말에 다시 분열되고 말았으니까요. 다만, 당시 삼국에도 '삼한인'이란 인식은 있었지만, 오늘날 같은 끈끈한 '한민족' 개념은 아니었고, 서로 목숨 걸고 경쟁한 관계라는 점을 감안해야겠습니다.

통일신라의 한계는 후삼국을 통일한 고려가 극복합니다. 고려는 발해의 왕족과 유민까지 받아들이며, 진정한 민족의 통합을 이뤄내죠. 바로 '코리아'가 탄생한 것입니다. 원래 중요하고 큰일은 단계적으로 차근차근 이루어지는 법이죠. 강대국 고구려, 찬란한 문화의 백제가 멸망한 것은 안타깝지만, 뒤늦게 저력을 발휘한 신라의 삼국통일을 기반으로 고려 때 오늘날 우

삼국사기(1145년) 왕명으로 김부식 등이 펴낸 현존 가장 오래된 한국사 역사서. 시대적 한계도 있지만, 당대 옛 사료와 중국 문헌을 꼼꼼히 참고해 쓴 사서다.

최승로 최치원의 개혁안이 신라에 받아들여지지 않은 것과 달리, 그의 손자 최승로의「시무 28조」 같은 개혁안은 고려에서 받아들여졌고 문하시중까지 되었다.

리 민족의 기반이 갖추어진 사실을 잊지 말아야겠습니다.

이번 라운드 핵심 요약

① 삼한은 원래 한반도 남부의 마한·진한·변한을 가리키는 명칭이지만, 7세기 쯤부터는 고구려·백제·신라를 일컫는 말이 됐다.
② 고구려·백제·신라는 언어가 완전히 같진 않았지만, 중국이나 일본에서 서로 통역을 맡을 정도로는 말이 통했던 것으로 보인다.
③ 통일신라는 고구려, 백제 유민을 통합하기 위해 '삼한통일' 이데올로기를 적극 활용했다.
④ 고려는 후삼국을 재통일, 진정한 의미에서 한민족을 형성했다.

고구려·백제·신라, 삼국에 대한 이미지는 어떤가? 각국을 대표하는 인물과 유물, 특징과 장점을 각각 정리해보자.

ROUND 83. 임나일본부 논쟁과 영산강 전방후원분의 비밀

한반도의 일본식 무덤, 그 정체는?

신채호
독립운동가이자 근대적 역사가

생몰년 1880년~1936년 | **사상** 유학자→민족주의자→아나키스트

유학자에서 민족주의자, 그리고 사회주의자, 아나키스트로 다양한 사상 변화를 겪으면서도 평생 독립운동에 매진했다. 기억력이 좋아서 한 번 읽은 책 내용은 줄줄 외웠다고 한다. 근대적 역사가로 한국사 연구에도 기여했다. 저서로 『독사신론』, 『조선상고사』 등이 있다.

이노우에 히데오
일본 역사학자를 대표해서 출전!

생몰년 1924년~2008년 | **한마디** "임나일본부는 없다!"

일본 교토대학을 졸업하고, 도호쿠대학 명예교수를 역임. 한국고대사와 한일관계사를 연구했다.

이번에도 굉장히 논쟁적인 주제입니다. 바로 '임나일본부설'에 관한 토론이지요. 임나일본부설은 서기 4~6세기 중엽 고대 일본이 한반도 남부, 특히 임나(가야) 지역을 직접 지배했다는 주장인데요. 일제의 대표적인 역사 왜곡이자 **식민사관**으로, 식민 지배의 정당성을 고대사에서 찾으려 한 것이죠.

당연히 해방 이후, 한국 역사학계는 이를 비판하고 극복하려 합니다. 일본 역사학계와도 치열하게 논쟁하고 교류하죠. 큰 성과도 있었습니다. 대표적인 것이 『**한일역사공동연구보고서**』인데, 연구자들의 이러한 노력은 아쉽게도 대중적으로는 잘 알려지지 않았죠. 오늘은 그동안 어떤 논쟁들이 있었고, 정확히 어떤 부분이 왜곡된 건지, 감춰진 역사의 진실을 파헤치는 시간을 갖도록 하겠습니다.

오늘도 정말 기대가 됩니다!

하하, 매번 토론에 정말 즐겁게 참여하시네요. 다만 그동안 치열한 논쟁이 오간 주제인 만큼, 많은 분이 참전 의사를 밝혀주셨는데요. 효율적인 진행을 위해, 한일

한일역사공동연구보고서 2001년 10월 한일 정상회담에서 공동 역사 연구의 필요성이 제기되어 한일역사공동연구위원회가 결성됐다. 2005년에 1기 활동 보고서, 2010년에 2기 활동 보고서가 발표됐다.

양국을 대표하는 학자를 두 분 뽑아서 지금까지 이루어진 논의를 대리해서 진행하려 합니다. 먼저 이노우에 선생부터 말씀해주시죠.

이노우에 후배 연구자들에게 배워야 할 점이 많은 내가 여기 대표자로 나서도 될지 모르겠군요. 임나일본부에 대해서는 진행자께서 잘 설명해주셨는데요. 처음 일본 학자들은 임나일본부설의 근거를 『일본서기』라는 역사서에 두었습니다.

그 책을 보면 진구황후가 삼한을 정벌한 이래로, 일본의 야마토 정권이 한반도 남부 임나 지역에 '일본부'라는 통치 기구를 두어 직접 다스렸다고 주장합니다. 백제·신라·가야에 막강한 영향력을 행사하며, 마음에 안 들면 땅을 빼앗는다거나 심지어 왕을 교체했다

식민사관이란 무엇인가?

일제가 한국의 식민 지배를 정당화하고 한국인의 독립 의지를 빼앗기 위해 만들어낸 날조 왜곡된 역사관. 한국과 일본의 조상이 같다는 '일선동조론', 고대 일본의 야마토 정부가 한반도 남부 가야 일대를 직접 지배했다는 '임나일본부설', 지정학적으로 한반도의 운명은 자기 주도권 없이 대륙(중국)과 해양(일본) 세력에 의해 좌우됐다는 '타율성론', 한국의 역사가 세계사적 발전 단계를 따라가지 못하고 뒤처졌다는 '정체성론', 한국인은 언제나 분열하고 당파를 만들어 서로 싸우는 습성이 있다는 '당파성론' 등이 있다.

는 묘사도 있죠.

신채호

이 자리에 참석하기 위해 90년 넘게 밀린 공부를 했더니 눈이 아픕니다. 내가 기억력만큼은 자랑할 만한데, 후대 여러 학자를 대표하는 만큼 그간의 훌륭한 연구 성과들을 잘 소개하겠습니다. 먼저 이노우에 선생께 단도직입적으로 묻겠습니다. 말씀하신 『일본서기』에 나오는 진구황후 기록을 역사적 사실이라 할 수 있습니까?

이노우에

아뇨, 사실이 아닙니다. 진구황후도 검증이 안 되는 가상 인물이고요. 사실 『일본서기』를 사료로 쓰려면 철저한 교차 검증이 필요해요. 임나일본부 기록도 자체 충돌하는 부분이 많고, 고고학적 근거도 없죠.

저는 『일본서기』에 있는 기록의 원래 출처를 파악해서, 6세기 이전 기록에는 상당한 왜곡이 있다는 사실을 밝혀냈습니다. 다만 『백제기』, 『백제본기』 등 일본으로 건너간 백제인들이 직접 쓴 역사책을 인용한 부분들, 즉 타국의 사료를 쓰거나 교차 검증이 되는 기록들은 신빙성이 있다고 생각합니다.

야마토 정권 나라현 아스카촌을 중심으로 형성된 일본의 고대국가. 4세기 초부터 지배권을 넓히기 시작해, 7세기 쇼토쿠 태자(574년~622년) 때 한국과 중국의 선진 제도와 문물을 수입해 아스카문화를 꽃피웠다.

신채호: 앗, 비판할 준비를 하고 있었는데…. 처음부터 시원시원하게 인정하시니 좋군요.

이노우에: 하하, 이미 2010년 한일역사공동연구회에서 양국 학자들이 "왜가 한반도 남부에 임나일본부를 두고 지배했다고 볼 수 없다"고 결론을 냈다고 들었는데요.

신채호: 임나일본부가 거짓이라고 결론을 내린 거죠? 일선동조론과 내선일체론이라는 일제의 음흉한 정치 논리에 의해 만들어진 왜곡일 뿐 역사적 사실은 아니니까요. 무엇보다 **일본이라는 국호**부터 7세기 후반이 되어서야 만들어지지 않았습니까?

이노우에: 맞습니다. 임나일본부라는 이름의 정치·행정기구는 당시 한반도 남부에 없었어요. 말씀해주신 국호의 사용 시기를 봐도 그렇고, 당시 야마토의 정치·경제적 역량을 생각해봐도 말이죠. 다만 바다 건너 한반도 남부에서 활약했던 왜인들은 있다고 봅니다. 저는 이것을 '위왜자치집단설'이라고 부르지요.

일본 일본이라는 국호는 701년 다이호 율령이 반포된 뒤 공식화됐다. 『삼국사기』에는 "왜국이 이름을 고쳐 일본이라 하였다"라는 기록이 있다.

'위왜'란 가짜 왜인이라는 뜻인가요?

『일본서기』와 <광개토대왕릉비>에는 '안라에 거주하는 여러 왜신'에 관한 이야기가 나옵니다. 이들을 '안라왜신관'이라고도 부를 수 있겠네요. 이들의 활동지역인 안라, 그러니까 가야는 아시다시피 오랫동안 한반도와 일본열도를 연결하는 문화 중심지였습니다. 가야의 발전된 철기 문화를 중심으로 많은 사람과 물자, 기술 등이 활발하게 교류되던 곳이었지요.

그들이 왜 본국의 명령을 받아 활동했다는 건가요?

아닙니다. 일본 기록에도 그들은 **일본 천황**의 명령 없이 자유롭게 활동했던 모습이 보이니까요.

그렇다면 그들의 정체가 뭘까요?

아마 왜와 한반도를 연결하며 정치적·경제적 이익을 누렸던 사람들이 아닐까요? 그중에는 왜인도 있겠지만, 개인적으로는 현지인의 이해관계를 따른 모습도

광개토대왕릉비(호태왕비) 장수왕 3년(414년), 아버지 광개토대왕의 업적을 기리기 위해서 세운 비석. 현재 중국 지린성 지안(집안)에 위치해 있다.

> **일본 천황을 어떻게 불러야 할까?**
>
> 천황은 일본의 군주를 가리키는 명칭으로, 일본어로 '덴노'로 발음한다. 오늘날 우리나라에서는 일제강점기에 대한 민족적 반감, 한자문화권에서 '천황(하늘의 황제)'이란 단어가 갖는 상징성 등의 이유로 '일왕' 등 다른 표현으로 대체해 쓰는 경향이 있다.
>
> 다만 대한민국은 왕조 국가가 아니라, 모든 국민이 주권을 지닌 훨씬 훌륭한 민주공화정 국가다. 따라서 '황제'나 '천황' 같은 전근대적 용어에 큰 의미를 부여할 필요가 없지 않을까? 여기서는 중국의 '황제', 이집트의 '파라오'와 같이 현지에서 쓰는 고유명사의 하나로 보고, 한국 정부에서 외교적으로 사용하는 공식 칭호인 '천황'을 그대로 사용한다.

많은 걸 봐서 왜인을 자처한 가야인, 즉 '위왜'가 주류였을 것으로 생각합니다.

신채호

혹시 지금 말씀하신 이들의 기관이 백제군 사령부는 아니었을까요? 『일본서기』에는 369년 신라를 정벌하면서 가야 7국을 정벌한 백제 장군 목라근자의 이름이 나옵니다. 목씨는 백제의 대표적 귀족 가문인 대성팔족의 일원이죠. 즉, 당시 이루어진 가야 정벌의 주체는 일본이 아니라 백제였던 겁니다!

백제군 사령부설 1970년대 후반 천관우가 주장한 학설. 4세기 중엽~6세기 중엽까지 백제의 군 사령부가 가야 일대를 지배했다는 주장

나라가 멸망한 뒤 일본으로 건너간 백제인들이, 자기 선조가 했던 업적을 왜가 한 일로 뒤바꿨다는 말씀이지요?

그렇습니다. 이 설에 따르면, 임나 일대의 지배권은 왜가 아닌 백제가 쥐고 있었지요. 이런 왜곡이 왜 일어났는지 알려면, 먼저 『일본서기』의 특징을 알아야 합니다. 첫째, 일본 천황의 권위를 세우기 위해 만들어진 역사서라는 점, 둘째, 편찬에 참여한 핵심 인사 중에 백제 귀족 목씨의 후손이 있었다는 점입니다.

앞서 언급한 것처럼, 목씨 또는 목라, 목협씨는 백제의 대표적 귀족 가문으로 가야, 왜와의 관계에서 크게 활약했는데, 백제 멸망 이후에는 일본으로 대거 망명했지요. 그곳에서 새로 정치적 입지를 다져야 했던 목씨 일족은 선조들이 백제왕의 명령을 받아 했던 업적을 왜왕의 신하로서 한 것처럼 위조한 겁니다.

4세기 백제의 가야 정벌설이 맞다면, 가야 일대의 고분이나 유물에 백제의 영향이 강하게 남아 있어야 할 텐데…. 오늘날 고고학자들은 어떻게 생각하나요?

대성팔족 백제 후기 대표적 귀족 가문으로 『수서』, 『통전』 등에 나온다. 당시 백제는 복성을 많이 썼던 것으로 보이는데, 『수서』에는 단성으로 표기됐다. 대표 성씨로는 사(사택), 목(목협, 목라), 진(진모, 저미) 등이 있다.

음. 현재로선 해당 시기 가야에 백제의 영향이 강하게 발견되진 않는다고 하는군요.

그, 그렇군요. 사실 애초부터 가야 7국 정벌 기사 자체가 과장됐을 수 있습니다. 다만 백제가 직접 군을 두어 지배하지는 못 했더라도, 가야 일대에 일정한 영향력을 행사한 건 맞을 겁니다.

4세기 중후반 근초고왕은 백제의 전성기를 이끌고 있었죠. 고구려 고국원왕을 전사시키고, 중국에도 많은 사신을 파견했습니다. 일본과도 최초로 외교 관계를 맺었고, 가야 여러 나라와도 밀접하게 지냈어요. 중국의 <u>〈양직공도〉</u>에는 가야 소국들이 백제의 부용국(속국)이라는 기록도 있다고 합니다. 물론 백제 사신의 일방적인 주장이긴 합니다만.

분명 그 시대부터 백제와 일본은 **칠지도** 같은 유물이 건네질 만큼 밀접한 관계였죠. 물론 백제의 영향력이 일본 내 유물·유적에까지 강하게 나타나는 것은 4세기가 아닌, 5세기 이후의 일이긴 하지만요.

양직공도 6세기 양나라 원제 때 소역이 외국 사신들과 그 나라의 풍속 등을 그린 그림. 고구려·백제·신라 사신의 외모와 복식 등이 자세히 그려져 있다.

신채호   조금 복잡할 수 있으니, 잠깐 머리도 식힐 겸 흥미로운 사건을 하나 살펴볼까요? 382년 왜의 장군이 백제·가야와 함께 신라를 공격했다는 기록이 있는데요. 그런데 그는 신라의 미인계에 넘어가서, 오히려 동맹인 금관국을 침공하죠. 이때 금관국왕은 백제로 도망갔다가, 목라근자 장군의 도움으로 간신히 왕권을 되찾았다고 하네요.

이노우에   이시품왕은 기구한 삶을 살았죠. 400년에 고구려 광개토대왕은 백제·가야·왜 연합군에게 공격을 받던 신라를 돕기 위해 군사 5만 명을 보냈습니다. 그 영향으로 임나가라의 세력이 약화됐다고 하지요. 물론 광개토대왕의 원정이 어느 정도 영향을 끼쳤는지는 의

칠지도의 비밀

7개의 가지가 있는 철검. 검신 뒷면에 새겨진 명문을 두고, 한국은 백제 왕세자가 왜왕에게 '하사(윗사람이 아랫사람에게 선물을 내려주는 것)'한 것으로, 반대로 일본은 백제가 '헌상(아랫사람이 윗사람에게 선물을 바치는 것)'한 것으로 해석한다.

  제작 연대 등을 두고 논란이 있지만, 당시 백제와 왜의 밀접한 관계를 보여주는 것은 분명하다. 『고사기』에 따르면, 이 시기에 아직기·왕인 등이 야마토로 건너가 『천자문』과 『논어』를 전했다고 한다. 다만 『천자문』은 6세기 초반에 만들어진 책이고, 4세기까지도 야마토 문화에는 백제보다는 가야의 영향이 강하게 나타난다.

견이 갈립니다만.

잠깐만요! 금관국, 임나가라…, 이름이 너무 많아서 헷갈리는데요.

아, 모두 금관가야를 부르는 말입니다. 사실 가야는 하나의 국가를 가리키는 명칭이 아니에요. 가야·가락·가량·임나 등 호칭도 다양합니다. 이들은 연맹왕국을 이루고 있었다는 설, 각각 개별적인 나라라는 설 등이 있습니다. 대표적으로 금관국(금관가야)·반파국(대가야)·안라국(아라가야) 등이 있지요.

그렇군요. 참고할 만한 당대 기록은 없을까요?

앞서 언급한 것처럼, 〈광개토대왕릉비〉에 나옵니다. 장수왕이 세운 비문으로 부왕의 업적을 기록한 비문이지만, 사실 조선시대까지는 금나라 유적으로 생각했어요. 19세기 후반이 되어서야 탁본이 만들어졌고, 그 진실이 알려지게 됐지요.

가야의 여러 이름 가야 여러 나라의 이름 뒤에 일률적으로 '가야'가 붙은 건 고려 때부터라는 주장이 있다. 『삼국지』「위지」 동이전에서는 '변진안야국', 〈광개토대왕릉비〉와 『일본서기』에서는 '안라', '아라가야' 등 가야의 여러 국가에 대한 다양한 명칭이 나온다.

임나일본부설과 관련해 논쟁거리가 되는 내용도 있습니다. 이른바 391년 신묘년조의 내용이 문제인데, "백제와 신라는 옛 속민으로 조공을 바쳤는데, 신묘년에 왜가 바다를 건너와 백잔(고구려가 백제를 부른 멸칭)과 ○○과 신라를 격파하고 신민으로 삼았다"라는 부분의 해석이 논란이 된 거죠. 또한 400년에는 5만 군대를 보내 낙동강 유역에서 왜를 격퇴하고 임나를 복속시켰다는 기록도 있고요.

혹시 일제에 의해 비문이 조작된 건 아닙니까? 여러 탁본을 비교하면, 글자가 다른 것들이 있었다고 들었는데요.

아마 일본 육군 참모본부 측에서 몇몇 글자를 변조한 흔적은 있습니다. 다만 신묘년 기사는 조작되지 않았습니다. 조작된 흔적이 있는 건 다른 부분이에요. 신묘년 기사는 훼손되어 확인이 안 되는 글자가 문제인데, 그에 대한 해석이 분분합니다. 말씀하신 것처럼 비문이 조작됐다는 설, 문장의 주체를 고구려로 해석해야 한다는 설 등등.

그중에서도 가장 설득력 있는 설은 신묘년 기사의 맥락을 잘 이해해야 한다는 주장입니다. 내용 자체가 고

구려 입장에서 과장됐다는 거죠. 〈광개토대왕릉비〉는 객관적 사실을 기록한 비문이 아닙니다. 부왕의 업적을 높이고 고구려를 높이기 위한 기록이죠.

생각해보면, "백제와 신라는 옛 속민"이라는 문구부터 사실과 거리가 멉니다. 고구려 고국원왕이 백제의 공격으로 전사한 사건이 불과 수십 년 전이에요. 즉, 고구려는 원수인 백제를 낮추고, 한반도 남부에 영향력을 행사하기 위한 명분으로 '주적'인 왜 세력을 과장하는 기록을 남겼다는 해석입니다.

사실 고대에 그런 윤색은 꽤 흔합니다. 그래서 사료를 해석할 때 더 신중해야 하죠. 대표적 사례로 『일본서기』가 있다고 말씀을 드렸고, 『삼국사기』 초기 기록 일부도 마찬가지인데…. 실제 고고학적 사료 등을 통해 4~6세기에 이루어진 것으로 보이는 백제의 마한 공격 기사가 온조왕 때 벌써 나온다든지, 훨씬 훗날의 일인 고구려의 부여 정복이 동명성왕 때 일로 나온다든지 하는 식으로 말이죠.

이런 해석으로 〈광개토대왕릉비〉를 바라보면, 당대 고구려인이 어떤 관점으로 세상을 바라봤는지 알 수 있습니다. 동서남북으로 동부여·숙신·백제·신라 등을 속국으로 거느린 제국, '위대한 고구려' 중심의 독

자적 천하관이 보이는 거지요.

〈광개토대왕릉비〉에는 역사적 사실만 있는 게 아니라, 고구려인의 주관적인 '세계관'도 담겨 있군요.

그렇습니다. "왜가 바다를 건너와 백제와 신라 등을 파하고"라는 구절 역시 사실이 아니라, 광개토대왕의 업적을 빛내기 위한 장치인 거죠. 적이 강해야 주인공이 더 빛나니까요. 임나일본부의 근거는 될 수 없어요. 아, 그런데 짚고 넘어갈 문제가 하나 남았습니다.

전방후원분 말씀이시지요?

그렇습니다. 열심히 공부하셨군요!

하하, 비록 제가 역사를 연구하던 시절에는 여러 시대적 한계로 인해 지금 보면 틀린 주장도 했습니다만, 예나 지금이나 역사에 대한 열정은 변함없습니다.

오오, 역시! 역사를 잊은 민족에게 미래는 없다!

아, 여기서 오해를 바로잡고 싶은데요. 많은 분이 그 말을 제가 한 것으로 오해하고 계시던데, 사실과 다릅

니다. 대체 누가 한 말인지는 모르겠습니다만.

앗, 그런가요?

허허, 출처가 불분명한 말들은 사실인지 잘 따져봐야죠. 아무튼 전방후원분을 간략하게 설명하면, 장구 모양으로 생겨 '장구형 무덤'이라고도 부르는 4~6세기 고대 일본의 무덤 양식입니다. 그런데 1980년대 영산강 유역에서 10여 기의 전방후원분이 발견됐다고 하는군요.

비록 가야 일대에서 발견된 유적은 아니지만, 임나일본부설을 주장하는 학자들에겐 꽤 좋은 빌미가 되었지요.

충격이군요. 어찌 되었든, 일본의 영향을 받은 세력이 한반도 내에 존재했다는 건가요?

그래서 발굴 당시부터 많은 논란이 됐다고 합니다. 혹자는 전방후원분이 한반도에서 먼저 만들었다고도 주장하기도 하고요.

발전 양식을 생각하면 고대 일본의 무덤 양식이 맞습

니다. 다만 그 주인에 관해선 여러 설이 있어요. 왜계 백제 관료라는 주장, 이주한 왜인 집단이라는 주장, 왜로 이주했다가 다시 돌아온 백제인이라는 주장, 백제와 왜의 영향을 받은 토착 세력이라는 주장 등등.

정말 상상할 수 있는 가설은 다 나왔네요.

예민한 문제니까요. 영산강 유역 전방후원분을 이해하려면 당시 한반도와 일본열도의 상황을 폭넓게 바라봐야 합니다. 백제와 일본, 가야의 상황도 잘 살펴야 하죠. 우선 백제 이야기를 해볼까요? 흔히 백제의 영토라고 하면 어떤 지역들이 떠오르시죠?

시기에 따라 달라지겠습니다만, 보통 서울과 경기·충청·전라도 일대를 떠올리지 않을까요?

그게 일반적인 인식이죠. 사실 고고학적으론 4세기까지도 백제가 전남 일대를 완벽하게 직접 지배하지는 못했다고 하는군요. 근초고왕 때 마한을 정벌한 기사가 있지만, 실제로 이 일대를 완전히 직접 지배한 건 6세기 초에서 중엽에 이르러서죠. 자, 그럼 5세기 중엽에는 백제에 어떤 일이 있었을까요? 정말 중요한 일이 있었는데요.

백제가 한강 유역을 상실한 사건 말씀이지요? 『일본서기』에는 백제가 멸망했다고 기록될 정도로 큰 사건이었죠. 이 시기 백제가 약화된 것을 틈타 대가야가 섬진강 유역에 진출한 흔적도 있고요.

백제는 동성왕 때 힘을 회복하는데, 이 분 이력이 독특합니다. 출생지부터 일본으로 추정되거든요. 당시 백제는 귀족의 힘이 강해서 왕이 살해되는 일이 잦았는데, 동성왕은 어릴 때 왕위에 올랐지만, 천천히 힘을 길러서 귀족을 제압해버렸어요. 이때 회복된 국력을 바탕으로 무령왕과 성왕의 전성기가 열립니다.

『삼국사기』에는 무령왕이 동성왕의 아들로 나오지만, 『일본서기』에는 오히려 무령왕이 동성왕의 이복형이라고 했죠. 그런데 나중에 무령왕릉이 실제로 발굴됐을 때, 무령왕이 동성왕보다 나이가 많다는 게 드러납니다. 『일본서기』의 기록도 비판적 검토를 거친다면, 충분히 참고할 만하다는 게 증명된 거죠.

그 시기에 백제와 왜는 밀접한 관계를 맺습니다. 원래

대가야의 섬진강 유역 진출 가야의 소국들은 비록 고대국가로 발전하지는 못했지만, 대가야(반파국)은 한때 호남 동부까지 진출한 흔적이 유물에서 나타나고 있다.

한성백제의 흥망

마한 여러 소국 중 하나였던 백제는 3세기 중반 목지국을 제치고 마한의 맹주로 성장한다. 한성백제는 4세기에 전성기를 맞아 371년에는 고구려를 침공해 고국원왕을 전사시키기도 했으나, 불과 100년 뒤인 475년에는 반대로 장수왕에게 백제 수도 한성이 함락당하고 개로왕이 목숨을 잃는다. 이후 백제는 웅진, 사비로 수도를 옮겼고, 이후 전라도 일대(침미다례)에 직접 지배력을 강화해 부활에 성공한다.

백제는 가야와 큐슈를 통해 긴키 일대의 야마토와 교류했는데, 이때부터 직접 교류하게 된 거죠. 후대 연구에 따르면 무역 주도권을 뺏긴 대가야가 일본에 사신과 보물을 보내지만, 결국 백제에 밀립니다. 백제와 왜는 매우 가까워져서, 동성왕과 무령왕 등이 일본에서 태어난 정황이 있을 정도죠.

일본 내 유적을 봐도 이 시기부터 가야의 영향력이 크게 줄어들고, 백제의 영향력이 점점 커지지요.

무령왕은 마한을 평정하고 고구려에 반격을 가해, 한때 한강 유역도 수복합니다. 또한 중국 남조인 양나라

긴키 일대 교토·오사카·효고·나라 일대로 근세까지 일본의 문화·경제적 중심지였다.

에 사신을 보내, 고구려보다 높은 작호를 받기도 하죠. 이를 바탕으로 성왕은 웅진으로 천도, 국력을 정비하는 데 성공합니다. 국호를 '남부여'로 바꾸기도 해요. 즉, 한반도 전방후원분은 백제가 한성을 잃고 웅진으로 천도하는 5세기 중엽부터 형성되어, 성왕이 사비로 천도할 시점인 6세기 중엽에 사라지는 겁니다.

당시 일본의 상황도 살펴볼까요? 성왕은 왜에 불교와 각종 선진 문물을 전했습니다. 초기엔 항로상 가장 가까운 가야의 영향이 컸습니다만, 그 경향이 무령왕 때부터 바뀐다는 건 말씀드렸죠. 4세기 후반부터 야마토 중심지인 긴키 일대에 백제계 도래인이 많아집니다. 이들은 오사카 평야를 개발하면서 야마토 문명의 성장시키는데요. 이 시기 『일본서기』를 보면 백제 관련 기사로 가득합니다. 그만큼 관계가 끈끈했던 거죠.

백제 왕이 일본에서 태어나기도 하고, 백제인 아좌태자, 노리사치계 등이 왜에 선진 문물과 제도를 전수하며 활약했죠. 서로 도움이 됐을 겁니다. 백제로선 국력을 추스르면서 남부 마한 세력(침미다례)도 억눌러야

중국 남북조의 분열 『삼국지연의』의 배경인 위·촉·오 삼국시대가 끝난 뒤, 중국은 진나라에 의해 통일된다. 하지만 곧이어 이민족들이 남하해 '5호 16국'의 혼란기가 찾아오고, 결국 4~6세기 중국은 남북조로 분열한다. 바로 이 시기에 고구려는 최전성기를 누린다.

했고, 영산강 유역까지 세력을 뻗어온 대가야, 아직 동맹국이긴 하지만 가야 일대를 두고 본격적인 충돌이 임박한 신라도 견제해야 했으니까요.

전방후원분이 바로 이 시기에 나타났다가 사라진 점을 주목해야 합니다. 무덤의 성격이 다 같진 않지만, 대개 백제 영향권에서 호남 일대 마한 세력을 통제한 왜인계 무덤이라는 설은 꽤 설득력 있습니다. 실제로 귀족을 견제하고 왕권을 강화했던 동성왕과 무령왕은 왜에서 태어나 그들의 지원을 받기도 했죠.

동성왕이 백제로 귀국할 때 데려간 호위 군사 500명에도 주목할 필요도 있겠군요. 물론 어떤 사람은 북큐슈에 있던 왜인 세력이 이와이의 성장으로 밀려나 나주 외곽 쪽으로 망명했고, 그 일대에 전방후원분을 형성했다고 주장하기도 합니다.

그런 가정도 있군요. 여기서 주목할 건 이들 무덤이 산발적으로 존재하다, 한 세대만에 전부 사라진다는 거예요. 만약 이들 세력이 소위 '임나일본부'와 비슷한 형태로 야마토가 직접 지배력을 행사한 증거였다면, 무덤 분포도 좀 더 집중적이고 후대로도 이어지는 경향성이 보여야 합니다. 그런데 그러지 않거든요.

맞습니다. 큐슈 지역에서 발견되는 가야나 마한계 유물을 보고 가야와 마한이 큐슈 일대를 직접 지배했다고 주장할 순 없는 것처럼요. 고대 사회는 지금 우리 생각보다 인적·물적·문화적 교류가 활발했다는 걸 알아야 해요. 일부 사료나 유물, 유적을 단편적으로 보지 말고 입체적으로 바라봐야 하죠.

『일본서기』에는 이와이의 난이라는 사건이 나옵니다. 결국 백제의 지원을 받은 야마토가 승리하는데, 사실상 백제와 신라가 대리전을 벌인 셈이랄까요.

고대사의 진실에 관해 흥미진진한 이야기를 나눠봤습니다. 임나일본부와 관련하여 지금까지 거론된 여러 주장을 잘 정리해 설명해주신 두 분은 물론, 여러 이론을 제공해주신 후대의 학자들께도 감사의 말씀을 전해야겠네요.

임나일본부설은 일제의 식민사관으로, 이를 극복하기 위한 여러 논쟁이 있었습니다. 흥미롭게도 이 주제는 여전히 많은 비밀에 싸여 있는 가야사나 〈광개토대

이와이의 난(527~528년) 고대 일본 최대의 내전으로, 백제와 친했던 긴키의 야마토 세력과 신라의 지원을 받은 큐슈의 이와이 세력이 충돌한 사건.

백촌강전투 663년 8월, 백제 부흥군과 3만여 명의 왜군이 나당 연합군과 벌인 전투. 후자의 승리로 백제부흥운동은 사실상 끝나게 되고, 막심한 피해를 입은 왜는 긴 쇄국정책에 들어가게 된다.

왕릉비〉, 전방후원분 문제와도 연결되어 있었네요. 왜곡된 부분들을 제거하고 역사적 맥락을 이해하니, 당시 한반도와 일본 열도 사이에 활발한 교류가 있었던 걸 알 수 있네요. 특히 백제와 왜의 관계를 이해하지 못하면, 왜가 사활을 걸고 백제를 도운 **백촌강전투**에 의문을 품을 수밖에 없죠. 이들의 활발한 교류가 결국 백제·가야·신라는 물론 왜의 문화도 발전시켰다는 점을 생각하면, 오늘날 우리 역시 이웃과 어떤 관계를 맺어야 할지 깨달음을 줍니다.

이번 라운드 핵심 요약

① 임나일본부설은 고대 일본이 한반도 남부를 지배했다는 식민사관으로, 오늘날 한·일 학자들은 그것이 역사적 사실이 아니라고 부정한다.
② 〈광개토대왕릉비〉 신묘년 기사나 영산강 유역 전방후원분은 임나일본부와 관련이 없으며, 그 역사적 맥락을 잘 이해해서 볼 필요가 있다.
③ 고대 사회는 인적·물적·문화적 교류가 매우 활발했다.

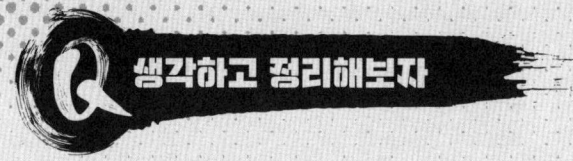

고대국가는 서로 어떻게 교류했을까? 신라 금동반가사유상(국보 1962-2) 과 일본 고류사 목조반가사유상을 찾아보고, 백제 무령왕릉과 중국 남조 벽돌무덤도 비교해보자. 또 이처럼 한중일이 영향을 주고받은 유물·유적이 있는지 찾아보자.

ROUND 84. 동북공정과 발해사의 진실

발해는 정말 우리 역사일까?

발해는 우리 역사다!

유득공
실학자이자 역사가

생몰년 1748년~1807년 | **이력** 초대 규장각 검서관

실학자이자 연암 박지원의 제자. 서얼 출신으로 정조가 인정할 만큼 훤칠하고 수려한 외모를 지녔다. 1779년 정조에 의해 이덕무·서이수·박제가 등과 함께 초대 규장각 '사검서'로 발탁되어 활약했다. 이후 지방관으로 일하면서 발해에 관한 최초의 역사책인 『발해고』를 저술했다.

왕건
발해 유민을 받아들이다

생몰년 877년~943년 | **한마디** "발해는 친척 국가!"

고려의 창업군주. 고구려 유민 출신 송악(개성)의 호족으로 궁예의 신하였으나 폭정으로 민심을 잃자, 그를 몰아내고 고려를 세웠다. 이후 후백제와 신라를 합쳐 후삼국을 통일했다. 정략결혼으로 많은 지방 호족을 포섭했으며, 발해가 거란에 의해 멸망하자 그 유민들을 받아들이기도 했다.

발해는 고구려와 상관 없다!

최치원
신라 유학생 대표

생몰년 857년~908년(?) | **비밀** 사실은 어둠의 발해 팬?

신라 육두품 출신의 천재. 어릴 적 중국 당나라에 유학해서 불과 18세의 나이에 빈공과에 합격했다. 이후 신라로 돌아와 벼슬을 살면서 '시무십여조' 등 개혁안을 냈지만 받아들여지지 않았다. 은퇴 후 금강산과 지리산 등 전국을 유랑했으며, 신선이 됐다는 전설이 있다.

676년 신라는 나당전쟁 끝에 삼국통일을 완수하지만, 불과 20년 뒤 고구려 옛 땅에 새로운 나라가 들어섭니다. 바로 고구려 유민 대조영이 발해를 건국한 것이죠. 발해는 926년 거란의 침공으로 멸망하기 전까지 무려 228년간 유지됩니다.

  그동안 우리는 이 시기를 '통일신라 시대', '통일신라와 발해 시대', '남북국 시대' 등 다양한 이름으로 불렀는데요. 발해를 고구려의 후예로 바라보던 시기도 있었지만, 우리 역사로 인식하지 않은 때도 있었습니다. 그중에서도 가장 큰 논란이 된 건 동북공정 문제일 텐데요. 중국 정부가 고구려와 발해의 역사를 중국사라고 왜곡한 거죠. 다른 한편으로 러시아는 발해사를 말갈족 중심 다민족 국가의 역사로 보기도 합니다. 이들의 주장은 근거가 있을까요? 오늘도 한바탕 토론을 펼쳐보겠습니다.

발해가 중국사라니? 어이가 없군. 그들은 대체 무슨 근거로 그렇게 말하는 건가?

아, 『발해고』를 쓰신 유득공 선배님 나오셨군요!

거란 만주 일대의 반농반목 집단. 916년 요나라를 세우고 발해를 멸망시켰으며, 고려와도 수차례 전쟁을 벌였으나 결국 여진의 금나라에 멸망했다.

동북공정

중국 정부의 주도로 진행된 동북지역 역사에 대한 정치적 목적의 연구. 현재 중국 영토 안에 존재했던 모든 나라와 소수민족의 역사를 중국사로 편입시키는 정치적 목표 아래 역사를 정리했으며, 동북지역 외에도 서남공정(위구르), 서북공정(티베트), 막북공정(몽골) 등 다른 지역사에도 비슷한 작업이 이루어졌다. 동북공정은 공식적으로는 2002~2007년에 수행됐지만, 오늘날까지도 중국 정부는 고구려나 발해가 한국사와 무관한 중국의 역사라고 주장한다.

나는 규장각 검서관 시절 역사를 공부하다가 이상한 점을 발견했네. 바로 발해에 관한 역사책이 없던 것이지. 발해가 망한 뒤 고려는 그 왕족과 유민들을 받아들였는데, 따로 사서를 편찬하지는 않았어. 나는 이 점이 늘 안타까웠네. 그래서 직접 『삼국사기』와 『고려사』는 물론, 『구당서』와 『신당서』, 『속일본기』 같은 외국 사료들을 살펴보며 연구를 시작했지.

저 역시 『아방강역고』에서 발해 영역에 대해 정리한 장을 「발해고」라 이름 지어서 더 친숙한데요. 선배님 시대를 기준으로 무려 천 년 전 역사를 연구하신 것이

발해고(1784년) 유득공이 쓴 우리나라 최초의 발해 역사서.

규장각 검서관 규장각은 조선의 왕실 도서관으로, 검서관은 책을 교정하거나 책을 베껴 사본을 만드는 일을 했다.

정말 대단합니다. 그때까지 남아 있던 기록이 많지 않았을 텐데요.

맞네. 완벽하게 구성하기 어려웠지. 그래서 스스로 판단하기에 자료를 수집하고 정리하는 데 그쳤을 뿐, 역사책으로서 완전한 체계를 갖췄다고는 생각하지 않아서 『발해고』라는 제목을 붙였다네.

겸손하시군요. 발해 역사를 다룬 최초의 역사책이라는 의미가 있는데요. 먼저 발해에 대해서 잘 모르는 분들을 위해 간단히 소개를 부탁드립니다.

발해는 고구려 유민 대조영이 세운 나라지. 처음에는 '진'이라는 국호를 사용했다가 '발해'로 이름을 고쳤어. 중국 당나라가 '해동성국'이라 부른 강대국이자, 신라와 함께 200년 넘게 남북국 시대의 한 축이 됐던 나라야. 결국 발해가 멸망한 이후, 우리 민족은 고구려의 옛 영토를 다시는 회복하지 못한 것이 안타깝네.

나는 이런 당당한 발해의 역사가 신라와 함께 고려

아방강역고(1811년) 정약용이 우리 강역에 관해 쓴 지리서. 고조선의 중심지와 한사군의 위치, 발해의 강역 등을 정리했다.

해동성국 10대 선왕 때 발해의 별명. 선왕은 요동과 평양 일대로 영토를 넓히고 행정구역을 정비했다.

로, 그리고 조선으로 이어졌다고 생각하네. 후손으로서 위대한 조상의 역사와 문화를 기록할 의무가 있지 않겠나?

발해가 고구려의 후손이라니요? 절대 인정할 수 없습니다.

최치원 선생님, 이번에도 등판하셨네요!

왜 그렇게 생각하십니까? 혹시 발해가 정말 중국사라고 생각하시는 건가요?

그건 또 아닙니다. 당나라에서도 발해를 외국이라 여겼는걸요. 나 역시 유학 시절 빈공과를 치렀는데, 그때 발해인도 함께 시험을 치르곤 했죠.

그럼 고구려의 후손 맞는 거지요?

아니라니까요. 삼한은 이미 우리 신라에 의해 통일됐으니, 발해가 고구려를 직접 계승한 정통 후계일 수 없

남북국(남북조) 시대 발해가 건국한 698년부터 통일신라가 후삼국으로 갈라진 900년까지의 시기. 유득공이 처음으로 규정했다.

어요. 그 잔당이 세운 나라에 불과하달까요.

어떤 근거로 하는 말씀이죠?

자, 보세요. 『구당서』에 대조영은 '고구려 별종'이라 구별해서 설명하고 있고, 『신당서』에서도 발해가 말갈족의 나라로 옛날에 고구려에 복속한 이들이 세운 나라라고 기록돼 있습니다.

분명 그런 기록이 있긴 합니다. 하지만 별종이라는 말이 다른 민족이라는 건 틀린 해석이에요. 예를 들면, 고구려와 백제는 모두 부여에서 갈라져 나온 예맥족 나라라 할 수 있는데, 중국 역사서에는 고구려와 백제 또한 부여 별종이라고 표현한 적 있지요.

 또한 대조영의 아버지 걸걸중상은 고구려인 부대를 이끌었다는 표현이 있습니다. 동료인 걸사비우가 말갈인 부대를 이끈 것과 구별되죠. 당나라와 전투 중 두 사람 모두 전사한 뒤, 그들의 후계자 대조영은 고구려인과 말갈인 부대를 모두 이끌게 됩니다. 이런 사실을 선생님께서 모르실 리 없는데…. 그렇게 말씀하시는 다른 이유가 있으신 것 아닌가요?

바, 발해가 우리 역사가 아니라는 인식은 신라인만 갖

고 있던 게 아니에요. 여기 와서 들으니, 조선시대의 역사책 『동국통감』에도 발해를 우리 역사로 인식하지 않았다고 하던데요.

혹시 어떤 기록일까요?

이곳에 와서 읽은 기록에 따르면, 발해가 거란에 의해 망한 뒤 고려는 발해의 귀족과 유민들을 받아들였죠. 그런데 이후에 거란 사신이 고려에 낙타를 선물로 가지고 오자, 태조 왕건은 그 낙타를 굶겨 죽였습니다. 동포인 발해의 적이라는 이유를 들면서요. 바로 이 일에 대해 『동국통감』의 서술자는 의아해하며 "거란이 발해를 멸망시킨 게 우리와 무슨 상관이 있느냐"고 반문했지요.

잠깐만요. 그런데 지금 말씀에 따르면, 적어도 고려 태조는 발해를 자신과 같은 고구려 후예로 생각한 것 아닌가요?

아, 아니 그건!

제가 알기로 선생님께선 당나라 유학 시절, 발해 유학생에게는 절대 밀리지 않겠다는 강한 경쟁심을 가지

셨다고 들었는데요.

그렇습니다. 당시 빈공과에서 우리 신라 유학생은 발해 유학생에게 밀리지 않으려 치열하게 노력했어요. 또 당나라 조정에서 발해 사신이 신라 사신보다 높은 자리에 앉으려 하면, 이를 반대하는 상소를 올리기도 했고요.

역시. 그렇게까지 강하게 의식하신 걸 보니, 더 수상한데요.

뭐가 수상하죠?! 그나저나 선생의 선배인 안정복 선생도 발해는 우리 역사가 아니라고 말씀하지 않았습니까?

분명 "우리 역사에 기록하기는 적당하지 않다"고 말씀하신 건 사실입니다. 하지만 과도기적 이해라고 할까요. 정통이 아닌 부수적 국가로 해석하셨는데요. 그래도 선생님께선 신라 문서에 '북국'이라 표현된 나라가 발해라는 사실도 밝히셨습니다. 발해가 우리 역사와 전혀 상관없었다면, 애초에 따로 항목을 두어서 발해의 지리와 강역 등에 대해 자세하게 정리할 이유도 없지요.

오, 최치원 선생님께서 당황하는 모습은 처음 보는데요! 그런데 궁금한 게 있습니다. 발해는 건국 초부터 고구려인과 말갈인이 함께 건국한 나라로 알려져 있는데요. 일종의 연합정권이라고 봐도 될까요? 둘 중에 누구의 비중이 더 컸을까요?

그렇습니다. 당나라가 거란 수장 이진충의 반란으로 혼란에 빠지자, 고구려 유민으로 요서 지역에 강제 이주되었던 걸걸중상은 말갈 추장 걸사비우와 함께 반란을 일으킵니다. 이후 이들이 죽자, 대조영이 지도자가 되어 발해를 건국한 거지요.

맞습니다. 말갈인에게 고구려를 계승한다는 의식이 있었겠습니까? 국호부터가 고구려와 상관없이, 진 또는 발해를 쓰지 않았나요?

여기서 다른 분께 들었는데, 일본에 보낸 국서에는 <u>고려라는 국호</u>를 쓰기도 했다고 하네요. 또한 대조영의 장남이자 발해 제2대 왕인 <u>무왕</u>은 스스로 "고구려의 옛 영토를 회복했다"고 자부할 만큼 고구려 계승 의식

고려라는 국호 고구려는 장수왕 때부터 고려라는 국호를 사용했다.

[해동성국] 발해

발해의 제2대 왕 무왕(대무예)는 외교 노선 차이로 싸우던 동생 대문예가 적국인 당나라로 망명해버리자, 장군 장문휴를 시켜 산둥반도 등주를 공격한다(732년 제1차 당나라 침공). 또한, 이듬해에는 거란과 함께 만리장성 바로 앞에 있는 마도산을 공격하는 등 신생국 발해의 강력한 힘을 널리 과시한다. 이때 중국에서는 발해를 '동쪽의 번성한 나라(해동성국)'이라 부르기도 했다.

이 컸습니다.

그래봤자 말갈족이 피지배층 다수 아니었나요?

그런 지적에 관해선 후대 학자들이 잘 연구해주셨습니다. 일단 고구려부터가 다민족국가입니다. 지배층인 예맥족 외 말갈, 선비 등이 피지배계층으로 복속돼 있었지요. 그들 중에는 예맥계로 고구려에 문화적으로 동화된 이들이 있는가 하면, 계속해서 독립된 문화를 유지하던 흑수말갈 같은 존재도 있었어요.

하지만 고구려 멸망 이후, 많은 고구려인이 중국에 끌려가지 않았습니까?

그렇긴 하지만, 여전히 요동 지역에 사는 고구려 유민

도 많았다고 합니다. 과거에는 발해의 인구 구성이 지배층인 고구려인, 피지배층인 말갈인으로 이분화되어 있다고 봤지만, 요즘은 다르게 이야기하는 분들도 있더군요. 발해가 민족 구성이나 문화가 복합적인 나라는 맞습니다만, 그 정체성은 분명한 고구려의 후계자라 할 수 있지요.

앞서 언급한 발해의 건국 과정이 상징적인데요. 각각 고구려 유민과 말갈 유민을 이끌던 걸걸중상과 걸사비우 사후, 걸걸중상의 아들 대조영이 두 민족을 함께 이끌었다는 걸 상기할 필요가 있습니다. 건국 과정부터 이들은 고구려 유민 중심으로 화합한 거죠.

그렇군요. 당대 발해인이 어떤 정체성을 가졌는지 알려면, 유물이나 유적 등을 살펴보는 것도 도움이 될 것 같은데요.

그 역시 후대의 고고학적 연구 성과가 많더군. 간단히 소개하면, 먼저 고분을 살펴볼 수 있을 것 같네. 고구려의 석실은 매우 독특한 천장 형태를 갖고 있어. 발해의 초기 고분 역시 후기 고구려 양식의 영향을 받았고, 또한 무덤에 그려진 벽화 역시 비슷하지. 고구려식 굴식돌방무덤으로 모줄임천장 구조를 띤 정혜공주묘가 가장 대표적인 유적이네.

발해의 인구 구성은 어떻게 될까?

668년 고구려의 멸망 이후, 그 유민들은 당과 신라, 일본 등 각지로 흩어지게 된다. 중국 기록에는 고구려 말기 인구가 69만 7000호라고 하였는데, 이에 따르면 호적상 대략적인 인구는 300~400만 정도였던 것으로 보인다. 처음에 당나라는 고구려 땅에 안동도호부를 설치해 다스리려 했으나, 왕족 안승이 4000호를 이끌고 신라에 투항해 부흥군을 이끌었고, 요동성과 안시성 등이 항복하지 않는 등 저항이 계속됐다.

결국 당은 고구려 유민의 저항을 막기 위해 지배층을 중심으로 2만 8200호를 중국 땅으로 옮겼다. 훗날 당나라에서 활약한 고선지나 이정기 등이 그 후예로, 오늘날 중국은 이를 근거로 고구려인이 중국에 흡수됐다고 주장한다. 하지만 실제로는 많은 유민이 예맥계 말갈족과 함께 동만주 일대로 탈출했으며, 이들은 기존 고구려 땅에 있던 상당수 예맥계 고구려인과 함께 힘을 합쳐 발해를 건국한 것으로 보인다.

반대로 당나라 문화의 영향을 받은 **정효공주묘**도 있지 않습니까?

우리 민족을 대표하는 가장 기본적인 음식이 바로 장이지요. 고구려는 본래 **장양**을 잘한다는 기록이 있는데, 발해의 특산물도 메주라는 기록이 있습니다. 온돌이나 **막새기와** 역시 고구려의 영향을 강하게 받은 유물이지요. 연꽃 꽃씨 모양, 여섯 개의 꽃잎 문양 등이 특징입니다.

고구려와 당의 영향을 모두 받은 정효공주묘

정혜공주묘가 고구려 양식인 것과 달리, 그보다 15년 뒤에 사망한 정효공주묘에는 중국 문화의 영향이 묻어난다. 벽돌로 구성되어 있으며 벽화에는 중국계 악기도 그려져 있다. 다만, 벽화에 그려진 악공들의 옷은 『구당서』에 기록된 고구려 악공의 것과 비슷하며, 이는 고구려 문화를 중심으로 당나라 문화까지 활발하게 받아들인 당대 시대상이 드러난다.

같은 기록에 "풍속은 고구려나 거란과 대개 같다"는 부분은 쏙 빼놓으셨네요.

선배님께선 다른 때와 달리, 이번 라운드에선 유독 밉상이시군요.

음, 음.

문화나 유물이 많은 걸 말해주는군요. 말씀을 들으니, 인구 구성상으로나 문화적으로나 다양한 문화가 섞여 있었던 것 같네요. 아쉬운 건 현재 발해 영토가 대부분

장양 장을 담그고 술을 빚는 것

막새기와 지붕에 얹는 기와 끝을 마무리하는 장식용 기와.

북한과 중국에 있어서 더 자세한 조사를 할 수 없다는 점인데요.

한마디 거들어도 되겠습니까? 제 생각에 발해는 꽤 문화강국이었습니다. 우리 고려의 세계적 자랑인 청자 역시 발해의 전통 기술에 신라의 것을 접목한 뒤, 송나라의 최신 기술까지 결합해서 만든 최고의 예술품이지요.

오, 그렇군요! 태조께선 발해와 동시대를 사셨는데요.

발해는 우리 고려에겐 친척의 나라입니다. 안타깝게도 거란에 의해 나라가 망하고 말았지만요.

오, 역시! 태조께선 발해를 친척의 나라로 보셨군요. 발해의 원수를 갚기 위해서 만부교 사건도 벌이신 걸로 압니다.

네. 당시 고려는 발해 수십만 유민을 받아들였습니다. 그들이 고려에 충성심을 갖게 하고, 또 언제 전쟁을 벌

만부교사건(942년) 요가 친교를 위해 보낸 낙타 50마리를 만부교 아래 묶어서 굶겨 죽이고 사신들은 섬으로 유배를 보낸 사건. 훗날 요가 고려를 침공할 때 전쟁 명분으로 삼기도 했다.

일지 모를 요에 맞서 고려의 사기를 높이려는 목적도 있었죠. 저는 같은 이유로 후대에 남긴 훈요십조에도 "거란은 금수의 나라"라며 경계하는 말을 남기기도 했습니다.

음, 조금 이상한데요. 고려 중기의 역사책 『삼국사기』에는 발해에 관한 직접 기록이 없는데요.

발해에 대한 인식은 고려, 그리고 제가 살았던 조선 시대에도 계속 변했습니다. 『삼국사기』와 비슷한 시기인 고려 중기 중국 사신이 남긴 기록인 『고려도경』에는 발해를 고구려를 이은 나라로 보기도 했어요.

신라에게는 자신들이 삼국을 통일했다는 '삼한일통' 세계관이 있었죠. 이를 지키기 위해서라도 발해의 정체성에 대해 부정적인 입장을 취할 수밖에 없지 않았을까요? 하지만 우리 고려의 입장은 다릅니다. 발해가 고구려의 계승국이라는 사실이 전혀 걸림돌이 되지 않죠. 어차피 발해든 신라든, 우리 고려의 힘으로 다시

훈요십조 태조 왕건이 후대에 남긴 열 가지 가르침. 일부 항목과 관련, 지역 차별 논란과 함께 조작설도 있다.

고려도경(1123년) 북송의 서긍이 고려에 사신으로 다녀가서 만든 보고서이자 여행기. 고려의 생활풍속이 담긴 귀한 연구 자료지만, 정확도 측면에서 교차 검증이 필요하다.

금 멋지게 통일한 것이니까요.

휴, 사실 저도 발해가 고구려의 후예라는 걸 잘 알고 있습니다. 오히려 그 때문에 더 라이벌 의식을 불태운 점도 있지요.

오, 입장을 바꾸시는 건가요?

계속해서 고집만 피울 순 없으니까요. **신라인과 발해인은 서로 통역을 맡을 만큼** 말이 통했어요. 과거 고구려·백제·신라가 말과 뜻이 어느 정도 통했던 것처럼 말이죠.

맞습니다. 발해가 멸망한 뒤 요나라와 금나라에서는 고려에 사신을 보낼 때, 주로 발해인을 보냈다는 기록도 있다고 하네요.

선배님께서도 드디어 본심을 말씀하시네요!

하하, 억지를 부려서 죄송합니다. 다만 중요한 건 신라

신라와 발해는 말이 통했을까? 『속일본기』에는 740년 일본 조정에 찾아온 발해 사신의 통역을 신라인에게 맡긴 기록이 있다.

에 의해 시작된 삼한일통의 대업이 고려를 통해 다시 한번 완성됐다는 사실일 겁니다. 아, 그런데 한 가지 궁금한 게 있습니다.

무엇이 궁금하신가요?

발해는 200년 넘는 역사를 지닌 나라인데, 이 자리에 와서 들으니, 정작 멸망 과정이 어땠는지 잘 알 수 없더군요. 일부 주장에 따르면, 화산 폭발로 멸망했다는 설도 있고요. 대체 어떤 게 사실입니까?

내가 『발해고』를 정리하던 시절에는 그런 이야기를 못 들어봤습니다. 다만 이 자리에 오기 전 현대의 후배 학자들에게 들으니, 실제 화산 폭발의 흔적이 있긴 하더라고요. 다만 화산 폭발이 발해 멸망의 직접 원인은 아닌 것 같다고 합니다. 일단 시기가 정확하지 않아요. 『고려사』에는 946년 개성에서 천둥소리가 들렸다는 기록이 있고, 일본 나라현의 고후쿠지에서도 비슷한 시기에 하늘에서 하얀 재가 내렸다는 기록이 있다고 하는데요. 정작 발해가 멸망한 926년과는 차이가 있어요.

발해가 정확히 어떤 이유로 망했는지는 모릅니다. 다

만, 발해가 멸망한 뒤에도 부흥 운동이 일어나 정안국과 흥료국 등이 세워졌다가 다시 멸망하는 등 혼란기가 한동안 이어졌지요. 저는 그 과정에서 발해 유민들을 적극적으로 받아들였고, 그런 과정을 통해 고려를 더 성장시킬 수 있었습니다.

통합의 리더십으로 삼한을 재통일한 거지요! 우리 신라가 삼한을 통일할 때 다소 아쉬웠던 점이 바로 그런 부분이었는데요.

고려 태조께서 발해 왕족과 유민을 적극적으로 받아들인 건 정말 훌륭한 결정입니다. 다만, 저로선 아쉬운 점이 하나 있습니다. 바로 발해 유민들을 통해 발해의 역사를 당대에 정리할 기회를 놓친 것인데요. 분명 당대에 역사서가 편찬됐다면, 제가 볼 수 없었던 여러 기록을 참고해 발해의 진짜 모습을 생생히 전할 수 있었을 텐데요.

고려 역시 건국 초로 불안정했던 터라…. 그 부분은 드릴 말씀이 없네요.

정안국과 흥료국 발해 멸망 후 유민들이 건국한 나라들. 흥료국은 요동에, 정안국은 압록강에 세워졌다. 정안국은 50년 가까이 존속했다.

이쯤 해서 동북공정에 관해 이야기해볼까요? 아시다시피, 동북공정은 중국 동북방에 있던 모든 나라의 역사, 특히 고구려사와 발해사를 중국사로 귀속시키려는 시도인데요. 이들의 주장에 우리는 어떻게 대응해야 할까요?

상식적으로 당대 중국의 어떤 왕조도 고구려가 중국사에 속한다고 생각하지 않았습니다. 중국 왕조의 책봉을 받은 것을 근거로 그런 주장을 하는 이들이 있던데, 고대 사회에서 조공과 책봉은 근대적 의미의 지배·복속이나 식민 지배와 성격이 달라요.

분명 고구려·백제·신라는 비록 오랫동안 나뉘어 치열하게 싸웠습니다. 하지만 자신들이 중국인과는 다르다고 강하게 인식하고 있었어요. 앞서 얘기했듯이 서로 말도 통했고, 어느 정도 동질 의식도 있었지요. 당연히 오늘날 여러분이 지닌 강력한 민족의식과는 차이가 있지만요.

게다가 발해는 외왕내제 체제를 유지해 자체적으로는

조공·책봉 관계 주변 국가가 황제국을 섬기는 대신(조공), 그 지배권을 인정받고(책봉) 군사적 충돌을 피하며 경제 및 문화적으로 교류를 하던 국제 관계.

황제를 자처하고 독자적 연호도 사용했습니다. 앞서 살펴본 것처럼, 대외 외교 문서나 문화적으로나 모든 면에서 고구려의 후예임이 분명합니다.

앞서 언급한 것처럼 고려 역시 시대마다 인식의 차이는 조금씩 있지만, 발해를 친척의 나라나 형제의 나라로 여겼다는 점은 분명합니다.

발해 왕자 대광현이 수많은 백성을 이끌고 고려에 귀순했었지요.

다시 한번 태조의 포용력이 정말 대단했다고 칭찬을 드리고 싶네요.

마지막으로 발해가 한국사도 중국사도 아닌, 만주인의 역사라는 인식도 살펴보고 싶습니다. 만주족(여진족)이 세운 청은 『만류원류고』에서 발해를 '만주족의 이전 역사'로 다루기도 했는데요.

외왕내제 외부에서는 왕국·국왕을 칭하지만, 내부에서는 제국·황제를 칭하는 체제. 고려가 이 체제를 유지했으며, 조선 역시 명을 사대하며 왕을 칭했지만 다른 한편으로 황제가 쓰는 묘호를 쓰고 하늘에도 제사를 지냈다.

하하, 그 책에선 신라와 백제까지 만주족의 선조라고 쓰였다고 들었네. 역사를 연구할 때 참고할 만한 책은 아니지. 다만 안타까운 점은 발해의 옛 영토가 오늘날에는 대부분 중국과 러시아에 속해서 이런 논쟁이 일어난 것 같다는 것일세.

현실적으로 오늘날 발해의 역사를 더 깊이 있게 연구하기 위해서는 주변 국가들의 협력이 필요할 것 같습니다. 언제 가능할지 모르겠습니다만…. 아무튼 긴 시간 토론하느라 고생하셨습니다. 말씀처럼, 고구려와 발해가 중국사라고 주장하는 '동북공정'은 어디까지나 중국 정부의 '정치적 해석'일 뿐 역사적 사실과는 다릅니다.

　아쉽게도 발해는 당사자들이 직접 남긴 역사책이 남아 있지 않고, 유물도 적어서 여전히 많은 부분이 베일에 싸여 있습니다. 하지만 분명한 건, 발해인 스스로 말했고 유물과 유적도 공통적으로 고구려의 후예라는 것을 드러냈다는 것이지요. 시대에 따라 입장 변화도 있었지만, 고려와 조선에서도 계승 의식이 있었고요.

　물론 그 빛나는 문화를 이루는 데에는 고구려인뿐 아니라 여진과 거란 등 다양한 집단이 참여했다는 점도 간과해서는 안 될 겁니다. 적이었던 중국으로부터도 '해동성국'이라 불린 강력한 나라, 고구려의 당당한 후예인 발해의 역사를 후손인 우리는 잊지 말고 계속 기억합시다.

이번 라운드 핵심 요약

① 발해는 고구려 유민과 말갈 등이 연합해서 세운 나라다.
② 고려 태조 왕건은 발해를 친척의 나라로 인식했고, 조선 후기 유득공은 발해에 관한 최초의 역사서『발해고』를 남겼다.
③ 발해인은 고구려 문화를 계승했고, 신라인과 말이 통했으며, 스스로도 고구려의 후예로 인식했다(『속일본기』,『유취국사』).

고구려·백제·신라 그리고 발해의 풍습 가운데 오늘날 우리에게까지 계승된 문화가 있을까? 이번 라운드에서 다룬 것을 좀 더 자세히 조사해도 좋고, 다른 문화들이 또 있는지도 알아보자.

ROUND 05. 반만년 역사를 톺아보는 흥미진진한 대결
한국사 최강의 국가는?

연개소문
고구려의 명장이자 권신

생몰년 595년(?)~665년(?) | **관직** 초대 대막리지

고구려의 권신이자 명장. 쿠데타를 일으켜 영류왕을 죽이고 보장왕을 세운 뒤 대막리지가 되었다. 이후 당나라 대군의 공격을 여러 차례 물리쳤다. 하지만 권력을 독점해 통치 체제를 무너뜨렸고, 결국 그의 사후 자식들의 분열로 나라가 멸망하고 만다.

의자왕
백제의 마지막 왕

생몰년 595년(?)~660년 | **별명** 해동증자

백제의 마지막 왕. 무왕의 맏이로 태어났으나, 40세 가까이 돼서야 태자가 됐다. 신중한 성품과 효성으로 '해동증자'로 불렸고, 즉위 후 왕권 강화와 대외 정벌에 힘썼다. 하지만 무리한 왕권 강화로 귀족들의 반발을 샀고, 위협을 느낀 신라가 당나라와 동맹을 맺고 협공해 결국 백제는 멸망한다.

김유신
삼국통일을 이룬 신라의 명장

생몰년 595년~673년 | **특징** 고대 한중일 역사서에 모두 등장!

신라 진골 출신의 명장으로, 금관국(금관가야) 후예. 선덕여왕 때 비담의 반란을 진압하고 백제와의 전쟁에서 큰 공을 세웠다. 정치적 동지인 김춘추가 왕이 된 후(무열왕), 황산벌에서 계백을 물리치고 백제를 멸망시켰고, 고구려 멸망과 나당전쟁의 승리를 지원하면서 삼국통일의 주역이 되었다.

우리가 최강이다!

허황옥
인도 출신으로 수로왕과 결혼

생몰년 31년(?)~188년(?) | **출연** 김해 허씨의 시조

김해 허씨의 시조. 『삼국유사』에 이름과 일화가 전한다. 아유타국 출신으로 배를 타고 떠돌던 중 가야에 도착해 수로왕과 결혼, 왕비가 되었다고 한다. 출신이나 실존 여부에 대해서는 논란이 많은데, 인도 아유타국설, 인도 타밀나두 지역설, 불교 영향을 받은 설화적 인물이라는 주장 등이 있다.

정몽주
고려의 충신이자 명재상

생몰년 1338년~1392년 | **입버릇** "임 향한 일편단심이야 가실 줄이 있으랴."(「단심가」)

호는 포은. 고려의 충신으로 정치·외교·군사 등 다방면으로 재능을 발휘했다. 이성계와 함께 왜구 토벌에도 큰 공을 세웠으며, 학문적으로도 "동방 성리학의 시조", "도덕의 으뜸"이라는 높은 평가를 받았다. 정치 개혁을 주장하며 이성계·정도전과 뜻을 함께했으나, 결국 조선 건국을 놓고 대립하다가 선죽교에서 피살됐다.

세종 이도
한민족 최고의 지도자

생몰년 1397년~1450년 | **최대업적** 한글 창제

태종의 3남으로 태어났으나, 어려서부터 총명하여 형인 양녕대군과 효령대군을 제치고 왕위에 올랐다. 한민족 역사상 최고의 명군으로 불리며, 천재로서 정치·경제·사회·문화·군사 등 다방면에 걸쳐서 중요한 업적을 남겼다. 특히 훈민정음(한글)을 세자(훗날의 문종)와 함께 만들었고, 신하의 반대를 무릅쓰고 널리 반포했다.

한국사를 빛낸 여러 나라 가운데 최강, 요즘 유행어로 '고트(G.O.A.T)' 국가는 어디일까? 조금 유치하지만, 누구나 흥미롭게 몰입할 주제인데요. 군사력·경제력·영토 크기·문화적 영향력 등 평가 기준도 다양하겠지요. 그럼, 이번에도 각국 대표자를 모시고 뜨거운 대리전을 치러보겠습니다!

하하, 최강 국가가 어디냐고? 뭐 길게 논쟁을 벌일 게 있간? 누가 뭐래도 우리 고구려 아니갔어? 드넓은 만주 벌판을 누비면서 중국 강대국을 번번이 무찌르고, 말갈과 거란의 여러 부족을 거느렸던 위대한 태왕의 국가! 그게 고구려야.

쯧쯧. 언제까지 힘자랑만 할 텐가? 강대국의 품위는 무력에서 나오는 게 아니야. 바로 우리 백제처럼 찬란한 문화에서 자연스럽게 우러나오는 거지. 다들 **금동대향로**는 알겠지? 그 섬세한 자태의 향로에서 은은하게 향이 피어오르는 모습을 가만히 지켜보면, 그야말로 인간이 만든 최고의 아름다움을 느끼게 되지.

고트 역대 최강(Greatest One All Time)이라는 뜻의 유행어.

금동대향로 부여 능산리 절터 수로 안에서 발견. 이 책 표지에도 등장한 국보.

연개소문

깡패? 머이 어드래? 우리 개마무사한테 또 혼쭐이 나봐야 정신을 차리지?

김유신

모처럼 맞는 말을 했는데 왜 발끈하나. 의자 말처럼 진정한 강자의 풍모는 힘만이 아니라 그 나라의 교양과 문화 수준에서 판가름 나는 거야. 그리고 문화라고 하면? 단연 우리 신라지! 뭐, 백제의 금동대향로는 봐줄 만하지만, 그것 말고 뭐 남아 있는 게 있나?

　그에 반해 우리 신라에선 훌륭한 문화재가 그야말로 땅을 파면 쏟아지지. 다들 서라벌(경주)은 가봤지? 거대한 왕릉들, 수많은 금관과 곡옥, 불국사와 석굴암, 첨성대…. 수도 서라벌의 전성기 때는 궁궐과 사찰 외에도 황금 저택이 수십 개나 있어서 엄청난 화려함을 자랑했다고.

의자왕

흥. 서라벌은 워낙 구석진 곳에 있어서 전쟁의 피해를 덜 봤으니까. 우리 백제의 유물과 유적들이 파괴되지 않고 절반만 남아 있었어도…. 백제 대표 사찰인 익산 미륵사만 해도 비록 오늘날엔 터만 남아 있다지만, 그 부지 규모만 해도 신라가 자랑하는 황룡사의 두 배가

개마무사 철갑으로 중무장한 고구려의 정예 기병대. 개마총, 안악 3호분 등 고구려의 무덤 벽화들에 꽤 상세한 묘사가 남아 있다.

미륵사와 〈서동요〉의 비밀

『삼국유사』에는 익산 미륵사 창건에 관한 〈서동요〉라는 신라 향가가 전한다. 가난한 백제 사람 서동이 선화공주가 아름답다는 이야기를 듣고 신라로 간다. 거기서 서동은 노래를 퍼뜨려 선화공주와 결혼하고, 마침내 백제왕이 되어 아내와 함께 미륵사를 창건했다는 내용이다.

『삼국유사』의 일연은 서동이 백제 무왕이라 생각했다. 하지만 2009년 미륵사지 석탑 보수 과정에서 발견된 사리봉안기에 따르면, 미륵사는 무왕과 '신라 선화공주'가 아닌 '사택왕후'가 창건한 것으로 밝혀졌다. 이에 대해 무왕에게 여러 왕후가 있다는 주장, 25대 무왕이 아닌 24대 동성왕(실제로 신라 왕족 딸과 결혼한 유일한 기록이 있다)과 관련됐다는 주장 등이 제기됐으며, 처음부터 〈서동요〉가 백제 설화가 아니라 익산에 있던 마한의 초기 맹주 건마국(고조선 준왕 세력이 남하해 세운 나라) 설화가 백제의 것으로 와전된 것이라는 주장도 있다.

훌쩍 넘는다고.

역사는 우리 **황룡사**가 훨씬 앞선데?

그 황룡사의 대표 상징물이 뭐지? 9층 목탑. 그걸 만든 게 누구? 백제 장인.

황룡사 553년 창건된 신라의 대표 사찰. 중심부에는 9층 목탑이 있었는데, 그 크기가 60~80미터에 달했다고 한다. 13세기 몽골의 침략으로 불타, 지금은 터만 남아 있다.

아이고, 대단한 걸로 싸우고 있고만 기래. 자꾸 우리한테 힘자랑만 한다고 뭐라 하는데, 그게 어때서? 자네들이 백만 대군과 붙어본 적 있나? 후연, 북위, 심지어 중국을 통일한 수나라에 당 태종 이세민까지…. 모두 우리 고구려 발아래 무릎을 꿇었어! 이런 우리가 없었다면, 자네들 백제나 신라가 자랑하는 유물들은 남아 있지도 않았을 거야.

나당전쟁 모르나? 아, 자네 가고 아들들이 싹 나라 말아드신 뒤라 잘 모르겠군. 지난 라운드에 이어서 다시 한번 알려드리지. 백제와 고구려를 물리쳐 삼국을 통일하고, 마침내 당까지 물리친 최종 승자가 누구? 바로 우리 신라야!

외세의 힘을 빌린 주제에 뻔뻔하게 잘난척은. 사실 우리 백제야말로 중국 왕조와 당당히 맞서 싸운 기, 기록이 있다고!

왜 갑자기 말을 더듬지? 뭔가 찔리는 것 같은데.

뭐, 뭐가 찔린다는 거지? 우리 백제가 요서와 산둥반도에 진출한 기록이나 북위와 전쟁을 벌였다는 기사는 엄연히 중국 역사책에 쓰여 있는 내용인데!

대륙 백제는 정말 있었을까?

한때 국사 교과서에도 백제가 중국 요서와 산둥반도 일대에 '진출'했다는 내용이 실렸었다. 이를 백제의 요서경략설 또는 대륙 백제설이라고 한다. 『송서』나 『양서』 등 중국 남조 역사서에는 기록이 있는데, 이상하게도 백제와 직접 맞서 싸웠어야 할 북조의 역사서에는 어떤 기록도 없다. 5세기 후반 백제와 북위의 전쟁 기사도 이와 관련 있는데, 정작 해당 시기에 백제는 고구려에 의해 개로왕이 살해되고 수도 한성이 함락되고 남쪽으로 침미다례가 이탈하는 등 어려움을 겪고 있었다. 이런 상황에 바다 건너 고구려·북위와 싸우며 요서와 산둥반도 일대를 지배하는 건 현실적으로 불가능했다.

그렇다면 왜 이런 기록이 남았을까? 백제의 외교적 과장에 남조가 속았다는 주장, 또는 남조 역사가들의 착각 때문이라는 주장 등 여러 설이 있다. 4세기 백제의 전성기 시절, 근초고왕이 남조인 동진으로부터 '영낙랑태수'로 책봉을 받았는데, 이 일과 313년 고구려 미천왕이 평양의 낙랑군을 축출해 요서로 몰아낸 사건이 혼재되어 "고구려가 요동을 공략할 때, 백제는 요서로 진출했다"라는 기록으로 남았다는 것이다. 북위와 백제의 전쟁 기사 역시, 백제 사신이 남조에 가서 '위로(고구려)'와 싸웠다는 주장을 편 것을 『남제서』의 편찬자가 자신들의 적인 '북위'로 착각했다는 주장도 있다.

근데 정작 싸웠다는 당사자들한텐 기록이 없고, 전혀 상관없는 남쪽 왕조의 기록에만 있는 이유는 뭘까?

흠, 흠. 아무튼 우리 백제는 단순히 전쟁이 아니라, 일본 그러니까 당시 왜에도 선진 문화를 전수하는 역할

을 했어. 왕인, 아직기…, 다들 이름 들어봤겠지? 단순히 영토 크기를 넘어선 놀라운 국제적 영향력을 행사했다 이거야.

왜에 끼친 영향력이라면 신라도 밀리지 않아. 뭐, 사이가 좋을 때보다 안 좋을 때가 많긴 했지만. 아무튼 오늘날 일본의 국보 1호라는 고류지 목조반가사유상을 다들 봤나? 그게 바로 우리 신라에서 제작된 거야. 우리 유물인 금동미륵반가사유상과 비교해보면 누구나 깜짝 놀랄걸.

한·일의 쌍둥이 반가사유상

일본의 국보 1호 고류지 목조반가사유상은 한국의 국보 1962-2(일명 83호) 금동미륵반가사유상과 쌍둥이처럼 비슷하게 닮아 있다. 고류지의 나무 재질을 분석한 결과 한반도의 적송 소나무로 밝혀졌는데, 신라에서 제작되어 일본으로 건너간 것으로 추정된다.

이러면 우리도 빠질 수 없지. 고구려 하면 강력한 군대나 장군총처럼 멋진 무덤을 생각할 텐데, 예술도 빼놓을 수 없어. 무덤 속 아름다운 벽화도 그렇고, 담징을 왜에 보내 호류사에 벽화를 그린 것도 우리라고.

아아, 또 우리 가야만 빼놓고 즐겁게 이야기를 나누고 계시나요.

금관가야의 허황옥 왕후님이시군요.

안녕하십니까. 우리 금관국은 비록 작은 나라지만, 국제적인 영향력이라면 결코 삼국에 뒤떨어지지 않다는 말씀을 드리고 싶군요.

앗, 왕후님. 처음 뵙습니다.

장군은 금관가야 출신이시죠. 왕후님에 대해 자세한 소개를 부탁드려도 될까요?

왕후님은 금관국의 시조이신 수로왕의 부인입니다. 『삼국유사』에 따르면, 멀리 바다 건너 인도 아유타국에서 배를 타고 오셨다고 하지요.

그렇습니다. 아유타국을 인도 북부 아요디야 왕국으로 추정하는 분도 계시던데…. 아무튼 금관국을 비롯한 가야 여러 나라는 세계와 교류했습니다. 백제보다 앞서서 왜와 교역했고, 인적·물적 교류를 통해 철기와 선진 문물을 전수하기도 했지요.

잠깐만. 그 머나먼 인도에서 배를 타고 이곳까지 오는 게 가능합니까?

이봐, 자네도 아까 백제는 배를 타고 요서와 산둥반도를 오가며 전쟁까지 벌였다고 주장했잖나. 배를 타고 멀리 이동하는 게 뭐 어때서?

인도는 그보다 훨씬 멀리 있으니 하는 얘기지.

쩝. 그런데 사실 왕후님은 제 선조이기도 하셔서, 이런 말씀 드리기가 굉장히 죄송한데…. 이곳에 와서 여러 현대 학자의 설명을 들어보니, 어쩌면 왕후님은 인도에서 오신 게 아닐 수 있다고 하는군요.

그래요…. 네? 지금 뭐라고 했죠?

오늘날에도 인도에서 배를 타고 한반도로 오는 과정이 무척 힘든데, 고대의 선박 수준이나 항해술을 생각하면 불가능에 가까운 일이지요. 물론 당에서 인도까지 육로를 통해 불경을 구하러 갔던 현장 삼장 같은 분도 계시지만요. 그 과정이 얼마나 어려웠으면 『서유기』 같은 소설도 나왔겠습니까.

그럼 왜 굳이 인도에서 왔다는 이야기를 만든 걸까?

백제의 건국시조도 고구려에서 내려왔다고 하지 않았나? 아니, 부여였던가?

이봐. 우리 백제 왕실이 부여·고구려계라는 건 꾸며낸 이야기가 아니라, 돌무지무덤 양식 등을 통해 증명된 역사적 사실이라고.

음, 아무튼 뭐 따지고 보면 **백제의 건국 과정도** 꽤 복잡하잖아?

앞선 1라운드를 참조할 수 있겠네요. 건국시조의 출생을 신비롭게 꾸며내거나 연대를 끌어올리거나 하는 일은 고대에서는 꽤 흔하니까요. 알에서 깨어났다거나, 하늘나라나 저 멀리 외국 출신이라거나.

아아, 그러면 나는 어디서 온 걸까….

사실 왕후님은 신화에 가까운 인물이셔서, 정확한 진실을 알 수는 없습니다. 권력을 쥔 특정 귀족 가문이 자기 집안의 권위를 높이기 위해 왕후님 이야기를 불교의 본고장 인도와 엮어서 지어냈을 수도 있다고 하고요.

백제는 언제 건국됐을까?

『삼국사기』에 따르면, 백제는 기원전 18년 고구려에서 내려온 비류·온조 집단에 의해 건국됐다. 초기에는 마한의 여러 소국 중 하나였는데, 실제로 백제라는 이름이 국제무대에 본격적으로 등장하는 건 3세기 이후다.

사실 백제의 정확한 건국 시기는 여전히 알 수 없다. 다만 최근 고고학적 연구 성과는 풍납토성과 몽촌토성의 주요 부분이 축조된 시기가 3~4세기이고, 백제 지배층의 것으로 보이는 고구려계 돌무지무덤 역시 현재까지는 3세기 중반 이후가 되어서야 한강 유역에서 발견된다. 이는 백제를 중흥시켰다는 고이왕(재위 234~286년)과 책계왕(재위 286~298년) 연대와 일치한다. 이들의 활약으로 백제는 고대국가로서 안정적인 체제를 갖추고, 마한 연맹의 주도권을 천안 목지국으로부터 빼앗는다. 한성백제 초기 유적은 오늘날 많은 사람이 주거지로 살고 있어서 발굴에 어려움을 겪고 있지만, 언젠가는 그 비밀이 밝혀질 순간이 오지 않을까.

놀랍게도 오늘날에는 고대인의 유골을 통해 DNA 분석이란 걸 할 수 있다고 하네요. 가야 일대 고대인들을 분석한 결과, 당시로서도 집단 구성이 꽤 다양했다고 합니다. 특히 조몬인의 DNA 비중이 다른 지역보다 높게 나온 것이 특징인데요. 반대로 가야의 철기와 유물 또한 일본 큐슈에 상당히 많이 발견되고요. 가야는 세계, 특히 왜와 활발하게 교류하고 무역을 했던 것 같습니다.

어쩌면 나에 관한 전설은 가야가 세계 여러 나라와 무역하고 교류한 걸 반영한 이야기일 수도 있겠군요.

잘 알다시피 우리 백제도 왜에 선진문물을 전수하며 밀접하게 교류했지 칠지도도 보냈고, 특히 나는 **목화자단기국**을 왜에 선물로 보내기도 했소. 함께 신라를 공격하기도 했지.

토론에 좀 껴도 되겠습니까? 물론 고구려·백제·신라 모두 훌륭한 문명을 가진 나라입니다. 하지만 다시 한 번 삼한을 통일한 나라, 거란을 물리치고 몽골과 30년을 싸워서 버틴 나라, 전 세계와 교류하면서 우리 이름 '코리아'를 널리 알린 나라, 그게 누구겠습니까? 바로 고려 아닙니까?

오! 우리의 국호를 그대로 계승한 나라, 고려 사람이구만.

조몬인 일본 조몬시대(기원전 15세기~기원전 3세기)를 대표하는 집단. 한중일이 연결되어 있던 빙하기 때 한반도 남부~일본 열도에 거주하던 이들로, 이목구비가 뚜렷하고 온몸에 털이 많은 것이 특징.

목화자단기국 의자왕이 일본 세력가에게 선물했다고 알려진 목제 바둑판. 화려한 자태를 자랑하는 보물로, 한국 소나무가 사용됐고 화점이 17개인 한국 고유의 순장바둑판. 이 책 표지에도 사용됐다.

 맞습니다. 고려라는 이름을 그대로 물려받아서 더욱 빛낸 것이 바로 저희지요. 또 문화적 교류에 관해 이야기하셨는데, 고려 역시 빠질 수 없습니다. 당시 벽란도가 어떤 곳이었습니까? 그야말로 국제적인 무역항이었습니다. 중국이나 일본은 물론, 교지국(베트남), 섬라곡국(태국), 마팔국(인도), 대식국(이슬람) 등 그야말로 전 세계 곳곳의 상인들이 이용했지요.

 아, 이곳에 와서 어쩌다 〈쌍화점〉이라는 노래를 들어 봤네. 내용이 조금 남사스럽던데.

 하하, 여동생이 낳은 조카한테 장가를 든 자네가 그런 말을 하나? 근데 나 궁금한 게 하나 있네. 자네는 그 누이를 사석에서는 어찌 부르나? 왕후라고 부르나, 누이라고 부르나, 아니면 장모라고 부르나?

 응, 삼천 궁녀 의자왕.

 저, 저런…! 그놈의 삼천 궁녀는 있지도 않았다니까!

쌍화점 전래하는 고려가요 중 하나로, 쌍화(만두) 가게에서 만난 회회인(이슬람 색목인)에 대한 언급이 있다.

자랑스러운 제 모국이지만, 고려는 정말 대단한 나라였습니다. 일본에 보낸 국서에서도 당당하게 황제국을 자처했고, 당시 중국을 위협하던 거란의 침략도 몇 번이고 무찔렀지요.

하지만 결국 몽골에 패하지 않았나.

안타까운 일이지만, 당시 몽골제국은 전 세계를 호령한 초강대국이었으니까요. 다만 그들 역시 역사적으로 중국의 강대국을 여러 번 무찌른 우리를 인정했습니다. 무엇보다 당시 **몽골에선 고려 문화가 대유행**했어요. 오늘날에는 전 세계에 한류라는 게 유행한다던데, 그런 유행을 오래전에 선도했다고 할까요. 또한 충선왕께서는 원나라 수도인 대도(베이징)에 '만권당'이라는 도서관을 지어 고려와 몽골 학자가 함께 학문을 연구하기도 했지요. 고려에 최초로 성리학을 소개한 안향 선생님이 바로 만권당 출신입니다.

멋지군! 역시 우리 후예야. 그러고 보니 다들 고구려

여요 전쟁(고려 거란 전쟁) 993년부터 1019년까지 세 차례에 걸쳐 요가 고려를 침략한 전쟁. 제1차 전쟁에서는 서희, 제2차 전쟁에서는 양규와 김숙흥, 제3차 전쟁에서는 강감찬이 대표적으로 활약했다. 이후 고려는 명군 현종의 지도 아래 국가 제도를 정비하고 동아시아의 강국으로 확고히 자리잡게 된다.

한류의 선구자, 고려

고려양은 원나라에서 인기를 얻었던 고려 문화를 말한다. 고려청자나 나전칠기는 물론, 패션과 음식 문화도 유행했다. 고려식 만두나 상추쌈, 특히 유밀과(약과)가 폭발적인 인기를 끌어서 잔칫상에 오를 정도였다고 한다. 반대로 고려에서 인기를 얻었던 몽골 문화(몽골풍)도 있는데, 대표적으로는 우리가 지금까지 즐겨 먹는 음식인 설렁탕과 소주, 한복인 철릭과 족두리 등이 있다.

가 갓을 처음 만들었다는 건 알고 있나? 아까 누가 그러던데 불란서의 지도자도 극찬했다고 하더라고.

역시 세계적인 K-유행은 우리 '코리아'가 이끄는군요!

흥미진진한 토론이 계속되고 있는데, 저도 한마디 거들 수 있겠습니까?

물론이지요! 누구보다 후손들의 사랑을 한 몸에 받는 세종대왕 아니십니까.

아아, 후손들에게 멋진 이미지로 기억되고 있다니, 너무 부럽구먼.

하하, 칭찬 감사합니다. 사실 저희 조선은 학문이 강한

갓을 사랑한 나폴레옹

갓은 고구려 감신총 벽화에 처음 등장한 이후, 수천 년간 한국인에게 유행한 '최애' 패션 아이템이었다. 그런데 이 모자는 뜻밖의 인물에게도 사랑을 받았다. 바로 프랑스의 혁명 영웅이자 독재자, 황제 나폴레옹 보나파르트(1769년~1821년)다. 1816년 모든 권력을 잃고 세인트헬레나 섬에 갇혀 있을 때, 나폴레옹은 한국 서부 해안과 오키나와를 탐사하고 온 영국 해군 장교 배질 홀을 만난다. 그는 나폴레옹에게 그림 하나를 보여주는데, 바로 갓을 쓰고 긴 곰방대로 담배를 피우는 한국 노인을 그린 것이었다. 나폴레옹은 "이 긴 모자랑 담배가 아주 멋있군. 나도 갖고 싶은데"라며 감탄했다고 한다. 높은 갓을 쓴 한국인의 모습은 구한말 서양인들에게 매우 이색적이어서, "한국은 모자의 나라"라는 칭찬을 받기도 했다.

나라라는 이미지 때문인지 최강국이라는 이미지는 없는 것 같군요. 하지만 건국 초만 해도 군사력도 꽤 강했습니다. 할아버님인 태조께서는 신궁으로 불리며 홍건적과 왜구를 거듭해서 물리친 한국사 최고 명장 중 한 분이셨고, 아버님인 태종께서도 이종무를 시켜 왜구의 본거지인 대마도를 정벌하셨지요. 저 역시 압록강과 두만강 일대에 4군6진을 개척해 지금의 한반도 영토를 확정 짓고, 화포와 무기를 개량해 군사력을 키우기도 했습니다.

하지만 여러 전란으로 고생하다, 결국 마지막엔 일본에게 나라를 빼앗겼으니. 아무래도 우리 중에는 최약체라는 느낌이 들 수밖에 없군.

그렇게 생각하실 수 있겠네요. 나라를 지키려면 군사력도 중요한데, 후대로 갈수록 국방에 소홀했던 점이 아쉽습니다. 하지만 임진왜란 당시에도 '불패의 성웅' 이순신과 '이치 전투'와 '행주대첩'의 권율, 그리고 '진주대첩'의 김시민 같은 명장들이 크게 활약했다는 걸 알아주세요. 또 여러분이 활동한 시대와 달리, 조선이 있던 동아시아는 상대적으로 평화롭고 안정된 시기를 보낸 점도요.

조선은 우리 고려에 비해 상업 부문도 소홀하지 않았습니까? 사회 분위기도 훨씬 딱딱했고요. 우리 고려는 재산도 자녀의 성별과 상관없이 똑같이 나눠 상속했

4군6진 1433년 세종은 김종서 등을 시켜 압록강과 두만강 일대 여진족을 정벌해 4군과 6진을 만들었고, 이는 오늘날까지 우리 민족의 영토 경계선으로 이어지고 있다.

김시민(1554년~1592년) 이순신과 더불어 '충무공' 시호를 받은 영웅. 전쟁 발발 후, 임시 진주목사로서 3800명 병사로 3만 대군을 물리쳤다. 진주대첩으로 인해 일본군은 1만의 사망자와 육로 보급 차단 등 큰 피해를 봤고, 전라도 방어선을 지킴으로써 이순신이 해전에만 집중할 수 있게 됐다. 일본에서 큰 명성을 얻어 그를 모티브로 한 '모쿠소 판관'이라는 강력한 요괴 이야기가 유행하기도 했다.

고, 연애나 재혼도 상대적으로 자유로운 개방적인 사회였습니다.

이도

제가 살았던 조선 초기만 해도 그런 분위기가 어느 정도 이어졌지요. 후대로 갈수록 성리학이 보편화됐다고 들었습니다만…. 사실 저희도 장점이 많습니다. 일단 노인과 고아, 장애인 등 소외 계층을 법적으로 보호하는 문화가 있었습니다.

그뿐만 아니라, 민간 경제가 크게 활성화되고 발전한 것도 조선 후기 때 일이죠. 최초의 상인 조합이 탄생한 것도, 정기적인 장시가 전국 곳곳에 늘어난 것도요. 벽란도 같은 큰 무역항은 없었지만, 전체적인 교역 규모도 고려 때보다 늘었습니다. 고려의 특산품 인삼을 개량해서 오늘날까지 전 세계에 사랑받는 특산품 홍삼으로 개발한 것도 조선이죠. 중기 이후에는 이앙법이 보급되어 농업생산량과 인구수도 늘었고요.

중앙집권제와 행정 체계도 안정적으로 정비해서, 비록 큰 전란을 몇 번 겪긴 했지만 500년이란 긴 시간

성리학의 보편화 임진왜란 이후, 조선 사회는 점차 성리학이 보편화되고 지방에 서원이 자리 잡으면서, 적장자 상속과 친영제(결혼 후 여자가 남자 집에 시집오는 것), 과부의 재혼 불가 등 사회 분위기가 엄격해졌다.

이앙법(모내기) 다른 곳에서 모를 키운 뒤, 봄에 논에 옮겨 심는 것. 생산량도 늘어나며, 모를 키우는 동안 땅에 다른 작물을 심을 수도 있다. 다만, 물이 부족할 경우 기근이 발생할 수 있어서, 수리 시설이 늘어난 중기 이후에야 널리 퍼졌다.

을 상대적으로 평화롭게 유지했습니다.

그렇군요. 사실 어떤 나라나 시대, 인물을 평가할 때 부정적인 면만 보고 섣부른 편견을 가져서는 안 되겠지요. 무엇보다 조선은 한글을 창제하고, 『조선왕조실록』 등 우수한 기록 문화를 남긴 문화의 나라가 아닙니까?

제가 백성을 위해서 만든 한글이 오늘날 널리 쓰이고 있다는 사실이 너무 뿌듯하고 자랑스럽습니다.

이제 마칠 시간이네요. 마지막으로 진행자 신분으로 대한민국을 자랑해볼까 하는데요. 2023년 기준 세계은행이 발표한 대한민국의 GDP 순위는 세계 14위, 군사력 또한 군비·방산·경제력 등을 종합할 때 세계 10위 권 안에 든다고 하네요. 한국의 영화·드라마·음악은 전 세계에서 엄청나게 사랑받고 있고, 2024년에는 노벨문학상 작가도 배출했습니다. 그야말로 세계적 선진국이라고 할 수 있겠네요. 비록 출산율 감소나 빈부격차 문제 등 해결해야 할 어려움도 있지만, 역사상 최전성기를 누리고 있습니다.

역사를 바라볼 때는 늘 균형 있는 관점이 중요한 것 같습니다. 특정 시대나 인물을 무조건 찬양하거나, 반대로 부정적인 면만 헐뜯고 비난해서는 안 되겠지요. 오늘날 우리를 만드는 데 기여한 고유한 문화와 역사를 좀 더 애정 어린 시선으로 바라보면 어떨까요. 장점은 잘 배우고, 단점은 잘 극복하면서 말이지요.

이번 라운드 핵심 요약

① 한국사 여러 나라는 각자 고유의 역사를 전개하며 멋진 문화를 꽃피웠다.
② 대륙 백제설은 역사적 사실이 아니다.
③ 허왕후가 인도에서 왔다는 것은 역사적 사실이 아닌, 신화에 가깝다.
④ 오늘날의 케이팝처럼, 몽골(원나라)에서도 고려 문화가 '고려양'으로 불리며 크게 유행했다.
⑤ 역사는 흑백논리가 아닌, 균형 있고 넓은 관점에서 바라봐야 한다.

가장 좋아하는 한국사 '최애 국가'는 어디인가? 그 이유는 무엇인가? 다른 사람들과도 생각을 나눠보자.

ROUND 06. 진보 VS 보수, 끝나지 않는 논쟁

사회 갈등을 어떻게 해결할 것인가?

급진 개혁! 새 술은 새 부대에

정도전
파란만장한 삶을 산 혁명가

생몰년 1342년~1398년 | **좌우명** "나라도 임금도 백성을 위해 존재할 때 가치가 있다"

고려 말 조선 초의 유학자이자 혁명가. 호는 삼봉. 신진사대부로 이색의 제자이자 정몽주의 친구였지만, 이성계를 도와 조선 건국을 이끌었다. 재상 중심 체제를 내세우며 토지개혁, 『조선경국전』 편찬 등 새 나라의 토대를 닦았으나, 세자 책봉 과정에서 대립한 이방원에 의해 피살되고 만다.

이방원
조선 건국에 크게 기여

생몰년 1367년~1422년 | **별명** 킬방원

조선의 3대 왕 태종. 17세에 과거에 급제했고, 조선 건국에 기여했다. 그 과정에서 정몽주를 암살하고, 왕자의 난을 통해 권력을 잡는 과정에서 정도전과 이복동생 등을 죽였으며, 왕이 된 뒤에는 권신이 될 만한 외척도 과감하게 제거했다. 강력한 왕권을 토대로 제도를 정비하고 민생을 안정시켰다.

조광조
사림을 대표하는 과격 개혁가

생몰년 1482년~1520년 | **입버릇** 왕도정치의 실현!

조선 초기의 학자로 성리학 기반의 왕도정치의 도입을 급진적으로 주장했다. 강직한 성격으로 중종반정 공신들과 맞섰으며, 토지제도 개혁, 향약 보급 등에 힘썼다. 성리학에 기반한 엄격한 기준으로 소격서 철폐를 주장하고, 정적을 '소인'으로 몰아붙이는 독단적인 모습을 보여 결국 실각하고 죽임을 당했다.

온건 개혁!

정몽주
개혁파이면서도 고려를 지킨 충신

생몰년 1338년~1392년 | **입버릇** "임 향한 일편단심이야 가실 줄이 있으랴."(『단심가』)

호는 포은. 고려의 충신으로 정치·외교·군사 등 다방면으로 재능을 발휘했다. 이성계와 함께 왜구 토벌에도 큰 공을 세웠으며, 학문적으로도 "동방 성리학의 시조", "도덕의 으뜸"이라는 높은 평가를 받았다. 정치 개혁을 주장하며 이성계·정도전과 뜻을 함께했으나, 결국 조선 건국을 놓고 대립하다가 선죽교에서 피살됐다.

보수적으로 안전하게

이색
정몽주와 정도전의 스승

생몰년 1328년~1396년 | **별명** 사대부들의 아버지

호는 목은. 고려 말의 성리학자로 원나라 과거에서 1등으로 급제한 천재. 정몽주·정도전·이숭인 등 여말선초 거의 모든 사대부를 키워낸 스승이기도 하다. 젊은 시절 공민왕의 개혁 정책에 협력하였으나, 권문세족과 신진사대부의 과도기적 인물로 이성계의 토지개혁에는 반대했다. 조선 건국 후 재야에 머물렀다.

모든 일에는 흥망성쇠가 있지요. 국가와 사회의 운명도 마찬가지입니다. 시간이 지나면 자연스레 사회 갈등과 문제들이 쌓이고, 이를 적절한 때 해결하지 못하면 위기와 혼란에 빠지게 되죠.

이런 문제를 해결하기 위한 여러 방법이 있는데요. 크게 구분하면 기존 체제를 철폐하고 새로운 체제를 도입해 문제를 수정하는 '급진 개혁' 또는 '혁명', 기존 체제를 유지하면서 문제를 조금씩 보완하는 '온건 개혁', 기존 체제를 계속 지키는 편이 낫다는 '보수'가 그것입니다. 과연 이들 중에서 가장 효과적으로 사회 문제를 해결하는 방법은 무엇일까요?

깨진 그릇을 어떻게 다시 붙이겠는가? 처음부터 아예 싹 뜯어고치는 혁명만이 유일한 답이지!

고려 말 <u>신진사대부</u>의 대표자 삼봉 정도전 선생님이시군요. 처음부터 모든 걸 싹 뜯어고치자는 급진 개혁을 주장하셨습니다.

그렇소. 맹자께서는 백성의 마음을 얻는 사람만이 나

신진사대부 유학 지식을 갖춘 관료 집단. 14세기 말 권문세족에 맞서며 등장했으나, 계급적으로는 중소지주층으로 권문세족과 완전히 구별되지는 않고 양자 모두 속하는 이도 있었다.

라를 이끌 자격이 있다고 했지. 내 젊은 시절을 말하자면, 당시 고려는 일부 귀족이 막대한 부와 권력을 독점했소. 백성에게 빼앗은 땅이 어찌나 넓은지, 큰 산과 바다를 경계로 할 정도였다오. 자연스레 백성이 나라를 원망하는 목소리가 사방에 퍼질 수밖에. 이런 문제를 해결할 유일한 방법이 뭐겠소? <u>맹자께서 말씀하신 것처럼, 역성혁명</u>으로 싹 갈아엎는 것뿐!

아무리 그래도 유학자가 쉽게 혁명을 입에 담다니…. 내가 가장 후회하는 일이 있다면, 바로 자네에게 『맹자』를 건넨 일이야.

맹자 유학자이자 혁명가,

유학은 기본적으로 임금과 신하 사이의 질서인 '충(충성심)'을 매우 중시한다. 하지만 유학의 경전 『주역』에서는 신하였던 주나라 무왕이 부패한 임금 은나라 주왕을 물리친 것을 '혁명'이라 옹호하기도 했다. 이후 맹자는 주나라 무왕이 은나라 탕왕을 죽인 것이 신하가 임금을 시해한 것이 아니라, 인을 해치고 의를 해친 필부를 처형한 것뿐이라며 역성혁명의 정낭성을 주장했나.

훗날 정몽주는 귀양을 가게 된 정도전에게 『맹자』를 건네주었는데, 결국 귀양살이를 통해 고려의 피폐한 현실을 처절하게 직시하게 된 정도전은 책에 쓰인 대로 혁명을 꿈꾸게 된다. 아이러니하게도 정몽주는 그런 정도전의 강력한 맞수가 된다.

포은 정몽주 선생님이 나오셨습니다. 두 분은 친분이 있으시죠?

그렇습니다. 나이는 내가 다섯 살 위지만, 이색 스승님 밑에서 함께 공부하면서 절친한 벗이 되었지요.

사적으로는 절친한 관계인데, 정치적으로는 대립하셨던 거군요.

처음부터 그랬던 건 아닙니다. 삼봉의 말처럼 당시 고려에는 많은 문제점이 있었고, 이를 개혁하자는 뜻은 같았지요. 하지만 삼봉은 혁명을, 나는 개혁을 택했습니다. 문제가 있다면 하나씩 고쳐나가면 될 일이지, 임금과 나라까지 싹 갈아엎자는 주장은 선을 한참 넘었어요.

낡은 집을 고쳐 쓰는 데에도 한계가 있는 법. 포은 자네는 정말 고려를 개혁하는 게 가능했다고 믿는가? 농사를 지어 먹고사는 백성에게 땅은 곧 삶의 터전 그 자체. 나는 그저 권세가들이 빼앗은 대토지를 다시 백성에게 돌려주려 했을 뿐이야.

하지만 현실은 어땠지? 계민수전은커녕 타협책인 <u>과전법</u>조차 귀족들의 격렬한 반대에 부딪혔네. 심지어 이색 스승님조차 그랬지! 사대부의 존경을 받던 스승님마저 지주로서 자기 이권을 지키기 급급한 게 현실이라면, 대체 무슨 개혁이 가능하겠나?

그 과전법 개혁에 내가 힘을 보탠 걸 잊었나? 고려를 유지하면서도 개혁을 추구하려는 이들도 얼마든지 많았어. 그걸 외면하면서 개혁은 어려우니 편하게 싹 갈아엎어서 혁명하자고? 그딴 짓은 오히려 세상을 더 혼란스럽게 만들 뿐이야.

잠깐만요! 논쟁을 지켜보는 분들을 위해 조금만 더 설명해주셨으면 하는 용어가 있어서요. 계민수전이나 과전법이 뭔가요?

내가 설명하겠소. 먼저 모든 땅을 국가의 소유로 하되, 거기서 나는 수확물을 세금으로 거둘 권리를 관료에게 준 것을 '사전'이라고 하오. 나라에서 봉급 대신 **수조권**을 준 것이지. 문제는 당시 이런 토지가 특권층에 집중되어 제멋대로 세습됐다는 거요.

과전법 전 국토가 아닌 경기도 땅만 가지고 관료에게 수조권을 나눠주고, 나머지 땅은 백성에게 분배해 국가가 직접 세금을 걷는 제도.

수조권 땅에서 나는 수확물을 세금으로 걷을 권리.

수조권이 세습됐다면, 시간이 지날수록 백성들이 농사지을 땅이 줄었겠는데요.

그렇소. 더 어이없는 건 땅 하나에 수조권을 주장하는 자가 여럿인 경우도 많았다는 거요. 결국 백성들은 땀 흘려 일한 대가를 모조리 빼앗겨야 했지. 나는 이 문제를 근본적으로 해결하려고 했소. 다시 모든 땅을 나라의 땅, '공전'으로 만들어, 모든 백성에게 재분배하는 계민수전을 실행하려 했던 것이지.

귀족들이 그런 처분을 고분고분 받아들이겠나? 이상적인 이야기일 뿐 현실에서 이뤄지기 힘들어. 그래서 자네 당파인 조준이 대안으로 과전법을 주장한 것이 아닌가? 잘못된 수조권을 바로잡고 농민의 경작권도 보장하는 비교적 현실적인 개혁안이어서, 나도 깊은 고민 끝에 동의한 거고.

계민수전이라. 개인적으로는 몹시 마음에 듭니다만, 역시 지금 들어도 파격적인 주장이긴 합니다. 오늘날에는 **토지 공개념**이란 개념이 있다던데, 그것과도 매우

토지 공개념 토지 소유와 처분을 공익을 위해서는 제한할 수 있다는 개념. 우리나라의 그린벨트, 공공택지, 공공임대주택 제도 등이 모두 이 개념을 기반으로 한 정책이다.

비슷한 것 같네요.

그래? 역시 내 뜻을 이해해주는 세상이 왔군! 사실 과전법이 근본적인 해결책은 못 된다고 생각하지만, 기존 제도보다는 만 배나 나은 개혁안이긴 하지.

그런데 궁금한 게 있습니다. 선생님께서는 어떻게 토지 개혁에 관심이 생기셨습니까?

유학의 가르침에 따르면, 옛날에는 모든 땅을 나라가 소유했소. 그걸 정전제 같은 토지제도를 통해 백성에게 똑같이 나눠줘서, 땅이 없어 농사를 못 짓는 농민이 없게 했던 거요. 나는 오랜 귀양살이를 했고, 벼슬 없이 세상을 떠돌면서 백성들의 어려운 삶을 직접 목격했지. 그래서 고려를 개혁하는 것만으로는 부족하다는 결론을 내린 거요. 대농장을 운영하며 편하게 먹고 살았던 이들과는 경험도, 현실 인식도 다를 수밖에.

기존 제도보다 만 배나 나은 개혁안이 통과됐다면서, 또 무리하게 혁명을 주장할 필요가 있나? 백성을 위한

정전제 중국 주나라에서 시행됐다는 전설상의 제도. 땅을 우물 정(井) 모양으로 나누어, 가장자리는 백성에게 나눠주고 가운데만 공동 경작해 세금을 내도록 했다고 한다. 실존 증거는 없지만, 많은 이에게 영감을 주었다. 정약용 역시 이를 개량한 정전제를 주장했다.

다는 건 핑계고, 그저 권력을 쥐고 싶었던 것은 아니라고 단언할 수 있겠나?

이런. 누구보다 절친했던 벗이자 한때 가장 아꼈던 제자 둘이 싸우는 것을 보니 슬프구나. 이래서 정치가 어렵다는 것인가.

흥, 스승님 오셨군요. 정치에 재능 없으시면 그냥 계속 후배들이나 가르치시지, 대체 왜 이인임 같은 타락한 권세가를 편드셨던 겁니까?

편들지 않았다! 다만 정치는 무조건 때려 부수는 것이 아님을 알았을 뿐. 자네는 이인임을 타락한 권세가라 쉽게 욕하지만, 사실 그도 젊었을 땐 꽤 급진적인 개혁가였지. 공민왕을 모시고 원나라 쌍성총관부를 무너뜨린 게 누군가? 전민변정도감을 통해 농민에게 토지를 되찾아준 건?

쌍성총관부 1258년 원나라가 화주(오늘날 함경남도 영흥군 일대)에 설치한 통치 기구. 1356년(공민왕5) 이인임은 유인우와 함께 이곳을 탈환했다.

전민변정도감 고려 후기 권세가의 대토지 불법 소유를 막기 위해 설치된 관청. 1269년(원종10)에 처음으로 설치됐으며, 공민왕 대에도 신돈과 이인임 등이 이를 통해 토지 개혁을 시행했다.

성균관을 되살려서 우리 신진사대부를 양성하는 데에도 도움을 줬지요. 물론 공민왕이 돌아가신 뒤에는 그 누구보다 타락해서 탐욕스러운 권세가가 되고 말았지만요.

그래, 권력의 속성이 원래 그렇지. 그래서 정치가는 권력을 통해 현실 문제를 해결하는 데에 늘 신중해야 하는 거야.

정말 신중하게 생각하신 게 맞습니까?

(물론 스승님처럼 너무 신중하기만 해서도 안 되겠지만요….)

집이 낡았다고 한번에 허물고 새로 짓자는 말이 당장 속은 시원하겠지. 하지만 결국 집을 완전히 허물면, 당장 피해를 보는 것이 바로 거기 살던 사람들이야. 바로 백성들이지. 집이 다시 지어질 때까지 오랜 시간 동안 어디서 먹고 자고 살아간단 말인가? 집 없이 노숙하는 것보다는, 집에 살면서 이곳저곳 조금씩 수리하는 게 낫지 않나? 내가 과전법을 반대하고 일전일주론을 주장한 것도 그런 이유 때문이었어.

홍, 그래서 스승님께서는 신돈의 자식을 왕 씨라 속이고, 백성의 고통을 외면한 채 타락한 권세가의 편에 서신 겁니까?

공격적으로 툭툭 쏘아대는 말버릇은 여전하구나! 우왕과 창왕을 신돈의 자식이라며 내몰았던 **폐가입진**은 사실 거짓말이란 걸, 네놈이 더 잘 알잖느냐?

정몽주가 폐가입진을 주장?

이성계와 정도전은 가짜 왕을 몰아내고 진짜를 세운다는 '폐가입진(廢假立眞)'의 논리로 창왕을 폐위했다. 권신 이성계에 맞서다 폐위당한 아버지 우왕과 마찬가지로, 그 아들 창왕 역시 왕씨가 아니라 신돈의 후손이라는 것이다. 이성계 일파는 이런 흑색선전을 통해 창왕을 세운 이색, 조민수 등 정적을 제거하고, 공양왕을 허수아비 왕으로 세우려 했는데, 특이하게도 '고려의 충신'으로 알려진 정몽주 역시 여기에 찬성했다.

어떤 사람들은 이를 근거로 정몽주가 충신이 아니라고 말하지만, 공양왕 즉위 후 행보를 보면 잘못된 주장으로 보인다. 고려의 충신인 정몽주가 이런 선택을 한 이유는 명확하지 않지만, 아마 명분 싸움에서 밀린 데다가 즉위 당시 만 8세도 안 된 어린 창왕보다는 노련한 공양왕을 왕으로 세워 이성계 일파를 제압할 기회를 엿본 것으로 보인다.

일전일주론 수조권을 개혁해서 하나의 땅에 하나의 수조권만 인정하자는 개혁안.

스승님이 그리 아끼시는 포은도 저와 같은 입장이었는 걸요?

그, 그건.

아무튼 전에도 말했지만, 도전이 네 입에선 더 이상 스승님 소리를 듣고 싶지 않다. 스승이라 부르지 마라!

네, 저도 원하던 바입니다!

죄송한데, 이곳은 토론하는 자리지 감정 싸움을 하는 자리는 아닙니다. 아, 저기 조선의 3대 임금이신 태종께서 손을 드셨네요.

이 자리에서는 조선의 임금이 아닌, 고려 말 유학자이자 신진사대부의 한 사람으로서 말씀을 드리겠습니다. 뭐, 선배님들과는 다들 인연이 있어서, 얼굴 뵙기 조금 어색하기도 합니다만.

흥. 네 놈도 왔느냐.

이방원과 신진사대부 이방원은 고려말 호족이자 과거에 급제한 신진사대부였지만, 건국 과정에서는 선배인 정몽주를, 그리고 왕자의 난 때는 정도전을 제거했다.

먼저 존경하는 정몽주 선배님께 여쭙고 싶은 질문이 있습니다. 선배님께서 백성을 아끼는 마음은 저도 잘 압니다. 제 아버님과 함께 황산대첩에서 왜구를 물리친 것도, 목숨 걸고 적 진영을 찾아가 포로가 된 백성들을 구해오신 것도 바로 선배님 아니십니까?

굳이 선배님이라며 입에 발린 말을 꺼낼 필요는 없다.

왜 그러십니까. 선배님께선 제 아버님을 송골매와 용에 빗댄 시도 지으신 적 있으시면서.

한때 고려의 영웅이던 이를 위한 시를 지은 적은 있었지. 하지만 반역자를 칭송한 적은 없다.

위화도 회군도 지지해주셨고, 최영 장군을 제거하고 창왕을 내쫓는 폐가입진도, 조준의 과전법에도 모두 힘을 보태주셨습니다. 그렇게 모든 면에서 뜻이 맞았는데, 왜 역성혁명만은 안 된다는 겁니까?

나는 유학자이자 고려인이다. 나라를 위하고 백성을

위화도 회군(1388년) 고려의 장군이자 재상이었던 이성계가 압록강에 위치한 위화도에서 군대를 돌려 개경을 함락시킨 쿠데타. 이로써 최영 등이 실각하고 이성계가 권력을 쥐었다.

무신 정몽주 vs 문신 이방원

흔히 정몽주는 유약한 문신이고 이방원은 힘을 쓰거나 책략에 능숙한 이미지가 있지만, 실제로는 반대의 면모를 가지고 있었다. 정몽주는 이성계와 함께 왜구 토벌에서 여러 번 활약한 사령관 출신이고, 이방원은 불과 17세에 과거에 급제하는 등 유학자로서 크게 두각을 드러냈다. 사실 고려 시대까지만 해도 문신과 무신의 구분은 뚜렷하지 않았는데, 살수대첩으로 유명한 강감찬 역시 무신보다 문신으로 활약한 시기가 훨씬 길었다.

살리는 일이라면 무슨 일이든 할 수 있어. 그래서 너희 개혁안에도 찬성했고, 고려를 지키기 위해 피눈물을 흘리며 폐가입진에도 찬성했다. 하지만 어떤 일이 있어도 반역의 뜻까지 함께할 생각은 결코 없었어!

대의를 위한 희생, 아주 공감합니다. 다만, 어떤 걸 희생할지 결정하는 것도 지도자의 몫. 모름지기 훌륭한 지도자라면 때로는 백성을 위해 권신이나 왕의 친척도 과감하게 제거할 수 있어야 하지 않겠습니까?

무서운 놈….

삼봉 선생께 그런 말을 듣고 싶진 않습니다만. 뭐, 그런데 말입니다. 훌륭한 지도자가 있다면, 그의 성이 왕

씨이든, 이 씨이든 무슨 상관입니까? 이런들 어떠하며, 저런들 어떠하단 말인지….

이 몸이 백 번을 고쳐 죽는다 해도 그 말엔 결코 동의할 수 없다. 왕조 사회에서 국성을 바꾸는 건 나라의 근간을 뒤흔드는 행위야!

백성에게 정말 필요한 건 왕 씨의 나라가 아니야. 오직 **훌륭한 임금이, 훌륭한 재상을 통해 백성을 위한 정치를** 하는 나라가 필요할 뿐.

오랜만에 맞는 말을 하시…, 아니, 잠깐만요. 뭔가 이상한 말이 중간에 끼어 있네요. 굳이 훌륭한 재상을 거칠 필요 없이, 훌륭한 임금이 백성을 위한 정치를 곧바로 하면 되지 않습니까?

아니, 정치가 제대로 돌아가기 위해서는 반드시 훌륭한 재상에 의한 통치가 필요하다. 임금과 재상 사이에 필요한 게 뭔지 아느냐? 신뢰는 당연하고, 무엇보다 힘의 균형이 필요하지. 임금이 자기 권력을 마음껏 행

재상 중심 정치 왕이 직접 권력을 행사해 통치하는 대신, 능력 있는 재상과 신하들을 통해서 간접 통치하는 형태의 정치 제도.

왕권 vs 신권

왕과 신하는 정치적으로 동지이면서, 서로 라이벌이기도 하다. 왕에게 권력이 집중되면 폭정을 펼칠 때 견제할 방법이 없고, 신하에게 권력이 집중되면 언제든 반역을 저지를 수 있기 때문이다.

흔히 이방원은 전자를, 정도전은 후자를 주장한 것으로 알려져 있다. 이후 조선의 정치체제는 전자를 강조한 육조직계제(실무기관인 육조 관리들이 모든 일을 왕에게 직접 보고하고 명령을 받는 시스템), 후자를 강조한 의정부서사제(육조 관리들이 일단 정승에게 보고를 하고, 정승이 왕에게 건의해 재가를 받아 관리들에게 명령하는 시스템)로 나뉘었다가, 1555년 을묘왜변 이후 비상시 임시기관이었던 비변사가 상설기구화 되면서 그 모든 기능을 도맡게 된다.

- 의정부서사제(태조1, 1392년) → 육조직계제(태종14, 1414년) → 의정부서사제(세종17, 1435년) → 육조직계제(세조1, 1455년) → 의정부서사제(중종10, 1515년) → 비변사 설치(중종12, 1555년~고종2, 1865년)

사하면, 이를 견제할 사람이 없어진다. 좋은 임금이라면 다행이지만, 폭군이 들어서면 어떻게 하겠느냐?

따라서 권력은 임금에게서 현명한 재상에게로, 그리고 다른 여러 신하에게로 분산돼야 해. 그래야 좋은 긴장과 균형이 생기면서, 좋은 임금이 들어서든 나쁜 임금이 들어서든 정치가 제대로 돌아갈 수 있지.

오늘날 **입헌군주제**라는 것이 있다는데, 그와 비슷한 말씀을 하시는 것 같습니다.

흥. 그렇다면 반대로 권력을 쥔 신하의 마음이 바뀌면 어떻게 합니까? 동탁이나 조조 같은 반역자도 모두 권력을 쥔 재상이었소. 처음에는 충성스럽고 현명한 신하였더라도, 권력을 쥐고 휘두르면 누가 견제하겠습니까? 사실 삼봉 선생도 말을 이랬다가 저랬다가 바꾸시지 않습니까? 북벌에 대해서도 고려 때는 **사불가론**을 내세우시더니, 조선 건국 후에는 갑자기 아버님을 꼬드겨서 북벌을 주장했잖아요.

둘은 상황이 달라! 고려 때 북벌은 국내 사정이 어려운 상황에서 무리하게 진행하려던 거고, 내가 하려던 북벌은 새 나라의 기틀이 세워진 뒤의 일. 나는 군사들에게 직접 진법까지 가르치며 만반의 준비를 했다. 만약 정벌이 이뤄졌다면 옛 고구려의 영토를 되찾아 나라가 더 부강해졌을 거야.

입헌군주제 국가의 권력을 군주 한 사람이 아닌 의회가 가지고 있는 정치체제. 군주의 권한이 헌법에 의해 제한된다. 이 체제를 지닌 나라로는 영국과 일본 등이 있다.

사불가론 이성계가 위화도 회군의 명분으로 삼은 것으로, 북벌이 불가능한 네 가지 이유를 말한다..

하하, 이런 경우를 요새 사람들이 뭐라고 한다던데. 아, '내로남불'?

또 굳이 북벌이 아니더라도, 사병 철폐를 위한 훌륭한 명분도 됐지.

아, 그건 인정합니다. 저 역시 사병으로 쿠데타에 성공했지만, 즉위 후에는 싹 정리했지요. 덕분입니다.

훌륭한 재상은 필요합니다. 다만, 그건 탐욕스러운 권신이 아니라 성리학 질서에 충실한 유학자여야 하지요. 그런 의미에서 재상의 자리는 정도전 선배님보다는 정몽주 선배님이 훨씬 어울립니다. 저 역시 정몽주 선배님처럼 훌륭한 재상이 되어 개혁 정치를 펼치고 싶었어요.

누구지? 키도 작고 곱상하게 생겼는데, 고개는 왜 그리 뻣뻣하게 들고 있어? 콧구멍이 다 보이겠군.

키가 작다고 능력과 포부까지 작지는 않습니다!

사병 철폐 대신이나 종친 등이 개인적으로 군대를 보유하는 행위를 막는 것

 뭐, 좋네. 유학자 재상이라. 그런데 전한을 멸망시킨 왕망도 유학자 아니었나?

 그런 사이비가 아니라, 제대로 된 유학자를 말하는 겁니다.

 그래, 그래서 자네는 성공했나?

 처음에는 임금께서 내 뜻을 알아주었지만, 결국 변심하여 기묘사화를 겪어야 했지요…. 그래도 나는 여러 개혁안을 시도했고, 무엇보다 향약을 널리 보급하는 데 기여했습니다.

 선배님 덕분에 조선 후기에는 성리학 질서가 곳곳에 널리 퍼질 수 있었고, 그 뜻을 이은 사림이 정치를 주도하게 됐지요.

 오호, 개혁에 대한 의지는 나랑 좀 비슷한데? 나도 비록 방원이에게 목숨을 잃었지만, 내 뜻은 계속 이어져 조선의 단단한 기반이 되었지. 경복궁, 근정전, 광화

기묘사화(1519년) 중종 14년 조광조 등의 사림이 왕과 훈구파에 의해 제거되어 죽거나 귀양을 간 사건.

향약 유교적 풍속과 질서를 기반으로 한 향촌 자치 규약.

문, 숭례문, 흥인지문…. 저 궁궐과 문들의 이름을 지은 것도 바로 나야.

아아, 확실히 자기애 강하고 적을 만드는 오만한 성격은 닮긴 했네요.

뭣이?

전혀 닮지 않았어요! 물론 재상 중심 정치를 주창하신 점이나 강력한 개혁을 추진하신 점은 훌륭합니다. 제가 살았던 시기 역시 반정으로 폭군 연산군을 몰아낸 뒤 권력을 쥔 공신들이 노비를 늘리고 대토지를 소유하던 때였습니다. 그래서 저는 균전제와 한전제를 동시에 시행해서 공신들이 대토지를 소유하는 걸 막는 개혁을 주장했지요.

나와 비슷한 환경에서 과감한 개혁을 시도했구만. 마음에 든다니까!

사림 중앙 정계가 아닌 재야에서 유학을 공부하던 유학자들을 일컫는 말. 고려 말 온건파 사대부의 이념을 계승했으며, 15세기 이후 등장해 점차 정계의 중심을 차지했다.

반정 역모와 반정은 둘 다 통치자에게 맞서 권력을 빼앗는 행위이지만, 대체로 역모는 정당성이 없는 반란을, 반정(反正, 올바른 상태로 돌아간다는 뜻)은 정당성이 있는 반란을 말한다.

또한 공안을 개정해 **방납의 폐단**을 막고, 노비도 줄이려고도 했지요.

아아, 다들 너무 과격해. 저런 말들을 내 제자들이 한다는 게 믿기지 않는군.

뜻은 훌륭하나 방법이 아쉽군. 자네도 좀 더 현실감각을 기르면 좋았을 것을. 개혁은 혼자 힘으로 할 수 없네. 독단적으로 행동하면서 급진적으로 개혁을 추진하면, 오히려 반발을 사서 실패하기 쉽지. 그런 면에서 후배 중에 눈에 띄는 사람이 하나 있긴 한데, 이름이 뭐라더라? 김…육이라던가?

그래도 내가 걸었던 길을 결코 후회하지 않습니다. 세상에는 올바른 길을 걷는 군자가 있고, 잘못된 길을 걷는 소인이 있습니다. 군자가 소인의 잘못을 꾸짖을 수는 있어도, 절대로 소인의 위협을 받을까 걱정해서 타

균전제와 한전제 균전제는 개인(남성, 여성, 노비 등)마다 차등하여 토지 소유를 제한하는 것이고, 한전제는 일정 이상의 보유 토지 결수 자체를 금지하는 것.

방납의 폐단 공안은 지방에 부과하는 공물의 품목과 수량을 기록한 것이고, 방납은 그 공물을 중앙 서리나 상인이 대신 내주고 대가를 받는 것이다. 조선 후기 백성들은 자기 지역에 나지도 않는 공물을 요구받거나, 방납을 이용해도 막대한 이자를 내야 하는 등의 폐단으로 크게 고통 받았다.

협하지는 않는 법입니다.

멋지군. 은근히 마음에 든다니까.

음, 저런 신하가 있으면 임금 노릇을 하는 게 아주 피곤하겠어.

어느새 마칠 시간이네요. 여러 사회 문제가 발생했을 때, 이를 어떻게 해결할지 다양한 의견을 내주셨는데요. 구체적으로는 14세기 말 여말선초에 '급진 개혁(혁명)'을 주장한 정도전과 이방원, '온건 개혁'을 주장한 정몽주, 보수파였던 이색 선생님이 논쟁을 펼쳐주셨습니다. 마지막엔 16세기 초 성리학 중심 개혁을 주장한 조광조 선배님도 참전하셨고요. 결국 급진 개혁을 주장한 혁명파가 승리해서 조선이 건국됐지만, 온건 개혁파의 주장도 일리 있었습니다. 조광조 선생님은 뜻이 훌륭했지만, 실천 과정이 아쉬웠고요.

  서로 입장 차이는 있지만, 이렇듯 사회 문제를 해결하기 위해 치열하게 고민하고 논쟁하는 자세는 오늘날의 많은 사람이 본받아야 할 자세가 아닐까 싶네요. 문제를 방치해서 국가가 무너지면 그 구성원들은 크게 고통 받습니다. 그걸 막는 게 바로 정치가 존재하는 이유겠죠. 오늘날은 투표라는 형태로 모든 사람이 정치에 참여하는 민주주의 사회입니다. 그만큼 모두가 정치가 제대로 기능하도록 관심을 두고 적극 참여하는 것이 중요하겠습니다.

이번 라운드 핵심 요약

① 급진 개혁으로 구체제를 철폐하고, 재상 중심제를 도입하자. (정도전)
② 점진 개혁을 통해 문제를 해결하자. (정몽주)
③ 구관이 명관이다. 옛 제도를 잘 지키고, 개혁은 더 신중하게. (이색)
④ 급진 개혁은 찬성, 다만 새 나라는 강한 왕권으로 운영! (이방원)
⑤ 성리학 중심의 급진 개혁으로 사회 문제를 전면 해결! (조광조)

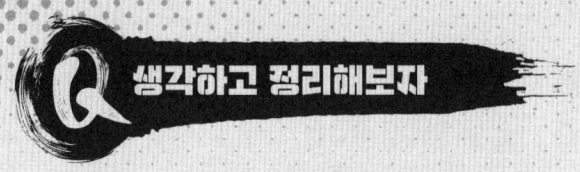
생각하고 정리해보자

오늘날 가장 시급하게 해결해야 할 사회 문제가 무엇이라고 생각하는가? 각자 생각하는 우리 사회의 문제점과 그 해결 방법을 이야기해보자.

ROUND 87. 고려를 살린 외교 vs 조선을 망친(?) 외교

강대국 틈에서 살아남을 방법은?

실리가 중요!

광해군
평가가 엇갈리는 왕

생몰년 1575년~1641년 | **좌우명** 중립 외교

임진왜란 당시 세자로서 크게 활약했다. 즉위 후, 경쟁자였던 이복 형제를 죽이고 양모를 폐했다(폐모살제). 이후 궁궐 공사와 숙청으로 민심을 잃고, 인조반정으로 폐위되어 제주도로 유배됐다. 명과 청 사이의 '중립 외교' 노선은 후대에 많은 논쟁이 되고 있다.

최명길
현실주의 노선의 명재상

생몰년 1586년~1647년 | **입장** 주화파

현실주의적 외교 노선으로 망국의 위기를 극복한 명재상. 인조반정의 핵심 인물로 호패법 등의 정치 개혁을 시도했으며, 정묘·병자호란이 일어나자 주화파의 선두에 섰다. 전란 이후, 환향녀의 이혼 문제를 반대하고 사회를 수습하는 데 애썼다.

김춘추
통일의 문을 연 외교의 달인

생몰년 603년~661년 | **부캐** 태종무열왕

진골 출신의 신라 제29대 왕. 매제인 김유신과 함께 신라의 전성기를 이끌면서 삼한통일의 기반을 다졌다. 즉위 전에는 외교관으로서 목숨을 걸고 고구려·당·왜를 오갔고, 결국 나당동맹을 성공시켰다.

명분도 중요!

김상헌
강경한 명분주의자

생몰년 1570년~1652년 | **입장** 척화파

정묘호란 당시 명나라에 가서 구원을 청했고, 병자호란 때에는 예조판서로서 척화를 주장했다. 항복이 결정된 후에는 고향으로 내려가 스스로 목숨을 끊으려 했다. 1640년 심양에 압송되었다가 최명길을 만나 화해했다고 한다.

명분과 실리, 둘 다 챙겨야

서희
한국사 최고의 외교관

생몰년 942년~998년 | **업적** 고려 거란 전쟁 승리의 설계자

고려의 명재상. 제1차 여요전쟁 당시 서경 이북 땅을 떼 주자는 다수 여론을 누르고, 오히려 외교 담판으로 실리를 얻어냈다. 이때 소손녕에게 "고려가 곧 고구려"라는 계승 의식을 보여주었다. 강동 6주를 차지해 영토를 늘리고 방어선을 구축했으며, 이를 통해 고려는 이후 계속된 거란(요)의 침략을 물리쳤다.

혼자 세상을 살아가는 사람은 없습니다. 국가도 마찬가지죠. 우리나라도 미국·일본·중국·러시아 등 여러 이웃과 정치·경제·사회·문화적으로 밀접한 영향을 주고받는데요. 서로 친하게 지낼 때도 있지만, 때로는 갈등을 겪기도 합니다. 이러한 갈등을 슬기롭게 극복하고 평화적인 방법으로 관계를 맺는 활동을 외교라고 부르지요.

 우리 민족 역시 이웃과 다양한 형태로 관계를 맺었습니다. 때로는 성장을 돕기도 했지만, 관계가 나빠져 싸우기도 했어요. 이처럼 외교의 중요성은 오늘날도 마찬가지인데요. 지금부터 어떤 외교가 좋은 외교인지, 뜨거운 토론을 통해 배워보겠습니다.

외교에서 가장 중요한 건 균형이오. 특히 우리처럼 주변에 강대국이 득실거리는 나라는 더더욱 나라와 백성에게 이득이 되는 선택을 해야 하지. 지도자나 정치인이 명분만 섣부르게 앞세워 잘못된 선택을 하면, 온 나라가 전쟁터가 되어 백성이 고통 받는 일도 생기는 거요.

예를 들어 병자호란처럼 말씀이지요?

그렇지! 흔히 역사를 거울에 비유하는데, 나는 일찍이 『고려사』를 보면서 외교에서 균형의 중요성을 깨달았소. 내가 살았던 시대에서 무려 500년 전, 고려는 요·금·송 등 중국 강대국들 틈에 놓여 있었지. 마치 조선이 명과 청 사이에서 바람 앞 등불 신세가 됐던 것처럼. 나는 그 고려를 본받아서 강대국 사이에서 적절하게 균형을 취해 평화를 유지하는 방법을 고민했소.

하하, 지금 본인이 중립 외교를 했다고 자화자찬하시는 겁니까?

그래. 자네들이 반정만 일으키지만 않았다면, 병자호란 같은 끔찍한 사건은 일어나지 않았을 거야! 훗날 대한민국의 한 지도자가 나와 비슷한 생각으로 동북아 균형자론을 주장했다고 들었는데.

중립외교와 동북아균형자론이라…. 그럴 수만 있다면 정말 좋겠죠. 하지만 상황을 냉철히 분석하지 못하고

병자호란(1636년~1637년) 만주를 통일한 청은 명 정벌에 앞서 조선을 굴복시키려 했고, 정묘호란(1627년)에 이어 다시 한반도를 침공한다. 인조는 남한산성에 피신했다가 삼전도에서 항복한다.

중립 외교 어느 한쪽에 치우치지 않고 자국의 이익을 중립적으로 추구하는 외교 실력이 뒷받침되지 못하면, 전부 의미 없는 말입니다.

그러니까 둘 다 잘 챙기면 되지!

그게 가능했던 게 고려였지요. 당시 고려는 분열한 중국 국가들 틈에 중립을 지키면서도, 내실을 단단히 다졌습니다. 천리장성을 정비하고 군사를 훈련하면서 내부적으로 단결했지요. 그런데 조선은 어땠죠?

광해군께서는 고려를 본받는다고 하면서, 정작 스스로 어떻게 행동했는지 잊었나 봅니다. 의견이 다른 신하를 마구 처벌하고, 양어머니를 폐위하고 동생을 죽이는 만행을 저질렀지요. 또한 궁궐을 새로 지어 백성들을 고통에 빠뜨리는 등 사회에 혼란과 고통만 가져오지 않았습니까?

어찌 왕권을 위협하는 이들을 가만히 두고 본단 말인가? 나는 태자 시절 임진왜란을 경험했어. 왜 꾸준히 북방을 정탐해 정보를 입수하고, 조총수를 양성해 군사력을 강화했겠나? 다들 내가 처음부터 명나라를 멀리

인조반정(1623년) 능양군(인조)과 서인 주도의 반정 세력이 광해군을 폐위하고 대북 세력을 완전히 몰아낸 사건.

동북아 균형자론 2005년 노무현 대통령이 제시한 외교 담론. 미국, 일본, 중국, 러시아 등 강대국 사이에서 한국이 주도권을 갖고 균형을 맞춰야 한다는 주장.

하고 청나라와 한편을 먹은 것처럼 이야기하는데, 말도 안 되는 소리! 난 명나라의 요청에 <u>만 명이 훨씬 넘는 군대를 파병</u>하기도 했어.

임진왜란 때의 활약은 정말 대단했죠. 하지만 왕위에 오르신 뒤의 일들은 좋게 볼 수 없네요. 사르후 전투 이후 원수인 청나라에 항복한 강홍립의 일도 혹시 밀지 같은 걸 보내 꾸미신 것은 아닙니까?

사르후 전투와 밀지설

1619년 요동에서 명과 후금(청의 전신)이 벌인 전투. 이때 명은 조선의 광해군에게도 원군을 보낼 것을 요청한다. 처음 광해군은 명의 패전을 예상하고 지원군을 보내지 않으려 했으나, 결국 압박에 못 이겨 조총병 등을 포함한 1만 8천 명의 군대를 파견한다. 하지만 여러 차례의 전투 끝에 후금이 대승을 거뒀고, 결국 조선군도 7천여 명이 전사하는 큰 피해를 보고 강홍립 등은 청에 항복하고 만다.

아니라니까. 대신들은 청에 항복한 강홍립을 처벌하라 했지만, 그게 무슨 의미가 있겠나? 나는 오히려 그를 통해 청의 기밀 정보를 얻어냈네. 얼마나 현명한 대

광해군과 임진왜란 광해군은 임진왜란 당시 세자가 되어, 요동으로 도망가려는 선조 임금 대신 실권을 책임졌다. 이후 그는 조정을 나누어(분조) 강원도로 가서 일본과 맞섰다.

처인가? 다들 명분만 앞세우며 전쟁을 입에 담는데, 부질없는 소리. 나처럼 국익을 얻어내는 실리 외교를 하는 게 최고야!

외교에서 실리를 따져야 한다는 말은 저도 공감합니다. 하지만 광해군께서 택한 길이 정말 국익을 위한 것인지는 모르겠네요. 명나라가 군인 유가족에게 주라고 했던 은 1만 냥을 궁궐 짓고 사치품 사 모으는 데 쓰셨잖습니까?

즈, 증거가 있나? 난 어디까지나 잘 보관해서 나랏일에 쓰려고 했어.

좋은 황금, 구슬과 옥, 얇은 비단, 뭐 이런 거예요?

설령 그렇게 썼다고 해도 그냥 사치를 위해 쓴 게 아니라, 실추된 왕권을 살려서 정치를 안정시키기 위한 큰 뜻이 있었던 거네!

왕권을 위해서? 자격지심이 있으신 것도 이해는 갑니다만, 다 변명처럼 들립니다.

열심히 싸우고 계시지만, 사실 두 분 모두 마음에 안

드는군요. 실리, 말은 좋지요. 하지만 외교에서 가장 근본이 되는 것은 명분이라는 것을 모르십니까? 원칙 없이 눈앞의 작은 이익만 좇다가는, 결국 더욱 커다란 가치와 이익을 잃어버리는 법입니다. 무엇보다 우리 조선은 과거 명의 큰 은혜를 입었는데, 어찌 이를 외면할 수 있겠습니까?

임진왜란 때 명이 구원병을 보낸 일을 말씀하시는 거지요?

그렇소. 우리는 명에 그야말로 재조지은을 입었습니다. 그들의 구원병이 없었다면, 진작 나라가 망하고 온 백성이 핍박을 받았을 겁니다.

명에 큰 은혜를 입었다는 말이 무슨 뜻인지 알겠습니다. 현대에는 한국전쟁 당시 미국과 국제연합이 우리나라를 지원했다고 하던데, 요즘 분들은 그 사례와 비교해서 생각하면 더 쉽게 이해되겠네요. 물론 명 군대가 전쟁 도중 민간을 약탈하는 등의 문제점도 분명 있었습니다만.

재조지은 나라를 망국 위기에서 구해준 은혜.

명이 조선을 도운 이유가 삼국지 때문?

당대 조선 지식인들은 임진왜란 당시 명의 구원으로 나라가 살아났다는 인식이 강했다. 실제로 당시 명은 만력제의 태업(무려 30년 동안 국정을 돌보지 않았다)과 곳곳에서 일어난 반란, 이민족 침략, 재정적자에 시달리면서도 조선에 대규모 군사 지원을 했고, 사르후 전투 이후에는 조선에 위로금으로 은자 1만 냥을 보내기도 했다.

이 때문에 만력제는 중국인들로부터 '고려 황제'라는 비아냥거림을 듣기도 했고, 다음과 같은 재미있는 야사도 생겨났다. 어느 날, 만력제의 꿈에 긴 수염을 지닌 삼국지의 등장인물 관우가 나타나 조선에 원군을 보내달라고 했다. 만력제가 그 이유를 묻자, 만력제는 본래 유비의 환생이고 선조는 장비의 환생이라는 것이다. 꿈에서 깬 만력제는 조선을 구하기 위해 최선을 다했다고 한다.

아마도 이런 야사의 등장은 임진왜란 전후의 『삼국지연의』의 유행, 그리고 관우 신앙의 전래와 영향이 있는 것으로 보인다. 관우 신앙의 흔적은 오늘날에도 남아 있는데, '동묘'가 바로 동관왕묘에서 유래한 지명이다.

최명길

지금 명분이 중요하지 않다는 게 아닙니다. 냉정하게 실리를 따져야 할 순간도 있다는 거지요. 병자호란 당시 우리 힘으론 청의 군대를 결코 이길 수 없었습니다. 결국 우리 조정은 엄동설한에 남한산성에 갇혔지요. 그 상황에서 항복하지 않았다면, 여러 모로 더 끔찍한 일을 당했을 겁니다.

나 역시 명분만 앞세우는 게 아닐세. 남한산성을 내려가 항복한다고 그들이 정말 우리 조정을 멸망시키지 않는다는 보장이 있었는가? 또한 아무리 청이 강하다고 하나, 당시만 해도 엄연히 명나라가 중원 땅에 자리 잡고 있었어. 만약 명이 청을 물리친 뒤, 조선은 왜 청에 항복했냐고 따져 묻는다면 우리의 입장이 어떻게 됐겠나?

충분히 일리 있는 말씀입니다. 하지만 그런 걱정도 당장 살아남아야 할 수 있지 않을까요? 불이 나면 어떤 수단과 방법을 동원해서라도 그걸 먼저 꺼야 하는 것처럼요. 선생의 마음이 굳은 바위와 같다면, 제가 따르는 가르침은 둥근 고리와 같다는 것을 부디 알아주십시오.

음, 비록 입장은 다르지만, 우리는 각자 서 있는 자리에서 함께 고생했지. 자네가 청 조정에 가서 명을 함께 치자는 요구를 거절하며 용기 있게 맞선 것도 높게 평가하네. 비록 뜻은 다르지만, 나라를 위한 마음만은 인정하지 않을 수 없군.

입장이 다른데도, 서로 인정하는 모습이 멋지네요.

최명길과 김상헌의 화해

최명길은 이항복의 제자로 인조반정의 공신이다. 청과의 관계에서 주화파의 대표가 되어 척화파의 비판을 받았는데, 결국 병자호란이 일어나고 왕과 대신들이 남한산성에 갇히자, 항복을 주장했다. 이후 청에 끌려간 포로들을 데려오는 데 힘썼으며, 특히 양반가에서 환향녀(강제로 청에 끌려갔다가 귀국한 여성들)와 이혼하는 것을 금지했다.

훗날 조선이 명과 비밀리에 연락했다가 들키자, 책임을 지고 심양에 가서 포로가 되었다. 이긍익의 『연려실기술』에 따르면, 이때 자신과 크게 대립했던 김상헌과 같은 처지가 되어 만났고, 서로 화해했다고 전한다.

국가 간 외교에서 실리를 따지는 건 중요합니다. 하지만 정말 실리를 얻기 위해서는, 그에 앞서 거시적 안목으로 뚜렷한 목표와 방향을 세우는 과정이 무엇보다 중요하지요.

우리나라 최고의 외교관이라 불리는 서희 선생님이시군요!

하하, 반갑게 맞아주셔서 감사합니다.

혹시 모르는 분들을 위해 소개하면, 서희 선생님은 제1차 여요전쟁 때 외교의 힘으로 거란의 군대를 물리친

일로 유명하지요. 어쩌면 그렇게 말씀을 잘하시게 되었는지, 비결이라도 있을까요?

상대도 바보가 아닙니다. 어떻게 말 몇 마디에 순순히 물러나겠습니까? 외교에서 중요한 건 말보다 현실을 냉철하게 분석하는 능력입니다. 상대가 뭘 원하는지, 우리는 무엇을 내주고 또 얻어낼 수 있는지 파악하는 것이지요.

당시 거란, 즉 요나라는 무려 80만 대군을 이끌고 오지 않았나요? 그럴 때 침착하게 상황을 분석하기란 정말 어려울 것 같습니다. 조정에서도 항복하거나 땅을 떼어 주자는 논의가 있었던 걸로 아는데요.

적들이 허풍은 떨었지만, 실제 병력은 그에 못 미쳤습니다. 애초부터 그들의 주적은 고려가 아니라 중원의 송이었죠. 그래서 우리와도 끝장을 보기보다는 외교 회담을 요청했던 거고요. 그런 국제 현실을 냉철하게 분석해볼 때, 충분히 담판을 지어볼 만하다고 생각했습니다.

존경하는 분을 만나게 되어서 기쁩니다! 비록 저는 싸움을 멈추려 했고, 선생님께서는 싸우자고 하셨지

만…. 나라를 살리는 최선의 선택을 했다는 뜻은 같다고 생각합니다.

허허, 칭찬해주어서 고맙소. 지금 말씀하신 뜻에 동의합니다.

외교 담판을 하실 때 전혀 위축되지 않고 당당하셨던 부분이 인상 깊었어요. 특히 조공을 요구하는 주장을 받아쳐서, 오히려 고려가 압록강 하구를 차지할 명분을 얻어내신 장면은 명분과 실리를 모두 잡아내신 묘수였지요. 생각할수록 놀랍습니다.

바로 강동6주를 그렇게 얻으셨지요?

맞습니다. 또 선생님은 적장 소손녕과의 담판을 통해 고구려를 계승한 것이 요가 아니라 고려라는 사실을 각인시키셨죠. 저 역시 그 장면을 통해 외교에서 의전이 단순한 겉치레가 아니라는 점을 배웠습니다. 명분과 실리를 두고 유리한 고지를 치열하게 다투는 현장임을 깨닫게 되었지요.

의전 공적인 행사에서 개인이나 국가가 지켜야 하는 예법.

강동 6주는 왜 중요할까?

강동6주는 오늘날 평안북도에 위치한 6개(흥화진, 용주, 통주, 철주, 귀주, 곽주) 지역이다. "서경 이북의 영토를 내놓고, 요나라에 입조하라"는 소손녕의 주장에 서희는 "고려는 고구려를 계승했으니 오히려 영토를 돌려받아야 하고", "여진족이 길을 막고 있으니 압록강 하구 일대 통제권을 주면 입조하겠다"고 주장한다. 결국 서희의 주장이 관철됐고, 고려는 강동6주를 차지해 단단하게 방어선을 만든다. 제2차 여요전쟁에서 양규와 김숙흥 등이 활약한 지역, 제3차 여요전쟁에서 강감찬의 귀주대첩 등 고려가 거둔 큰 승리들이 모두 이 지역에서 이뤄졌다.

맞습니다. 외교는 무기 대신 말로서 전쟁을 벌이는 거지요. 그 담판에서 가장 중요한 부분이 요의 침략을 근본적으로 막을 방법을 찾아야 한다는 점이었죠. 잠깐 군대를 물리는 데 만족해선 안 됐어요. 언제든 다시 침략해올 수 있으니까요. 전쟁 재발을 원천적으로 막기 위해, 힘을 기르고 방어선을 확보해야 했습니다. 그래서 우리가 명분에서 앞설 수 있도록 상황을 만들었고, 소손녕이 물러나자 얼른 강동6주를 차지해 단단한 방어선을 만들었던 것이지요.

역시 최고의 외교관이십니다! 당시 고려가 확보한 강동6주는 이후 여진·몽골·홍건적 등 고려를 침공했던

수많은 적을 물리치는 데 정말 중요한 군사기지의 역할을 했어요. 만약 눈앞의 적이 두려워서 땅을 떼어 주고 적당히 타협했다면, 얼마 지나지 않아 더 큰 위기에 빠졌을 겁니다. 개인적으로는 선생님께서는 **양규 장군**이나 강감찬 장군만큼 훌륭한 업적을 세우셨다고 생각합니다.

하하, 과찬입니다.

저희 조선에도 선생님처럼 훌륭한 외교관이 많았습니다. 특히 저는 이 자리에서 여러분에게 이예 선생님을 소개하고 싶네요.

어떤 분이지요?

태종과 세종 두 임금님을 섬기면서, 일본과의 외교에서 활약한 분입니다. 특히 왜구 문제를 잘 다루셨지요.

저런. 제가 살았던 시대에선 북쪽이 참 시끄러웠는데, 그때는 남쪽 왜구가 문제였군요?

양규(?~1011년) 제2차 여요전쟁에서 활약한 고려의 명장. 요의 40만 대군에 맞서 3천 명으로 흥화진을 지켜냈으며, 이후 소수 병력을 이끌고 요군을 공격해 수만 명을 참살하고 수천 명의 백성을 구해낸 뒤, 결국 장렬하게 전사했다.

네. 이예 선생님은 아전 출신으로 어릴 적 어머님이 왜구에게 납치되는 비극을 겪었습니다. 이후 일본을 무려 40차례나 오갔고, 그 과정에서 왜구에게 끌려간 조선인을 667명이나 구출해오셨지요. 또한 **계해약조**를 통해 왜구의 출몰을 막으려 했고요.

오, 나도 **기유약조**를 통해 일본의 위협을 막고 끌려갔던 백성들을 귀환시킨 적 있네!

그것이 바로 외교의 힘이지요. 왜구의 침략을 전쟁이 아닌 평화로운 방법을 통해 막으려 한 점이 인상 깊었습니다. 식량이 부족한 일본인에게 왜구가 되는 길 대신 무역을 이용해 먹고살게 한 것인데요. 상대의 상황을 명확히 인식하고 최선의 길을 찾은 모습은 서희 선생님을 떠올리게 합니다. 그 덕분에 고려 말부터 조선 초까지 극심했던 왜구의 침략이 줄었고 백성들이 크게 시름을 덜었지요.

훌륭합니다. 『손자병법』에는 싸우기 전에 미리 헤아

계해약조(1443년) 조선이 쓰시마(대마도)와 맺은 무역 조약. 식량 문제로 인한 왜구의 출현을 억제하기 위해 무역량과 인원수, 체류지 등을 통제했다.

기유약조(1609년) 광해군 즉위 후, 임진왜란 후 단절된 외교 관계를 회복하고자 조선과 쓰시마 사이에 맺은 조약.

리라는 말이 있는데, 외교에도 적용할 수 있어요. 전쟁은 인적·물적 피해가 따를 수밖에 없는 최후의 수단입니다. 따라서 우리처럼 강대국 틈에 끼어 있는 나라는 더더욱 외교를 통해 무력 충돌을 가급적 피하고, 평화와 안정을 얻어내는 게 중요해요.

싸우지 않을 수 있다면 좋겠지만, 때로는 싸움에서 유리한 고지를 점령하기 위해 최선을 다하는 것도 외교가 할 일이 아니겠습니까?

신라의 태종 무열왕, 김춘추 선생님이 등판하셨군요! 왕위에 오르기 전엔 국제적인 외교관으로 명성을 떨치셨지요.

그렇습니다. 당시 신라는 그야말로 사면초가의 위기에 몰려 있었습니다. 고구려·백제·왜 등 사방이 적이었고, 특히 백제는 우리와 사이가 굉장히 안 좋았죠. 나 역시 백제군에게 사랑하는 딸과 사위를 잃었고요. 전쟁을 도저히 피할 수 없는 상황이었고, 그 위기를 극복하기 위해 고구려로 향했습니다.

여제동맹 642년, 백제가 신라를 공격하면서 고구려와 동맹을 맺었다는 기록이 『구당서』에 있으나, 양국이 실제로 동맹까지 맺었는지는 확실하지 않다.

잠깐만요. 그런데 당시 고구려는 백제와 동맹을 맺고 있지 않았나요? 말하자면, 또 다른 적국에 가신 건데 너무 위험하지 않습니까?

하하, 국제관계에서는 영원한 적도, 영원한 친구도 없는 법입니다. 다른 선택의 여지가 없었지요. 내가 가서 고구려와 백제의 사이를 갈라놓는다면 최선이지만, 그러지 못하더라도 적의 동향과 정확한 속내를 파악할 수 있으니 갔던 겁니다. 물론 백제를 함께 치자는 제안은 거절당했고, 고구려의 권력자 연개소문은 오히려 죽령 이북의 땅을 돌려달라는 억지 요구를 했습니다. 이를 거절하자, 나를 강제로 억류했고요. 그때 정말 토끼와 거북이가 아니었다면, 목숨을 잃었을 겁니다.

토끼와 거북이요?

나는 신라로 돌아가기 위해 고구려의 권력자인 선도해에게 뇌물을 바치며 친해졌습니다. 그때 그가 들려준 이야기가 바로 구토설화였어요. 나는 용궁에 끌려간

구토설화 자라·거북이와 토끼 설화, 별주부전. 한국에서는 가장 오래된 기록이 『삼국사기』에 전한다. 인도 경전인 『자카타』에 비슷한 이야기가 있다고 한다.

토끼가 육지에 숨겨둔 간을 내주겠다고 한 것처럼, 고구려의 요구를 들어줄 것처럼 속이고 달아날 수 있었지요.

자칫 목숨을 잃을 뻔한 일을 겪으셨는데도, 이후 일본에도 건너가신 걸로 알고 있습니다.

그렇소. 고구려와 백제의 연합 공세에 신라가 고립된 상황을 극복하기 위해 왜에도 건너갔고, 그 이후에는 중국으로도 건너갔지요. 거기서 마침내 당과 동맹을 맺을 수 있었고요.

결코 쉬운 과정이 아니셨을 겁니다. 신변을 위협받거나 포로로 잡힐 수도 있고, 태풍이나 질병으로 허망하게 목숨을 잃을 수도 있으니까요. 물론 저 역시 그런 각오를 하고 청나라를 오갔습니다만.

하하, 선생이나 나나 그만큼 간절했던 게 아니겠소? 어떻게든 나라를 살려야 했으니까요. 당시 당으로서도 눈엣가시였던 고구려를 견제하기 위해 우리 힘이

일본으로 건너간 김춘추 『삼국사기』에는 기록이 없으나, 『일본서기』에는 김춘추가 선덕여왕이 사망하고 진덕여왕이 즉위한 해인 647년에 일본을 방문한 기록이 있다. 일본은 그를 "용모가 아름답고 말을 잘했다"고 기록했다.

필요했으니, 서로 이득이 되는 선택이었지요.

위기 속에서 최선의 길을 찾으신 거군요. 그런데 그런 외교적 선택이 후대에는 사대주의라는 비판을 받기도 했는데요.

늘 최선의 선택만 할 수 있다면 얼마나 좋겠습니까? 하지만 현실은 냉혹합니다. 사실상 차선이나 차악을 선택해야 할 때가 훨씬 많지요. 내가 듣기로, 고려 때 우리 신라와 비슷한 고민을 하셨던 분이 있다고 들었는데…. 몽골에 의해 나라가 망할 위기에 놓였음에도, 오히려 그 점을 그걸 활용해 나라와 민족을 지켜내셨다고요.

고려를 대표해서 말씀 드려야겠군요. 내가 살았던 시기엔 거란이 속을 썩였지만, 그보다 300년이 지난 뒤에는 몽골이 속을 썩였더군요. 고려의 24대 임금 원종이 살았던 13세기는 그야말로 최강 군사력을 지닌 몽골제국과 그 후예인 원나라가 전 세계를 마구 침공하던 때였다고 합니다. 고려 역시 무려 아홉 번이나 공격을 받았고요. 당시 원종은 태자 신분으로 그 긴 전쟁을 끝내려고 몽골 조정에 입조하러 가고 있었는데, 중간에 그만 몽골 칸(황제)이 사망했다는 소식을 듣게 됐지요.

그야말로 '멘붕'이었겠네요. 이후에 원은 수도 카라코룸을 차지한 아리크부카와 화북 지방을 차지한 쿠빌라이 사이에 큰 내전이 일어났죠?

그렇습니다. 정확한 과정은 나도 모르지만, 어쨌든 고려 태자 일행은 그때 아리크부카 대신 쿠빌라이를 택했습니다. 천만다행으로 쿠빌라이가 정권을 잡았고, 이후 원종은 그에게 혼인 관계를 맺자는 제안까지 했지요.

줄을 확실하게 서려고 한 건가요?

국내외의 정치적 이유가 있었죠. 어쨌든 이후 고려는 원 황실의 사위가 되었고, **불개토풍**의 유지까지 받아낼 수 있었습니다. 원종의 아드님인 충렬왕 역시 외교의 달인으로 원에 빼앗겼던 고려의 옛 영토도 일부 되찾고, 다루가치와 원의 군대 역시 고려 땅에서 철수시켰죠. 물론 이런 선택 때문에 어쩔 수 없이 원나라에 휘둘리기도 했고, 또 후손 중에서 고려인이라기보다 몽골인의 정체성을 지닌 고려 왕도 나온 것 같습니다만….

고려의 운명을 뒤바꾼 선택

13세기 세계 최강대국 몽골은 그야말로 유라시아 대륙 곳곳을 전쟁터로 만들었다. 고려 역시 1231년부터 약 30년 동안 무려 아홉 차례의 침략을 받는다. 결국 1259년 고려는 태자 왕전(훗날의 원종)을 몽골 조정에 보내 항복하려 했는데, 도중에 몽케 칸이 사망하고 몽케 칸의 아들 아리크부카와 몽케 칸의 동생 쿠빌라이 사이에 내전이 벌어진다. 이때 원종은 쿠빌라이를 만나 항복했고(이때의 항복이 의도적이었는지 단순히 우연이었는지 명확하지 않다.), 그는 "옛날 당 태종도 굴복시키지 못한 나라의 태자가 내게 왔으니, 하늘이 내 편이구나"라며 기뻐했다. 이후 쿠빌라이는 칸의 자리에 오르고, '불개토풍(不改土風)' 즉 고려의 풍습을 몽골식으로 고치지 않아도 된다는 약속을 한다.

물론 쿠빌라이 역시 고려에 대해 무조건 호의를 가진 것은 아니었다. 지속적인 감시와 견제를 일삼았고, 일본 정벌에 고려를 동원해 어려움을 겪었다. 하지만 이때의 '세조구제(世祖舊制)'는 이후 몽골의 강력한 간섭과 압박 속에서도 고려의 고유성을 지키는 무기가 된다. 이후 원종은 아들 충렬왕과 쿠빌라이의 막내딸(즉, 칭기즈칸의 증손녀)을 결혼시켜 몽골 황실과 사돈을 맺고, 그에 힘입어 왕실을 위협하던 조정 내 부원세력을 견제한다. 그리고 마침내 무려 100년간 이어진 무신정권을 끝내고 40년 만에 강화도를 떠나 개경으로 환도한다.

다루가치 원나라가 정복지를 다스리기 위해 두었던 지방 관료.

몽골인인가 고려인인가, 정체성 논란!?

고려 26대 왕인 충선왕은 원종의 손자이자 충렬왕의 자식으로, 동시에 쿠빌라이의 외손자로 몽골 황족인 '황금씨족' 일원이기도 했다(심지어 사위인 아버지 충렬왕보다 몽골 내 서열이 높았다). 원 황실로부터 고려왕이자 심왕(요동 지역의 지배자)으로 임명되었는데, 고려의 왕이 된 뒤 거의 몽골의 수도에 머물면서 편지로만 통치했다. 실제로 고려에 머무른 기간은 겨우 1년에 불과했다. 스스로 '쿠빌라이 칸의 외손자'를 자처할 만큼 고려인이라기보다 몽골인 정체성이 강했다. 몽골과 혈연관계를 맺은 선택의 어두운 면이다.

안타까운 일입니다만, 때로는 어쩔 수 없이 감내해야 하는 것도 있죠. 특히 정치나 경제, 외교 등 고민할 부분이 많은 현실 분야에서는 최고의 정답을 찾는다는 것이 사실상 불가능할 때가 많습니다. 상황에 따라 유연하게 타협점을 찾고, 이를 개선해나가는 것이 중요하지요.

맞습니다. 강대국에 둘러싸인 우리나라는 늘 상황에 맞게 명분과 실리를 잘 활용해야 합니다. 그래야 우리 국민의 안전과 국가의 이익을 지켜낼 수 있으니까요.

하하. 위기는 곧 기회이기도 한 법. 외교에서 실리를 찾는 현명한 길을 고민해야겠지요.

제가 했던 선택이 최선의 정답이라 생각하진 않지만, 현실적인 차선책은 됐다고 생각합니다. 당대에도 꽤 많은 비난을 받았습니다만, 그 선택에 후회는 없습니다. 말씀하신 것처럼, 외교는 현실에 기반을 두되, 그 순간의 선택이 초래할 공동체의 미래를 함께 생각해야 하니까요.

좋은 말씀을 많이 나눴습니다. 단순히 과거의 일이 아니라, 오늘날의 외교관계에도 정말 도움이 되는 말씀이 많았다고 생각합니다.

먼저 광해군과 최명길 선생님께서는 외교에서 실리적 판단의 중요성을 강조하셨는데요. 반대로 김상헌 선생님께서는 명분 역시 실리만큼 중요하다는 점을 지적해주셨습니다. 바로 서희 선생님께서는 이러한 명분과 실리를 모두 잡은 탁월한 외교로 고려를 평화와 번영의 길로 이끄셨지요. 신라 무열왕과 고려 원종께서도 탁월한 외교적 선택을 통해 굉장히 어려운 시기를 잘 돌파해내셨고요.

오늘날은 외국과 교류가 더욱 중요해진 만큼 외교 분야의 중요성은 더욱 커졌습니다. 북한 문제는 물론, 미국과 일본, 중국과 러시아 등 주변 강대국과 정치적·경제적으로 매우 복잡하게 얽혀 있다고 들었는데요. 부디 역사를 거울로 삼아, 명분과 실리를 모두 챙길 수 있는 최선의 외교 정책을 펼쳐주었으면 하는 바람입니다.

이번 라운드 핵심 요약

① 강대국 사이에선 중립외교가 중요하다. (광해군)
② 외교에서는 실리가 중요하다. (최명길, 김춘추)
③ 당장의 실리는 소탐대실, 장기적으론 명분이 더 중요하다. (김상헌)
④ 현실을 냉정하게 파악한 뒤, 명분과 실리를 모두 좇아야 한다. (서희)

생각하고 정리해보자

오늘날 동북아는 미국과 중국의 대립을 중심으로 한국과 일본, 북한과 러시아 등이 협력과 긴장 관계를 유지하고 있다. 앞으로 우리는 어떤 외교 방향을 가져야 할까? 어려운 문제지만, 오늘 살펴본 역사적 사례들을 토대로 고민해보자.

ROUND 88. 붕당으로 살펴보는 좋은 정치의 조건

정치인의 싸움은 무조건 나쁠까?

북벌과 예송논쟁으로 대충돌

윤휴
즉시 북벌, 상복은 3년!

생몰년 1617년~1680년 | **입버릇** "주자만 공자의 뜻을 아는 건 아니다!"

자유분방하고 파격적인 사상가. 송시열과 나이차를 뛰어넘어 친했으나 주자에 대한 의견이 엇갈려 서로 원수가 되었다. 이후 예송논쟁 등의 문제에서 계속 충돌했다. 북벌에 진심이었으며, 국방 예산을 위해 호포제에도 찬성했다. 경신환국으로 사약을 받았고, 그의 사상은 사문난적으로 몰렸다.

송시열
북벌은 현실적으로, 상복은 1년!

생몰년 1607년~1689년 | **입버릇** "주자는 완벽하다!"

조선 후기의 문제적 인물. 성리학 해석을 주자 중심으로 교조화했으며, 살아서는 물론 죽어서도 큰 영향력을 가져서 '송자'라 불렸다. 수구적이라는 인상과 달리 서얼 채용, 과부 재혼 허가 등의 개혁적인 주장도 했으나, 옛 친구일지라도 정적이 되면 공격을 서슴지 않아 많은 적을 만들었다. 기사환국으로 사약을 받았다.

당파를 넘어서자!

유성룡
정치는 책임이다

생몰년 1542년~1607년 | **별명** 전시 재상

임진왜란을 극복해낸 명재상. 퇴계 이황의 제자로 스승에게 "하늘이 내린 사람"이라는 높은 평가를 받았다. 온화한 성품으로 강경파 서인이었던 정철과도 친하게 지냈으며, 당파를 떠나 개혁 정치가로서 수미법에도 찬성했다. 임진왜란에 관해 남긴 『징비록』은 한중일 삼국에서 모두 베스트셀러가 됐다.

이이
붕당은 안 된다

생몰년 1536년~1584년 | **TMI** 모자 지폐 모델

호는 율곡. 아홉 번 시험에 장원급제해서 '구도장원공'이란 별명이 있다. 스물셋에 '이기일원론'을 정립한 대사상가이자, 개혁 정치가로 수미법과 서얼 차별 완화 등을 주장했다. 붕당의 분열을 막으려 했으나, 결국 실패하고 약세였던 서인의 지주가 되었다.

김육
오직 백성을 위한 정치!

생몰년 1580년~1658년 | **별명** 대동법의 아버지

조선 후기의 개혁가이자 명재상. 광해군 때 가평으로 낙향해 직접 농사짓고 숯을 구워 한양 시장에 팔아 생활을 유지했다. 인조반정 이후 과거에 응시해 장원급제했고, 재상이 된 뒤 자신의 정치력과 행정 실무 경험, 친화력을 토대로 대동법을 집요하게 추진했다. 오랜 시간 왕과 반대파를 설득한 끝에 마침내 대동법을 실행했고 공납의 폐단을 시정했다.

정치라는 단어를 들으면 어떤 생각이 드나요? 이곳에서 읽은 서양 책에 이런 말이 있더군요. "인간은 본래 사회적이며 정치적인 동물이다." 철학자 아리스토텔레스의 말인데요. 이처럼 정치란 우리 삶과 뗄 수 없으면서도, 왠지 부정적 시선을 갖게 된다는 분도 많습니다. 오늘날에도 사람들을 선동하고 파벌을 만드는 행위를 '정치질'이라고 하고, 직업 신뢰도 조사에서도 정치인은 최하위를 차지하니까요.

역사적으로는 제가 살았던 조선 후기 사회 위기의 원인을 정치의 실패, 즉 붕당의 극심한 대립에서 찾기도 합니다. 특히 일제는 붕당정치에 대해 "한국인은 항상 분열해 이기적으로 굴며 당파를 지어 서로 싸운다"는 당파성론의 낙인을 찍기도 했다더군요. 그런데 정말 그럴까요?

하하, 우리가 분열해서 싸우기만 했다고요? 그런 말을 일본이 하다니 어색하군요. 일본이야말로 전국시대 수백 년간 극심한 내란을 계속했는데요.

맞습니다. 일본은 무사의 나라이지만, 우리는 선비의 나라입니다. 선비는 같은 부류끼리 어울립니다. 가끔 의견 차이로 논쟁할 수는 있겠습니다만, 어찌 사적으로 파벌을 나누겠습니까?

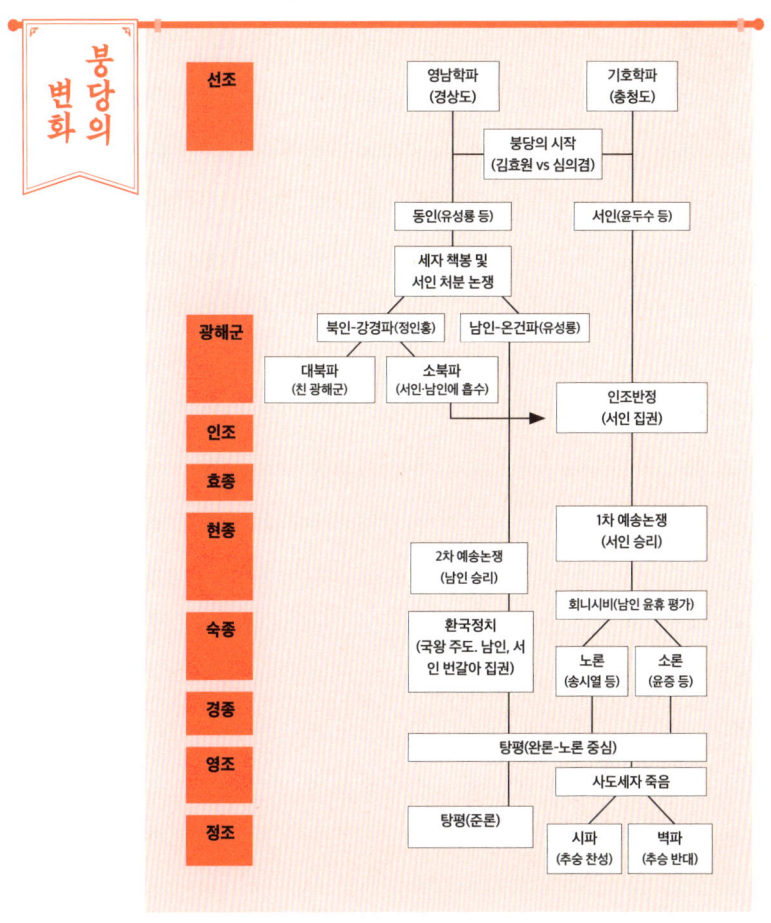

붕당 서로 정치적 입장과 이해를 달리하는 당파 집단을 가리키는 말. 구한말 국학자이자 역사학자인 안확은 붕당을 서양의 정당 정치에 비교했다.

서애 유성룡 선생님과 율곡 이이 선생님께서 등판하셨군요! 말씀처럼, 사실 정치 집단 사이의 대립과 경쟁은 세계의 역사를 살펴봐도 일반적이죠. 그 과정이 건강하게 이뤄지면 좋지만, 반대로 과격하고 부정적일 때도 많죠.

사실 이이 선생님의 말씀과 달리 조선 후기 붕당의 대립은 꽤 심했던 것도 사실입니다. 두 분보다 살짝 후대 분인 17세기 실학자 이익 선생님은 "붕당의 싸움이 날로 심해져서 서로 원수가 되어 죽이고 죽는다"고 경고했고, 이중환 선생님은 『택리지』에서 "신축, 임인년 이래로 당파들의 원한이 날로 깊어져서 서로를 역도로 몰았고, 그 영향이 시골까지 미쳐서 전국이 싸움터가 되었다"고 경고하셨거든요. 그보다 한참 뒤에 신채호 선생도 "흙더미가 무너지고 기왓장이 부서지도록 싸웠다"라며 붕당정치의 문제점을 비판했다고 들었습니다.

음, 결국 상황이 그렇게까지 나빠졌군요. 부끄럽지만, 제게도 책임이 있습니다. 당장 임진년의 전쟁이 있기 전 일본에 통신사로 다녀왔을 때만 해도, 당론을 따라 **일본은 전쟁을 일으키지 않을 거라고 주장**했으니까요. 당파가 달랐어도 황윤길의 말에 좀 더 귀 기울였어야 했는데….

임진왜란은 당파 싸움 때문에 일어났다?

도요토미 히데요시가 전국시대를 끝내고 일본을 통일하자, 1590년 조선은 통신사를 보내 정탐한다. 이때 서인 황윤길은 그의 야심을 꿰뚫어보고 침략을 대비해야 한다고 경고했으나, 반대로 동인 김성일은 그럴 필요 없다고 보고한다. 이때 동인 유성룡 역시 김성일의 편을 들었다.

임진왜란의 발발에는 이처럼 당파 싸움의 영향도 있지만, 그렇다고 전쟁 대비를 안 한 것은 아니다. 선조는 방어시설을 보수하고 유능한 사령관들을 특진시켰는데, 그 대표 인물이 권율, 그리고 종6품 정읍 현감에서 정3품 전라좌수사로 특진한 이순신이다. 다만, 일본의 파병 규모가 십수 만에 달하며 상상을 초월할 정도로 컸을 뿐.

또한 전쟁 발발 후, 동인 김성일은 잘못된 보고에 대한 책임을 지고 최전선인 경상도 일대에서 활약하다가 병사했고, 유성룡도 '전시재상'으로서 전쟁 수습을 위해 애썼다.

이이: 유비무환이라고, 전쟁 같은 큰 위험은 미리미리 철저하게 대비할수록 좋지요.

유성룡: 네, 사실 이 문제에 관해서는 **십만양병설을 주장한 율곡** 선생께는 더더욱 할 말이 없습니다.

이이: 하하, 누구나 실수할 수 있으니까요. 그래도 선생께서는 전쟁이 일어났을 때 나라와 백성을 구하기 위해 굉장히 애쓰셨다고 들었습니다. 『징비록』이라는 책을 써

십만양병설은 진짜일까?

율곡 이이는 여러 개혁안을 올렸는데, 특히 '십만양병설'로 유명하다. 1583년 그가 병조판서로 있을 때, 전란을 대비해 십만 군사를 기르자고 주장했다는 것이다.

이것이 허위라는 입장은 구체적으로 '십만'이라는 숫자가 드러난 것은 서인의 영향력이 강한 『선조수정실록』과 이이의 제자들이 남긴 기록뿐, 광해군 때 편찬된 『선조실록』에는 그 내용이 없다는 점을 지적한다. 반대로 사실이라는 입장은 이이의 제자 김장생이 「율곡행장」에서 "유성룡이 십만 양병에 반대했다"라고 밝혔을 때, 호조정랑에 불과한 김장생이 당시 영의정이었던 유성룡을 음해하는 문건을 지을 수 없었을 거라 말한다.

이이가 정말 십만양병설을 주장했는지는 알 수 없다. 다만, 개혁가였던 그가 공식적으로나 비공식적으로나 군사력의 중요성을 강조한 건 사실로 보인다.

서 후세에 교훈을 남기신 점도 훌륭하고, 훗날 당파를 떠나 제가 주장한 **수미법 개혁**을 지지해주셨죠.

정치란 책임과 반성이라고 생각합니다. 잘못한 일이 있으면 바로잡고, 당파가 달라도 좋은 일에는 힘을 보태야지요.

징비록 유성룡이 종전 후 반성의 의미에서 임진왜란을 정리한 기록. 일본과 중국에도 전해져 동아시아의 베스트셀러가 되었다.

수미법 개혁과 방납의 폐단

조선시대의 세금은 크게 세 종류였다. 땅에 부과하는 전세, 집(호)마다 부과하는 공납, 양인 남성에게 부과하는 역이 그것이다. 이때 공납은 중앙에 필요한 현물을 마련하는 것인데, 부과되는 물품이 토산품이 아니거나 양이 모자라는 경우가 많았다. 이에 따라 공물을 대신 구매해 바치는 '방납'이 성행했는데, 그 과정에서 관료나 권세가의 착취가 일어났다. 이것이 '방납의 폐단'인데, 이를 막기 위해 여러 개혁안이 제시되었다.

대표적인 것이 바로 수미법 또는 대공수미법으로 공납을 현물이 아닌 쌀로 바치게 하자는 것이다. 이이와 유성룡은 비록 당파는 달랐지만, 수미법을 추진하는 데에는 뜻을 함께했다. 수미법은 전란 중에 도입됐다가 여러 한계로 인해 취소된다. 이후 수미법의 뜻을 이은 대동법이 1608년 경기도에 실시된 후, 1708년 숙종 때 비로소 전국에 실시됐다.

당파가 다르다고 무조건 다른 입장만 내세운 게 아니었군요.

당연합니다. 그리고 사실 고백할 것이 있는데…. 붕당에는 제 책임도 큽니다. 앞서 선비에게 붕당은 없다고 말했지만, 사실 붕당이 갈리는 상황이 피할 수 없는 현실이란 것도 알고 있었습니다. 저만 하더라도 한 당파에 힘이 기울어 균형이 무너지는 것을 막으려고, 일부러 서인 진영에 섰으니까요.

그렇군요. 여기서 짚고 넘어갈 문제가 있습니다. 도대체 조선시대 당파는 언제, 왜, 어떻게 나뉘게 된 걸까요? 지금 동인-남인의 대표 유성룡 선생님과 서인의 대표 이이 선생님께서 자리해주셨으니, 이야기를 나눠볼 수 있을 것 같은데요.

사림은 본래 재야의 학자들로 성종 임금 이후 중앙 정치에 진출하기 시작했습니다. 처음엔 기득권을 쥐고 있던 훈구파와 대립했지만, 훈구파가 몰락한 이후에는 사림끼리 대립하기 시작했지요.

공통의 '적'이 사라진 뒤에도 대립은 사라지지 않았던 거네요.

그 대립이 가장 첨예했던 지점이 바로 '이조전랑' 자리였습니다. 이조의 정랑과 좌랑을 함께 부르는 말로, 품계는 정5품으로 낮았지만 간쟁과 언론기관의 인사권을 쥔 자리였지요. 특히 후임을 추천할 수 있는 '자대권'이라는 권리가 있었습니다. 이 자리를 놓고 생긴 갈등이 최초의 당파인 동인과 서인을 탄생시킨 것이지요.

훈구파 본래 오랫동안 공을 세운 신하라는 뜻으로 조선 건국 또는 반정 등의 과정에서 공 세운 관료들을 뜻한다. 특히 성종 대 이후 계유정난(세조가 단종을 쫓아내고 왕이 된 사건)의 공신들이 주축이 된 훈구파와, 이를 비판한 사림파의 갈등이 본격화해 사화로 이어졌다.

붕당이 나뉜 계기는 말하기 좀 부끄럽습니다. 처음에 이황과 조식 선생님의 젊은 제자 김효원이 이조전랑의 한 자리에 추천되자, 이조참의 심의겸이 반대했습니다. 젊은 시절 권신 윤원형의 집에 드나들었다는 이유에서였죠. 사실 김효원에겐 억울한 점이 있어서 심의겸에게 앙심을 품었고, 훗날 심의겸의 동생이 자기 후임으로 추천되자 똑같이 반대표를 던졌습니다. 결국 조정은 둘을 중심으로 쪼개졌고, 궁궐을 기준으로 서쪽에 집이 있던 심의겸의 당파는 서인, 동쪽에 집이 있던 김효원의 당파는 동인으로 불리게 된 겁니다.

저는 붕당의 대립이 심해지는 것을 막기 위해 김효원과 심의겸을 외직으로 내쫓기도 했지만, 한번 시작된 대립을 막을 순 없었습니다. 동인은 이황과 조식의 문인들로 훈구파에게 강경했고, 서인은 상대적으로 온건했지요. 이처럼 학파나 당파의 입장에 따라 파벌이 갈렸고, 앞서 말한 것처럼 결국 저 역시 상대적 소수파였던 서인의 편에 설 수밖에 없게 되었지요. 정치적 대립이 과격해지는 걸 막기 위한 선택이었지만, 결국 붕당을 막는 데 실패한 겁니다.

간쟁 임금의 옳지 못한 행동이나 정책을 비판하는 것.

언론기관 삼사, 즉 홍문관·사헌부·사간원. 관리를 감독하고, 여론을 모아 상소를 통해 왕을 견제하는 기관이었다.

> **정작 당사자들은 화해했다!**
>
> 사림은 김효원과 심의겸이 대립하면서 동서로 나뉘게 되지만, 정작 이들은 나중에 자신들의 싸움이 붕당의 계기가 된 것을 후회하고 서로 화해했다. 이이는 끝까지 붕당의 출현을 막으려 애썼지만, 결국 사림의 성장에 따른 자연스러운 갈등의 출현을 막진 못했다.

그렇군요. 사실 정책이나 계급에 따라 정파가 나뉘고 입장이 갈리는 것은 오늘날에도 자연스러운 현상입니다. 물론 당시 조선 사회가 오늘날과 같은 민주주의 사회는 아니었지만요. 그런데 서로 경쟁하는 데서 그치지 않고, 왜 대립이 점점 과격해졌을까요?

그건 다 동인이 정여립의 난 같은 무리수를 두었기 때문이오! 정여립은 "천하에는 따로 주인이 없다"는 '천하공물론'을 주장하며 대동계를 조직했고, 나라를 뒤엎을 반역의 음모를 꾸몄지요.

그 이후 기축옥사로 천여 명의 동인이 희생됐지요. 정여립은 정말 문제가 많았지만, 솔직히 그가 정말 반란을 일으키려 했겠습니까? 또 그런 일이 정말 있었다고 해도, 그의 나이 든 어머니와 어린아이까지 죽인 건 아무래도 지나칩니다.

지금 정철 선생을 비난하는 거지요? 뭐, 이제는 좀 솔직하게 말해봅시다. 그분이 좀 과격하고 경박한 면은 있지만, 정치인으로서 명석한 분은 아니지 않습니까? 욕심은 많지만, 그렇게 잔인한 음모를 꾸밀 사람은 아니지요.

배후가 따로 있다는 말씀입니까?

허허, 잘 아시면서 그러십니다. 사람들이 당쟁을 말할 때 잘 놓치는 부분이 있는데, 사실 동인이니 서인이니 노론이니 남인이니 해도 가장 권력이 강한 분은 따로 있지요.

지금 누구를 말씀하시는 겁니까?

하하. 그거야 조선에서 가장 높은 분 아닙니까? 사실 나만 하더라도 두 차례 **예송논쟁**에 휘말려 큰 고생을 했지요.

정여립의 난(1589년) 정여립은 본래 서인으로 이이와 성혼의 문하였으나, 동인으로 전향했다. 지방에서 대동계를 조직했다가 반역자로 낙인찍혔고, 결국 자신은 자살하고 동인은 기축옥사에 연루되어 무려 천여 명이 희생됐다.

이때 그의 동지인 이발의 어린 아들은 고문을 받다가 죽었고, 노모 역시 맞아 죽었다. 다만 실제 정여립 일당이 반역까지 저질렀는지는 여전히 의문거리가 많다.

사실 '정치'에 능숙한 임금을 모시는 건 쉽지 않지요. 이제 와서 고백하면, 나도 그런 임금을 모시느라 꽤 눈칫밥 먹었습니다. 광해군을 세자로 세우느냐 마느냐, 또 양위하느냐 마느냐를 놓고 어찌나 고민했던지. 아마 정철이 기축옥사 때 강경하게 나선 것도 혼자만의 생각은 아니었을 겁니다. 결과적으로 혼자 원망과 악평을 뒤집어썼지만요.

그렇군요. 붕당정치라 하면 당파 간 대립만 떠올리기 쉬운데, 가장 큰 힘을 가진 정치 주체인 왕의 역할도 주목할 필요가 있겠네요. 문제는 그런 경쟁이나 다툼이 좋게 작용할 때도 있고 나쁘게 작용할 때도 있는 건데요. 구체적인 사례를 들면 더 쉽게 이해할 것 같습니다. 예송논쟁에 대해서 조금만 더 이야기해볼까요?

듣자 하니 후손 중에 예송논쟁을 쓸데없는 싸움으로 취급하는 이들이 있다던데, 그렇지 않습니다. 왕실의 정통성이 걸린 중요한 문제이지요. 다들 알다시피, 인조 임금의 적장자인 소현세자가 사망한 뒤 차남 효종 임금께서 즉위하셨지요. 따라서 효종 임금과 얽힌 장례 절차에 대해 우리 남인은 적장자의 예를 다해야 한다고, 즉 효종과 그 후임인 현종과 숙종 임금께서 왕실의 적통을 이었다고 주장한 것입니다.

세계관 대충돌! 예송논쟁

현종 때 상복을 입는 규정과 관련해 서인과 남인 사이에 벌어진 두 차례의 논쟁. 1차 기해예송(1659년)에서는 효종의 사망 이후 의붓어머니인 장렬왕후(인조의 계비)가 상복을 입어야 하는 기간을 장자의 예(3년)로 하느냐, 차자의 예(1년)로 하느냐를 두고 다퉜다. 이때 서인의 영수 송시열은 효종이 차남이므로 1년을 주장해 3년을 주장한 동인과 맞섰고, 결국 긴 논쟁 끝에 서인의 주장이 받아들여졌다.

그런데 이와 유사한 논쟁이 2차 갑인예송(1674년)에서 또 한 번 벌어진다. 장렬왕후의 며느리인 인선왕후(효종의 아내이자, 현종의 어머니)가 사망하자, 이번에도 시어머니인 장렬왕후가 상복을 입은 기간을 두고 논쟁이 일어난 것이다. 그냥 며느리의 예(9개월)로 할지, 맏며느리의 예(1년)로 할지를 두고 다툼이 벌어진 것인데, 송시열은 이번에도 효종이 장자가 아니므로 9개월만 입으면 된다고 주장했다. 하지만 이번엔 현종이 남인의 편을 들었고, 서인은 실각하게 된다.

오늘날에는 상복을 입는 기간을 놓고 정쟁을 벌였다는 것이 우습게 보일 수도 있겠지만, 사실 예송논쟁은 성리학 이론에 대한 해석(왕실의 예는 특수한 것인지, 아니면 다른 사대부와 동일한 규칙을 적용해야 하는지 등), 그리고 현실 권력의 주도권을 놓고 왕과 신하들이 벌인 치열한 전쟁이었던 셈이다.

- 1차 예송논쟁(1659년 기해): 서인 승리, 남인 실각.
- 2차 예송논쟁(1674년 갑인): 남인 승리, 서인 실각.

송시열

자네는 여전히 주자의 뜻을 거스르려 하는가? 우리는 성리학을 따르는 선비야. 주자의 예를 적용하는데 어찌 왕실과 사대부를 구별한다는 말인가?

 지금 왕실을 모욕하는 건가? 이래서 서인들은…. 그리고 대체 언제까지 <u>주자만 공자의 뜻을 안다고 하는가?</u>

 주자는 공자 이후 유학의 최고 성인이야!

 어휴, 저 답답이. 내 말은 예를 다르게 적용하자는 게 아니라, 바르게 해석하고 적용하자는 거야. 자네의 주장은 효종 임금께서는 왕으로서 정당성이 없다는 말과도 똑같다는 걸 모르나? 정말 자네 뜻이 그런가?

 흥! 내 뜻은 그런 게 전혀 아닌데, 자네 당은 늘 그런 식으로 나를 역도로 몰고는 했지!

 자네와 제자들이 나를 사문난적으로 몰아붙여 사회적으로 매장한 일은 잊었나?

 아이고, 두 분 진정하세요. 예송논쟁이 그만큼 치열했던 이유를 이제 다들 아실 텐데요. 왕실의 정통성과 권위에 관한 문제여서 예민할 수밖에 없었던 거죠.

사문난적 유학을 어지럽히는 도적이라는 뜻으로 유학자에게는 가장 모욕적인 비난이었다.

호포법 양인에게만 부과된 군역의 의무를 양반에게도 부여하여, 양인의 부담을 줄이고 국방 예산을 늘리자는 개혁안.

친구에서 철천지원수로

윤휴와 송시열 그리고 윤선거는 원래 매우 절친한 사이였으나, 주자를 평가하는 데서 생각이 달랐다. 송시열은 주자의 가르침이 절대적으로 옳다 여겼지만, 윤휴는 주자의 가르침을 벗어난 새로운 해석을 주장했다. 결국 둘이 대립할 때마다 윤선거가 중재했으나, 결국 예송논쟁 과정에서 윤선거는 윤휴의 편을 들었고, 결국 송시열은 둘과의 관계를 끊었다.

이후 윤선거의 아들이자 송시열의 제자였던 윤증은 아버지의 비석에 새길 글을 송시열에게 부탁했는데, 이때 송시열이 글을 성의 없이 썼다. 윤증은 여러 차례 이를 바로잡으려 했지만, 송시열은 고집을 꺾지 않았고, 결국 윤증은 모욕감을 느끼고 스승과 갈라서게 된다. 결국 이 둘의 대립은 서인 진영 전체의 분열로 확산됐고, 1680년 경신환국 이후 남인에 대한 처벌 문제와 더불어 노론과 소론으로 분열된다. 이때의 갈등을 송시열이 사는 회덕, 윤증이 사는 니산(현재의 논산)의 이름을 따서 '회니시비'라고도 한다.

저 친구는 나를 사문난적으로 몰았지만, 나야말로 호포법과 북벌을 통해 나라를 올바르게 바꾸려 했소. 삼번의 난이 일어났을 때가 다시없는 절호의 기회였는데!

준비가 안 됐는데 가능했겠나? 실제로 삼번의 난은 결국 진압됐어. 자네는 늘 말만 앞서는 게 문제야.

삼번의 난(1673~1681년) 청나라 강희제 때 일어난 반란 사건. 오삼계 등 한인 출신 청나라의 번왕 세 명이 반란을 일으켜 10년 가까이 혼란이 있었다.

흥, 자네야 말로 말만 번지르르하잖나. 나는 한다면 하는 사람이야! 임금께서 내 큰 뜻을 몰라주고, 환국 때 역도로 몰려 목숨을 잃은 것이 지금도 한스럽네.

잠깐만요. 환국이 뭔지 더 설명해주실 수 있을까요?

쉽게 말해 집권하는 정파가 달라지는 거요. 사실 사문난적이니 예송논쟁이니 치열하게 싸웠어도 그 과정에서 목숨까지 잃은 사람은 없었소. 각자 정치적 입장에 따라 경쟁한 셈이지.

그런데 숙종 임금께서 왕권을 강화하기 위해 벌인 일이 바로 우리 남인을 몰아낸 **경신환국**입니다. 이후에도 주기적으로 집권당을 바꾸면서, 주도권을 쥐려 하신 거지요. 결국 내가 사약을 받고 남긴 말인데, 쓰기 싫으면 안 쓰면 그만이지 죽일 것은 또 뭔가 싶소.

나 역시 자네 가고 나서 사약을 받았지. 사실 우리끼린 싸우면서도 최소한의 존중은 있었는데….

자네 아플 때 허목 선생이 약을 처방해 줬다지? 그래 놓고 경신환국 이후 우리 남인을 강경하게 처벌하자고 주장해? 결국 그걸로 서인 진영만 쪼개지 않았나?

북벌은 고도의 정치적 수단

"학문은 주자를, 사업은 효종의 뜻(북벌)을 바탕으로 하라."

제자에게 남긴 이 유언처럼 흔히 송시열은 강경 북벌론자로 인식된다. 하지만 실제로 북벌을 진지하게 주장한 사람은 이상적이고 독단적이라는 비판을 받은 윤휴였고, 송시열은 북벌에 관해선 신중파에 가까웠다. 물론 그도 성리학자로서 오랑캐(청)를 물리쳐 병자호란의 치욕을 갚자는 명분에는 찬성했으나, 현실적으로 이루기 어렵다는 것을 잘 알았다. 차남으로 왕위에 올라 다소 정통성이 약했던 효종은 자신의 정치적 입지를 강화하기 위해 재야에서 압도적인 명성을 지닌 송시열이 필요했고, 그를 자기 뜻대로 움직이기 위해 북벌론을 활용했다. 그리고 훗날 송시열 역시 효종과 자신이 북벌에 관해 은밀하게 이야기했다는 것을 자신의 정치적 입지를 강화하기 위해 사용했다. 북벌도 사실 정치인들 사이에 이루어진 고도의 정치적 명분이었던 셈이다.

어허, 더 해보자는 건가? 나이도 어린 걸 봐줬더니….

아이고, 제발 그만요. 사실 정치에서 경쟁과 다툼을 아예 피할 순 없지요. 그래도 존중은 있어야 합니다. 상대를 적으로 몰아붙이면, 원한과 갈등만 커지니까요. 그나저나 환국이 일어난 배경을 듣고 보니, 청의 강희제가 "조선은 임금이 약하고 신하가 강하다"고 말한 게 무색하네요. 왕의 뜻에 따라 붕당이 쉽게 집권하고 몰락하게 되는 걸 보면요.

이이: 휴, 애초에 내가 붕당을 반대한 것은 진영 논리에만 빠져 쓸데없이 대립하는 상황을 막기 위해서였는데. 차라리 붕당의 균형이 적절히 이뤄졌을 때가 더 낫지 않나 하는 생각도 듭니다.

김육: 그렇습니다. 붕당정치라 하면 진영 논리에 빠져 싸우기만 했을 것 같지만, 사안에 따라 같은 진영에서 의견이 갈리기도 하고 다른 진영에서 지지받기도 했죠.

정약용: 붕당에 따라 입장이 무조건 나뉜 건 아니군요?

김육: 허허, 내가 평생의 숙원으로 주창한 개혁안인 **대동법**만 하더라도 나와 같은 서인 진영의 김집 선생과 그의 제자 송시열 선생이 반대를 했지요.

송시열: 율곡 선생님께서 주장하신 제도인데 어찌 반대만 하겠습니까. 다만 세금으로 받은 쌀을 도성에 옮기는 과정에서 발생할 현실적 문제를 지적한 것이지요.

김육: 하하, 정치를 하다 보면 그럴 수 있지요. 그래서 나는

대동법 공납을 없애고 쌀로 납부하게 하는 법으로, 호가 아니라 토지에 부과해 가난한 백성의 조세 부담을 덜었다.

정치의 파국, 환국정치

아슬아슬하게 유지되던 붕당정치의 균형은 결국 숙종 대의 환국정치로 인해 무너지게 된다. 숙종은 강력한 왕권을 바탕으로 집권당을 교체할 때 상대파에 대한 처벌이 더욱 가혹하게 했고, 그 과정에서 윤휴, 송시열 등이 사망하게 된다.

- 갑인환국(숙종 원년, 1674년): 서인 → 남인
- 경신환국(숙종6, 1680년): 남인 → 서인(노론, 소론) *윤휴 사망
- 기사환국(숙종15, 1689년): 서인(노론, 소론) → 남인 *송시열 사망
- 갑술환국(숙종20, 1694년): 남인 → 서인(소론, 노론)

결국 정파 간 경쟁을 중심으로 한 붕당정치는 빈번한 환국과 옥사로 인해 균형을 잃고 무너졌고, 이후의 정치는 환국과 탕평책 등 왕을 중심으로 이어지다 왕의 외척이 중심이 된 세도정치로까지 이어지게 된다.

반대파를 적으로 보지 않았습니다. 치열하게 논쟁하면서도, 사적으론 친하게 지냈고요. 실제로 가장 치열하게 논쟁했던 김상헌 선생은 내 스승 같은 분이고, 김집 선생은 가장 친한 친구 김반의 친형이지요.

그렇게 가까운 사이였는데도 정치적으로는 대립하셨던 거군요. 친한 친구 사이에도 정치적, 사상적 대립으로 사이가 틀어지는 경우가 많은데, 사적으로 관계를

잘 유지하신 것이 대단합니다.

흠, 흠.

정치는 감정 싸움을 하는 곳이 아니라, 국가와 백성을 위해 일하는 자리입니다. 공적으로 대립한다고 사적인 관계까지 망칠 필요는 없겠지요. 아, 오늘날 여러분도 잘 알고 있는 **오성과 한음** 선생 역시 사적으로는 매우 친했지만, 당은 서로 달랐습니다. 같은 당이든 다른 당이든, 국가와 민생을 위한다는 점에선 같은 뜻을 지닌 동료라고 생각합니다. 또한 그런 반대 덕분에 대동법이 탁상공론에 머물지 않고, 현실에서 잘 시행될 수 있도록 더 치열하게 고민할 수 있었지요.

내 뜻이 긴 세월 끝에 현실에 적용될 수 있었던 건 모두 선생 덕입니다. 평생 개혁에 힘썼지만, 현실의 벽에 부딪힌 걸 한스럽게 생각했는데…. 선생께서는 그런 현실의 벽을 깨고 기어이 큰 뜻을 이뤄내셨군요!

과찬이십니다. 같은 편이라고 무조건 옹호하고, 다른

오성과 한음 오성 이항복은 서인, 이덕형은 동인(남인)에 가까워서 서로 당파가 달랐다. 실제로 둘은 죽마고우가 아니라 18세, 23세 때 처음 만났으나 서로 당적을 초월해 우정을 쌓았다고 한다. 이항복이 이덕형보다 다섯 살 더 많았다.

편이라고 트집만 잡지 말고, 각자 입장을 잘 설득하는 과정이 중요하죠. 또한 무엇보다 민생이 최우선이어야 합니다. 당시 부유한 이들은 대동법을 좋아하지 않았지만, 수많은 평범한 백성의 삶은 훨씬 나아질 거라 확신했기에, 이를 위해 내 평생을 바친 것입니다.

선생은 나보다 한참 후배지만, 진심으로 존경스럽군요! 그렇습니다. 정치의 본질은 나라를 잘 다스려 사람들을 편히 살게끔 하는 것이죠. 그 과정에서 서로 경쟁하고 다툴 수도 있지만, 그건 부수적인 겁니다.

맞습니다! 저는 대동법에 찬성한 쪽이든 반대한 쪽이든 공익이라는 큰 뜻을 두고 치열하게 논의했다고 생각합니다. 대동법만 하더라도 당을 떠나서 여러 선비가 뜻과 힘을 모아주었고, 그 덕분에 개혁이 성공할 수 있었지요.

중요한 말씀을 해주셨습니다. 정치인이 당을 나누고 싸우는 게 무조건 나쁘다고 생각하기 쉽지만, 건강하게 경쟁하면 오히려 사회 발전을 이끌고 적절한 견제와 균형을 이룰 수 있겠지요.

지금까지 붕당정치의 치열한 현장에 계셨던 분들의 논쟁을 살펴봤는데요. 조선의 붕당정치나 현대의 민주주의 정치나 상대를 제거할 존재로 여기는 게 아니라, 동료이자 선의의 경쟁자로 인정하고 존중하면서 정책으로 경쟁하는 게 좋겠지요. 실제로 조선이 몰락의 길로 접어든 것은 붕당정치가 무너지고 세도정치에 들어선 뒤라는 점을 생각할 때, 오늘날 정치가 상대를 지나치게 적대시하는 태도는 경계해야겠습니다. 다들 좋은 가르침 주셔서 감사합니다!

이번 라운드 핵심 요약

① 예송논쟁과 환국정치로 당파 사이에 치열하게 충돌! (윤휴, 송시열)
② 좋은 정책은 당파를 떠나 협력해야 한다. (유성룡, 이이)
③ 무조건적 대립이 아닌, 대화와 토론이 좋은 정치의 비결이다. (김육)

붕당정치에 대한 생각이 바뀌었는가? 오늘날 한국 정치와 비교해 공통점과 차이점은 무엇인지, 또한 더 나은 정치를 위해 필요한 것이 무엇인지 생각해 보자.

ROUND 09. 조선 후기 실학자, 양극화 해법을 논하다

빈부격차, 해결 방법이 있을까?

중농학파(경세치용)

유형원
실학의 비조

생몰년 1622년~1673년 | **좌우명** 균전론

평생 재야에 남아 학문에 힘쓰면서, 토지 불평등과 농민 경제 문제를 포함한 사회 개혁 전반에 관심을 가졌다. 균전론을 주장했으며, 그의 가르침은 이익과 정약용 등 주로 남인 계열에 전해졌다. 저서로 『반계수록』이 있다.

이익
유형원을 사숙한 재야의 실학자

생몰년 1681년~1763년 | **대표작** 『성호사설』

실학자이자 역사가. 당쟁을 피해 재야에 머무르며 학문에 힘썼다. 제자로 안정복과 이중환 등을 길렀고, 그 학풍은 성호학파로 불리며 채제공·정약용·이가환에게 이어졌다. 당쟁과 과거의 폐단을 개혁할 것을 주장했으며, 학문이 점점 교조화되는 것을 비판했다.

정약용
실학의 아이콘

생몰년 1762년~1836년 | **TMI** 장신의 미남에 애연가

호는 다산. 성균관 시절부터 천재로 알려졌고, 정조의 총애를 받으며 수원 화성을 축조하고 암행어사로도 활동했다. 그러나 정조 사후, 신유박해에 휘말려 18년간 귀양살이를 한다. 제도 개혁을 주장하는 『경세유표』, 지방관을 위한 『목민심서』, 법과 재판에 관한 『흠흠신서』, 지리서인 『아방강역고』 등 다방면에 걸친 저술을 남겼다.

중상학파(이용후생)

박지원
북학파의 스승

생몰년 1737년~1805년 | **대표작** 『열하일기』, 『양반전』, 『허생전』

백탑(탑골공원) 인근에 살면서 당파나 나이, 신분을 불문하고 여러 학자와 교류, 북학파(백탑파)를 이끌었다. 청으로의 사행길에 다녀온 뒤 『열하일기』를 써서 자유분방한 문체를 전국에 유행시켰다. 현감 시절, 미궁에 빠진 살인사건을 탐정처럼 해결하기도 했다. 그의 가르침은 손자이자 개화파의 스승 박규수에게 이어졌다.

박제가
규장각 사검서

생몰년 1750년~1805년 | **좌우명** "청의 문물도 받아들여야 한다"

『북학의』의 저자. 같은 서얼 출신 유득공·이덕무·서이수와 함께 정조에 의해 등용, 규장각 검서관에 임명되었다. 활발하고 사교적인 성격으로 청과의 사행길에 현지 학자들과 활발하게 교류했다. 음식에도 조예가 깊어서 정약용에게 개고기 요리법을 알려주기도 했고, 대식가로도 유명했다.

사회에 부를 환원!

김만덕
제주도의 거상

생몰년 1739년~1812년 | **평전** 채제공의 『만덕전』

어려서 부모를 잃고 관기가 되었다. 신분이 회복된 후 상업에 종사해 제주 최고의 부자가 되었다. 1795년 태풍으로 섬 전체가 식량 부족에 시달리자, 가산을 털어 구호에 나섰다. 이 소식을 들은 정조는 그녀를 서울로 불러 직접 명예 관직을 내렸고, 금강산 유람을 하고 싶다는 소원도 들어주었다. 유언으로 대부분의 재산을 빈민을 위해 기부했다.

이번 주제는 동서고금을 막론하고 여러 사람이 고민해왔습니다. 지금도 여전한 사회 문제인데요. 바로 빈부격차 문제입니다. 오늘날 시장경제 체제에선 어느 정도의 빈부격차가 경쟁에 따른 자연스러운 결과이자 필요악이라는 주장도 있다고 들었습니다. 다만, 이를 감안해도 격차가 너무 심해지면 안 되겠죠. 공동체가 무너지는 최악의 상황이 올 테니까요.

토론에 들어오기 전에 『국부론』이란 책을 읽었는데요. '보이지 않는 손'을 주장했다는 그 책에도 "다수의 구성원이 가난하고 비참하게 사는 사회는 결코 번영할 수도, 행복할 수도 없다"는 점을 지적한 것이 인상 깊었습니다.

빈부격차 문제가 여전하군요. 소수가 막대한 부를 누리고, 가난한 다수는 집도 땅도 없이 떠도는 상황을 막으려면 개혁이 시급합니다. 내가 살던 사회는 점점 심각해지는 토지 양극화 문제를 방치하고만 있었지요. 권력과 부를 움켜쥔 이들의 땅은 시작과 끝이 보이지 않을 정도였고, 반대로 가난한 양민들은 농사지을 땅을 모두 잃고 부잣집 노비가 되거나 유랑민이 되어 떠

보이지 않는 손 오늘날 시장경제의 근간을 이루는 이론으로 애덤 스미스가 『국부론』에서 제시했다. 생산자와 소비자 개개인이 각자 영리를 추구하면 자연스럽게 최적의 이윤과 만족을 찾으며 사회 전체의 공익도 늘어난다는 주장이다.

돌았습니다.

고려 말이 떠오르네요. 앞선 6라운드에서 정도전 선생님이 비슷한 말씀을 하셨거든요.

그렇습니다. 시간이 지나 부유한 지주와 가난한 농민 간의 격차가 다시 심해진 것이지요.

음, 그런데 빈부격차는 대체 어느 정도여야 심하다고 말할 수 있을까요?

쉽지 않은 질문입니다. 공자께서도 "백성은 적은 것을 걱정하지 않고, 고르지 않을까 걱정한다"고 했습니다. 그만큼 평등의 중요성을 강조한 것이지요. 그래서 조선에서는 과거 제도를 통해, 평민도 능력만 있으면 누구나 출세할 수 있게끔 기회를 제공한 것입니다.

그런데 조선은 농업 사회였습니다. 평민은 대부분 농업에 종사했고, 조세와 병역의 의무를 책임졌지요. 그들이 땅을 잃고 떠돌면 어떻게 되겠습니까? 그 정도로

유학이 말하는 평등 『논어』「계씨」편의 말. 유학은 경제적 평등을 중시했으며, 그런 사회를 대동사회라고 불렀다.

조세와 병역의 의무 조선시대 양반도 세금은 냈지만, 직역에 해당하는 국방세(군역, 군포)는 오직 평민에게 부여됐다.

과거, 기회의 평등을 제공하다

과거는 시험을 통해 관리를 뽑는 제도다. 우리나라에서는 고려 때인 958년(광종9)에 처음 시행됐으나, 무과는 따로 없었고, 여전히 과거보다는 음서(고위 관료의 가족을 과거 없이 관리로 임용하는 것)로 출세하는 이가 훨씬 많았다.

조선은 이러한 단점을 수정해서 무과를 신설하고 음서의 영향력도 줄여 과거의 권위를 높였다. 원칙적으로 유학 지식을 갖춘 평민이라면 누구나 시험을 볼 수 있었으며, 실제 조선시대 전체 과거 급제자 중에 평민 출신은 30퍼센트에 이른다고 한다. 다만 시험을 준비하기 위해서는 오랜 시간과 큰 비용이 들고, 늘어나는 인구 대비 관직 수가 제한적이었으며, 서얼 등에게는 오랫동안 문과 응시를 막는 차별도 있었다. 또한 사회가 사상적으로 경직되는 단점도 있다.

빈부격차가 심해지면, 결국 세금이 줄고 국방을 담당할 이들도 사라져서 나라가 무너지겠지요. 그래서 저는 일찍이 '균전론'과 '결포론'을 도입할 것을 주장한 것입니다.

오호, 더 자세히 설명해주시겠습니까?

균전론은 국가가 전국 토지를 백성에게 골고루 나눠주는 제도입니다. 저는 『반계수록』에 농민과 상인, 유생과 관리 등 신분에 따라 토지를 차등해서 지급하고, 보유한 토지의 결수에 따라 군포를 납부하게 하자고

주장했지요. 이렇게 하면 백성의 삶을 안정시킬 뿐 아니라, 국가의 재정을 확보하고 군대를 강하게 유지할 수 있을 테니까요.

늘 **사숙**하던 선생님을 뵙게 되어 기쁘군요! 역시 훌륭한 말씀을 해주셨는데, 걱정되는 부분이 한 가지 있습니다.

오, 나를 스승으로 생각했다니 고맙고도 쑥스럽군요. 그런데 걱정되는 점이 무엇인지요?

혹시 백성에게 나눠줄 토지를 어떻게 구하실 생각인가요?

잘 아시겠지만, 모든 땅은 원칙적으로 나라의 것이지 개인의 것이 아닙니다. 만약 빈부격차가 심해져서 부자가 가난한 이들의 땅을 모조리 가져간다면 나라가 유지되겠습니까? 이런 상황을 막기 위해서라면, 정부가 모든 땅의 주인을 다시 재분배하는 일도 해야 하지 않을까요?

사숙 직접 가르침을 받진 않았지만, 마음속으로 본받기로 한 정신적 스승.

맞습니다. 나라의 모든 땅은 마땅히 모두를 위한 공전이어야 하지요. 원칙적으로는 우리가 땅 주인이라 부르는 이들도 공전을 빌려 쓰고 나라에 세금을 내는 이에 불과해요. 다만, 이런 원칙을 실현하기 위해서는 좀 더 현실적인 방법이 필요합니다. 하루아침에 땅 주인들의 모든 땅을 빼앗아 재분배하는 일은 가능하지도 않을뿐더러, 사회에 커다란 혼란만 불러올 수 있으니까요.

음, 그런가요. 그러면 선생께서 생각하는 현실적인 개혁 방안은 무엇입니까?

바로 '한전론'입니다. 현실성이 없는 토지 몰수 같은 방법을 쓰지 않고, 나라에서 일정한 규모로 땅을 사서 모든 농민에게 나눠주는 것이지요. 땅을 경작해 먹고 살고 세금도 낼 수 있도록 하되, 한 가지 조건이 있습니다. 그렇게 받은 땅은 누구도 사고팔 수 없도록 하는 겁니다. 제도적으로 땅을 빼앗겨 떠도는 이가 없도록 하는 거지요.

설마 모든 땅을 전부 다 그렇게 하자는 말씀은 아니겠지요?

당연합니다. 이렇게 백성들에게 분배되는 땅을 '영업전'이라 부르겠습니다. 영업전 이외의 토지는 누구나 자유롭게 사고팔 수 있도록 하되, 대신 매매할 때는 이를 관아에 알리게 하는 것입니다. 이렇게 토지 매매를 국가가 철저히 관리하면, 빈부격차가 심해지는 걸 막을 수 있습니다.

지금 말씀하신 영업전은 오늘날의 기초생활보장제도의 취지와 비슷하군요.

그렇습니까? 그나저나 선생은 현대 지식에도 밝군요. 여기서 공부를 많이 하셨나 봅니다.

하하, 쑥스럽네요. 새로운 지식을 공부하는 건 언제나 재미있어서요.

훌륭합니다. 그래야 정치·경제·법·의학·지리·역사 등 다방면에 걸쳐 수백 권의 책을 쓰실 수 있는 거군요! 그나저나 기초생활보장제도라니, 역시 후대에는 좋은 제도가 생겼네요. 나 역시 한전론을 통해 가난한

기초생활보장제도 국민이 최소한의 인간적인 삶을 살 수 있도록 국가가 보장해주는 제도. 저소득층에게 생계·의료·주거·교육 등 다양한 분야의 복지를 제공한다.

사람이 더 가난해지는 것을 막고, 부자가 땅을 무제한으로 소유하는 것을 막으려 했습니다. 그래서 장차 부자와 가난한 사람의 구분 없이, 모두가 먹고살 땅을 갖도록 하려던 것이지요.

저도 한마디 거들어도 되겠습니까? 성호 이익 선생님께서 말씀하신 개혁안을 조금만 더 손보면 좋을 것 같아서요.

그런 이야기라면 얼마든지 좋지요.

토지의 하한선만 정하지 말고, 상한선까지 정하면 어떨까요? 물론 현실에서는 상한선을 훌쩍 넘는 대토지를 지닌 이들이 있을 테니, 제도를 공표하기 전에 보유하고 있던 토지에 대해서는 빼앗는 것이 아니라 당대까지는 보유하도록 해주는 겁니다. 그 대신 자식들에게 상속할 땐 무조건 상한선 아래로 땅을 쪼개서 나눠주게 하는 것이지요. 그러면 시간이 흐르면서 자연스럽게 토지 분배가 이뤄질 겁니다.

그거 좋은 생각이군요! 그런데 선생께서도 토지 문제에 관심이 있으셨나요?

중상학파 vs 중농학파

조선 후기의 실학은 성리학의 단점을 보완해, 보다 현실적인 문제들을 다루고 개혁하려는 학문 경향을 말한다. 그중에서도 토지 분배 문제에 집중한 이들을 중농학파(유형원, 이익, 정약용 등), 상공업 발전을 이야기한 이들을 중상학파(유수원, 홍대용, 박지원, 박제가)라고 부른다.

허허, 물론입니다. 듣기로 후손들은 나를 실학파, 그중에서도 **중상학파**라고 부른다던데…. 사실 사회를 좋게 개혁하는 데 중농이니 중상이니 구분이 무슨 의미가 있겠습니까? 나는 농업 생산력을 늘리는 데에도 관심이 많아서, 『과농소초』라는 책을 쓰기도 했습니다. 거기에 농기구를 개량하고, 저수지를 지어 수리 시설을 확충하며, 종자를 고르고 김을 매거나 해충을 제거하는 방법 등을 구체적으로 정리해두었지요.

맞는 말씀입니다. 나도 상업에 관심이 있었지요. 주요 거점에 상설 점포를 두고 **장시**와 병행하면 상업이 발전해 백성의 살림살이가 더 나아질 겁니다.

장시 15세기 말 처음 등장해, 조선 후기에 활성화된 정기 시장. 대표적으로 서울의 남대문 시장의 전신이자 한양 3대 시장이었던 이현·종루·칠패가 있다.

음, 선배님들 말씀 모두 일리가 있습니다. 하지만 결국 한전은 실패한 제도입니다. 성호 선생님께서 반계 선생님을 존경하는 것처럼, 저 역시 성호 선생님을 무척이나 존경합니다만…. 한전론만으로는 현실 문제를 해결할 수 없을 것 같습니다.

왜 그렇게 생각하지요?

비록 진행자로서 중립을 지켜야 하지만…, 이번 주제는 참을 수 없네요. 대토지 겸병에 따른 빈부격차 문제를 해결하려면, 근본적으로 경자유전의 원칙부터 바로 서야 합니다. 그러지 못하면, 만약 사람들이 남의 이름을 빌린 차명거래로 땅을 사고파는 일을 원칙적으로 막을 수 없기 때문입니다.

일리가 있군. 나도 『반계수록』에서 경자유전의 원칙이 얼마나 중요한지 이야기했네.

맞습니다. 저는 여러 선배님의 개혁안을 꼼꼼히 살폈

한전론의 실패 토지 소유에 제한을 두자는 한전론은 세종 때 최초로 건의되었으며, 중종과 영조, 정조 대에도 논의됐으나, 결국 여러 한계로 인해 시행되지 못했다.

경자유전 농사를 짓는 사람만 농지를 소유하게 하는 원칙. 대한민국은 1948년 정부 수립 이후 농지개혁법에 의해, 농지는 오직 농민만 보유하게 했다.

습니다. 먼저 균전제는 토지와 인구를 정밀하게 계산해야 하는데, 우리나라는 안타깝게도 인구조사가 제대로 이뤄지지 못했습니다. 수시로 인구가 늘어나고 줄어들어 세금을 정확하게 걷기도 어렵지요. 지역마다 땅의 비옥도가 일정하지 않은 것도 문제입니다. 무엇보다 한전제는 앞에서 말씀드린 것처럼, 차명 거래나 보유를 통해 또다시 빈부격차가 커질 수 있어요.

그래. 뜸 들이지 말고, 얼른 자네가 생각하는 대안을 시원하게 말해보게!

그래서 저는 선배님들의 개혁안을 보완해 '여전론'을 주장하려 합니다. 먼저 땅의 비옥도나 형태 등을 고려해 30호를 하나의 '여'로 묶고, 그 토지를 여장의 지휘 아래 여민들이 공동으로 소유하고 경작하게 하는 것이지요. 이후 수확물은 사람들이 일한 양에 따라 분배하고 세금도 내게 하는 겁니다.

그렇게 하면 토지공개념과 경자유전 원칙이 모두 적용될 수 있겠군!

네, 농민은 일한 만큼 보상을 받을 수 있고, 양반은 지식을 통해서, 상공업에 종사하는 이는 기술을 통해서

사회에 기여할 수 있지요.

잠깐! 좋은 생각이긴 한데, 스승님에게 했던 질문을 자네에게도 해야겠는걸. 여전제란 결국 기존 제도인 **지주전호제**를 완전히 뒤엎고, 모든 땅을 공전으로 만들 자는 주장과 다를 바 없는데 그게 정말 가능하겠나?

그, 그런가요? 잠시만요. 그렇다면 지적해주신 현실적 측면을 보완해서, **정전제**를 시행하면 어떨까요?

엥, 갑자기 웬 정전제를? 그거야말로 옛날 중국에서 시행된 전설상의 제도 아닌가? 잘 알겠지만, 우리나라의 지형은 중국과 달리 넓은 평야가 적고 곳곳이 산지일세. 정전제를 시행하기에는 조건이 안 맞지.

아, 죄송합니다. 설명이 부족했네요. 제가 말하는 정전제는 고대 중국에서 시행됐다는 정전제와는 다릅니다. 이름은 같지만, 옛 제도의 단점을 보완해서 만든

지주전호제 민전에서 토지의 소유주(지주)와 농사를 짓는 사람(소작인, 전호)이 따로 존재하는 제도.

정전제 고대 중국 주나라에서 실시했다는 이상적인 토지제도. 땅을 우물 정(井) 자 모양으로 나누어, 바깥 여덟 부분은 백성에게 나누어 주고 가운데 부분은 공동 경작, 그 수확물을 세금으로 냈다고 한다. →6라운드 참조.

새로운 제도라고 할까요. 토지를 무조건 우물 '정(井)' 자 모양으로 나누어 쓰는 게 아니라, 8결의 사전에 1결의 공전을 두는 취지만을 활용하자는 것입니다.

지금의 토지 소유는 사전으로 그대로 인정하되, 국가가 공전만을 매입하는 것이지요. 그래서 전국의 토지를 행정상으로만 9등분으로 나누고 공전에만 세금을 부과하는 겁니다. 이렇게 하면 토지 전체를 매입해야 하는 현실적으로 불가능한 과정을 거치지 않아도 정전제를 운영할 수 있습니다.

이야, 훌륭하군! 역시 우리 똑똑이야. 하지만 빈부격차를 줄이기 위해선, 아무래도 토지 개혁만으로는 부족하지 않을까?

형님 오셨군요. 역시 상업의 중요성을 말씀하시려는 거죠?

그래. 백성들이 훨씬 나은 삶을 살게 하려면, 상공업을 더 발전시켜야만 해.

저 역시 상업을 지나치게 낮춰 보는 인식은 바뀌어야 한다고 생각합니다. 대표적으로 상인의 관직 진출을 막는 악법은 철폐돼야겠죠.

열두 살 연상 박제가와 정약용이 친구?

실학자들은 서로 나이와 정파, 신분을 초월해 우정을 맺었다. 박제가는 아홉 살 연상인 '간서치(책만 보는 바보라는 뜻)' 이덕무와 매우 친했으며, 열두 살 연하인 정약용과도 가까웠다. 박제가는 대식가이자 미식가로 유명했고 요리에도 조예가 깊었는데, 정약용에게 알려준 개고기 요리법이 오늘날까지 전한다.

그래. 성리학 명분 때문에 우리나라는 지나치게 검소함만 강조해왔어. 그러면서도 양반들은 뒤로 부를 탐해서, 백성만 점점 가난해졌지. 자네는 누구보다 이 사실을 잘 알겠지?

네. 암행어사로 활동하면서, 또 오랫동안 유배 생활을 하면서 끔찍한 일을 많이 봤습니다. 삼정의 문란, 특히 군역을 이미 죽은 사람에게 부과하는 '백골징포', 갓난아이에게 부과하는 '황구첨정' 같은 일도 비일비재하게 있어서 자신의 성기를 자른 사람도 봤지요.

삼정의 문란 조선 후기, 토지세(전정)와 군역(군정), 그리고 환곡(환정)이 부패해 백성들이 극심한 피해를 본 현상.

애절양 '양물(남성 성기)을 자른 것을 슬퍼하는 시'라는 뜻. 정약용이 과도한 세금에 시달리던 평민이 자기 성기를 자른 사건을 보고 지은 작품이다.

끔찍한 일이야. 그렇게 궁핍한 백성들의 삶을 더 낫게 하기 위해선 상업과 소비를 촉진할 필요가 있네. 나라 전체의 부를 늘려야 하는 거지. 그래서 나는 우물론을 주장한 것일세.

우물이요?

그래. 우물물이 어떤가? 쓰면 쓸수록 가득 차지만, 쓰지 않으면 곧 말라버리지. 경제나 소비도 마찬가지인 거야.

형님의 그런 뜻을 『북학의』에 담으신 거지요? 청나라와 교역도 더욱 적극적으로 해야 한다고 말씀하셨고요.

맞네. 『북학의』는 책벌레 이덕무 형님과 함께 청나라에 다녀온 뒤 쓴 책이야. 그 여행으로 배운 게 참 많지. 특히, 우리나라가 낙후되고 가난하다는 걸 너무 뼈저리게 깨달았네. 우리는 백성을 사농공상으로 분류하지

북학의(1778년) 박제가가 청에 다녀와서 쓴 책. 조선의 핵심 문제를 가난이라 지적하고, 그 해결책을 외국과의 해상무역이라 주쟁했다.

이덕무(1741년~1793년) 북학파 실학자. 평생 2만 권 넘는 책을 읽어서 스스로 '간서치(책벌레)'라는 호를 지었다. 서얼 출신으로 정조 때 유득공·서이수·박제가와 함께 규장각 검서관으로 활약했다(사검서).

만, 실제로는 별 의미가 없어. 대부분의 백성이 가난하게 살아서 서로 도울 수 없으니까. 이런 슬픈 현실을 개선하려면 청을 본받아 수레를 쓰고 문호도 개방할 필요가 있네.

문호를 개방하자고요?

그래. 우리와 가까운 청의 문물부터 배우는 거지. 국토가 가장 작았던 신라가 삼국을 통일한 힘은 어디서 나왔겠는가? 바로 외국과 바다를 통해 통상했기 때문이야. 특히 장보고의 청해진이 있던 시기, 신라는 중국·일본은 물론 해외 여러 나라와 교류하며 막강한 부를 쌓고 전성기를 누리지 않았나! 청과 교역을 강화하자는 내 주장과 관련해서는 연암 스승님께서 더 좋은 이야기를 들려주실 거야.

허허, 내 분량까지 챙겨주는 건가? 나 역시 청에 갔을 때 큰 충격을 받았지. 우리가 그야말로 우물 안 개구리라는 사실을 깨달았다고 할까. 그곳에서 놀랄 일이 많았는데, 그중 하나가 집들의 모양이었어. 그곳에선 너무나 평범한 백성도 단단한 벽돌로 된 이층집에서 살지. 우리 백성은 대부분 벌레가 들끓는 초가에서 사는데 말이야.

도대체 어떤 부분이 양국의 차이를 낳았을까? 나는 상공업에서 그 원인을 찾았네. 우리도 청나라처럼 풍족하게 살려면, 농업 생산력도 더 늘려야겠지만, 무엇보다 상공업을 발전시킬 필요가 있다는 결론에 도달했지.

오호, 국가의 근본인 농업뿐만 아니라 상공업도 발전시켜야 한다고요?

그렇습니다. 이를 위해서는 공예품이 전국에 자유롭게 유통될 수 있어야 하는데, 그러려면 수레와 선박이 더 많이 사용될 수 있도록 교통망이 갖춰져야겠지요. 나아가 외국과 무역도 할 수 있을 겁니다. 이를 위해 청이나 일본처럼 은을 화폐로 만들어 쓰는 것도 하나의 방법이 될 수 있겠군요.

어떤 이들은 <u>이런 주장이 성리학을 벗어난다고 비난</u>하지만, 오히려 성리학의 가르침에 충실한 것이 아닐까요? 자고로 이용이 있어야 후생이 있고, 후생이 있어야만 덕을 바로잡을 수 있으니까요.

맞습니다! 스승님과 우리 <mark>북학파</mark>의 주장은 훗날 개화파에게도 이어진다고 들었습니다. 안타깝게도 그들도 실패하고 말았지만요. 시대를 막론하고 개혁의 뜻이

실학자와 성리학자는 다를까?

실학자는 개혁 성향이 강하지만, 기본적으로는 유학자·성리학자다. 토지·상업·국학 등 다양한 분야에 관심을 두어서, 각 분야에 따라 중농학파와 중상학파, 국학파 등으로 분류하기도 한다. 이들은 다방면에 재능이 있어서, 박지원의 『열하일기』는 자유로운 글쓰기로 베스트셀러가 됐고, 그 새로운 문체를 따라하는 이들이 많이 늘었다. 이 때문에 정조는 문체반정(당대 유행하는 자유로운 문체를 금지하고 옛 문체만 사용하게 한 것)을 일으키기도 했다. 이들 실학파의 정신은 박지원의 손자 박규수로 이어져서 온건 개화파(김홍집, 김윤식 등)와 급진 개화파(김옥균, 박영효, 서재필 등) 모두에 큰 영향을 주게 된다.

이뤄지지 않아, 결국 나라가 망하고 사람들이 큰 시련을 겪은 것이 너무나도 안타깝습니다.

그렇습니다. 빈부격차 문제는 결코 쉽게 생각해서는 안 됩니다. 사회를 내부적으로 안정시키지 못하면, 결국 외부의 변화에도 대처할 수 없으니까요. 그래서 저는 농업의 중요성을 더 강조했던 것입니다. 당시 조선의 백성 대다수는 농민이었으니까요. 삼농정책을 강력하게 주장한 이유입니다.

북학파 청의 학문과 기술을 받아들이자고 주장한 실학자 집단. 중상학파, 또는 백탑(지금의 탑골공원 안에 있는 탑) 근처에 모여 살았다고 하여 백탑파라고도 불린다.

훌륭한 자세입니다. 사실 이 자리에서는 농업과 상공업에 관해서만 이야기했지만, 사실 빈부격차를 근본적으로 해결하려면 경제 개혁뿐 아니라, 정치와 사회 분야의 개혁도 필요합니다. 우리가 살았던 시기를 예로 들면, 양반 문벌만 중시하는 것, 서얼을 차별하는 것, 노비를 양산하는 제도 같은 악습들을 없애야 하죠. 또한 무엇보다 서울과 지방과 교육 격차도 해소할 필요가 있고요.

앗, 반계 선생님! 사실 저도 서울과 지방의 격차 문제를 심각하게 고민했어요.

허허, 그랬습니까?

비록 개혁할 힘이 없었기에, 자식들에겐 현실을 인정하고 어떻게든 서울에 살라고 말했지만…. 아무튼 선생님께는 내적 친밀감을 가지고 있는데요. 다름 아니라, 선생님께서 계획하셨던 <u>수원 화성</u>을 건설하는 일에 저도 참여했습니다.

삼농정책 농사짓기 쉬워야 하고(편농), 수익성이 높아야 하고(후농), 농민의 지위가 향상(상농) 되어야 한다는 정약용의 주장.

전쟁으로 파괴된 수원화성이 세계문화유산에 선정된 이유?

수원 화성은 수원시 팔달구에 있는 성이다. 정조 때 무려 2년에 걸쳐 축성되었는데(1794~1796년), 이때 정약용은 동서양의 기술서를 참조하여 거중기를 만들어서 성을 쌓았다. 한국 전쟁 등을 거치면서 대부분 파괴되었고, 지금 모습은 전후에 복원한 것이다. 1997년 유네스코 세계유산으로 선정되었는데, 사실 그것은 본모습 그대로 유지되는 유산만을 선정하는 것이었다. 도대체 어떻게 된 일일까?

비밀은 바로 『화성성역의궤』에 있다. 여기에는 당시의 설계 도면과 건축 방법 등이 완벽하게 남아 있어서, 과거 방법 그대로 과거 모습 그대로 완벽하게 성을 복원할 수 있었던 것이다.

하하, 그랬나? 이거 우리 인연이 깊은걸!

허허, 보기 좋습니다. 사람마다 관점도 다르고 강조하는 부분도 조금씩 다르지만, 우리 모두 사회 문제를 함께 고민할 필요가 있지요. 현실을 어떻게 개선할 수 있을지, 더 나은 사회를 만들 방법은 무엇일지, 더 깊이 생각하고 뜨겁게 논쟁할 때 좋은 답을 찾을 수 있으니까요.

훌륭한 대화를 나누시는데, 내가 말을 보태도 되겠습니까?

물론입니다. 저희는 생전에 뵌 적이 있지요? 채제공 선생님께서도 극찬하며 『만덕전』을 남기셨던 김만덕 선생님이 아닙니까.

하하, 기억하시는군요. 지금까지 여러분께서 열심히 논쟁하면서 다양한 방법을 제시하셨으니, 나는 구체적인 이론보다는 개인적인 이야기를 통해 기회의 중요성을 강조하고 싶군요.

기회의 중요성이라, 어떤 의미일까요?

나는 제주도 출신의 여성입니다. 어려서 부모를 잃어서, 관기가 되는 것 외에는 먹고살 방법이 없었죠. 하지만 열심히 상업에 종사했고, 마침내 제주도에서 제일가는 부자가 되었지요.

환경의 어려움을 스스로 극복하셨군요. 정말 멋지십니다.

내가 이룬 업적에 자부심이 있답니다. 물론 그 과정에서 어려움도 많았지만요. 신분제 사회에서 제주도에서 태어난 관기 출신, 가난한 여성으로 살아가기엔 많은 장벽이 있었으니까요.

말만 앞세우는 허울뿐인 양반들보다 훨씬 훌륭한 분입니다.

뭔가 부끄러워지네요. 혹시 저희가 나눈 이야기들이 현실과는 동떨어진 속 편한 탁상공론은 아니었나 싶어서….

아닙니다. 이론과 정책을 고민하는 것도 중요하죠. 다만, 그런 정책이 현실에 제대로 반영되고 있는지 살펴야 해요. 사람들이 자신의 능력과 노력으로 빈부격차를 줄일 수 있도록 충분한 기회가 제공돼야 하죠. 나 역시 그런 기회를 운 좋게 얻지 못했다면, 관기로서 생을 마쳤을 겁니다.

오늘날에도 많은 깨달음을 주는 말씀입니다. 게다가 그토록 어렵게 일군 부를 혼자 누리지 않고, 다른 사람들을 위해 쓰신 점도 너무 멋집니다.

갑인년 제주도에 큰 태풍이 들이닥치고 본토에서 구호물자를 싣고 가던 배까지 침몰했을 때, 선생님이 재산을 기부하지 않았다면 정말 많은 사람이 굶어 죽었을 거예요.

나는 제주도에서 나고 자랐습니다. 내 삶의 터전이에요. 그런 곳을 위해 헌신할 기회가 있다면, 기쁜 마음으로 해야지요. 죽기 전 대부분의 재산을 빈민을 위해 기부한 뜻도, 어린 시절 내가 그랬던 것처럼 또 다른 사람이 기회를 얻기를 바랐던 겁니다.

다들 각자 입장에 따라 열띤 논쟁을 해주셨지만, 사실 모든 분의 뜻은 같겠지요. 더 건강하고 살기 좋은 사회를 만드는 일 말입니다.

중농학파는 유형원 선생님의 '균전론', 이익 선생님의 '한전론', 그리고 저의 '여전론'과 '정전론' 등을 통해 토지 분배를 중시했는데요. 반면, 중상학파는 상공업의 발전을 강조했습니다. 주로 청나라에 갔던 경험이 있는 북학파 분들이 주류를 이루었고요. 김만덕 선생님께서도 중요한 지점을 짚어주셨습니다. 모두에게 공정한 기회를 제공하고 부의 사회적 측면을 이해하는 것은, 시대를 뛰어넘어 오늘날에도 절실히 필요한 것이니까요.

사실 오늘날 실학자들의 주장은 시대적 한계를 넘지 못했다며 비판받기도 합니다. 하지만 여러 한계에도 불구하고 실학이 오늘날까지 각광받는 이유는 현실 문제를 개혁할 방법을 뜨겁게 고민했다는 데 있겠지요. 모든 시대에 문제점이 없을 순 없습니다. 다만,

여러분도 이런 자세를 본받아서 문제를 해결할 방안을 치열하게, 그리고 생각이 다른 다른 이들과도 함께 고민한다면 분명 좋은 답을 찾을 수 있을 겁니다.

이번 라운드 핵심 요약

① 균전론으로 땅을 나누어 주자. (유형원)
② 한전론으로 최소한의 토지(영업전)을 정해 부동산 보유를 규제하자. (이익)
③ 여전론으로 공동으로 경작하고 일한 만큼 분배하거나, 정전제를 통해 땅을 나누고 그 일부를 공동 경작지로 쓰자. (정약용)
④ 상업을 부흥시키되, 한전론에서 토지 상한선도 추가하자. (박지원)
⑤ 상업 진흥! 돈은 우물물처럼 써야 마르지 않는다. (박제가)

빈부격차를 해결하는 데에는 개인의 노력이 중요할까, 사회의 역할이 더 중요할까? 김만덕의 일화를 자세히 찾아보자. 또한, 아래 무려 400년간 부를 이어갔다는 최 부자댁의 가훈 일부를 살펴보면서 생각을 정리해보자.

- 만 석 이상의 재산은 사회에 환원하라.
- 흉년기에는 땅을 늘리지 말라.
- 과객을 후하게 대접하라.
- 주변 100리 안에 굶주리는 사람이 없게 하라.

ROUND 10. 19세기와 21세기, 갈림길에 서다

개방 vs 보호, 무엇이 정답일까?

점진 개방

김홍집
중도 개혁을 이끈 비운의 정치가

생몰년 1842년~1896년 | 특징 마지막 영의정이자 최초의 총리

온건 개화파로 일본·미국·영국 등과의 외교 협상에서 실무를 맡았다. 제1·2차 갑오개혁을 책임졌다. 아관파천 이후 분노한 군중에게 친일대신으로 몰렸으나, 일본으로 피하라는 조언을 거부하고 살해됐다. 친일파 연구의 거장 임종국은 그를 "구한말의 위대한 정치가"로 평가했다.

전면 개방!

김옥균
갑신정변을 주도한 혁명가

생몰년 1851년~1894년 | 꼬리표 삼일천하

급진 개화파 지도자. 1884년 갑신정변을 일으켰으나, 왕실과 민중 어느 쪽의 지지도 받지 못한 채 청나라 군대의 개입으로 사흘 만에 권력을 잃었다. 이후 일본으로 망명했다가, 근왕파 자객 홍종우에게 살해됐다.

보호무역!

흥선대원군(이하응)
고종의 아버지로 쇄국정책을 이끌다

생몰년 1820년~1898년 | **좌우명** "서양 오랑캐와는 절대 화친할 수 없다!"

조선 후기의 정치가. 고종의 아버지로 권력을 쥐고, 초기에는 서원 철폐, 호포제와 사창제 시행 등 개혁 정책을 펼쳤다. 이후 경복궁 재건, 당백전 발행 등의 정책 실패를 겪었고, 폐쇄적인 외교 정책으로 자발적 근대화의 길을 가로막았다는 비판을 받는다.

최익현
조선 선비의 자존심!

생몰년 1833년~1906년 | **좌우명** "바른 것을 지키고 악한 것을 몰아내자!"

조선 후기의 유학자. 1876년 도끼를 들고 상경해 강화도조약에 반대하는 상소를 올렸고, 이후 위정척사운동과 항일운동을 계속했다. 1906년에는 을사조약에 반대하는 의병을 일으켰다가 체포됐으며, 대마도로 끌려갔다가 병사했다.

민생이 최우선

전봉준
폭정을 없애고 백성을 구하자(제폭구민)

생몰년 1855년~1895년 | **별명** 녹두장군

동학농민운동의 지도자. 김개남·손화중과 함께 농민군을 이끌었으며, 한때 자치 행정기구인 집강소를 설치하는 등 성과를 거뒀다. 이후 청일전쟁으로 나라가 위기에 빠지자 재차 농민군을 일으켰으나, 우금치 전투에서 패한 뒤 체포되어 처형됐다.

19세기는 서구 열강에 의한 침략이 본격화된 시기입니다. 아시아도 예외는 아니었죠. '중화제국'을 자처하던 중국은 **아편전쟁**에서 영국에게 참패했고, **일본도 미국에게 강제 개항**되었습니다. 우리나라에도 **이양선**이 출몰하면서 침략이 본격화되기 시작했고요.

그야말로 변화와 위기의 시대이자, 우리 힘으로 근대화를 꿈꾸었던 기회의 시대이기도 했습니다. 당시 조선 사회는 이러한 변화에 어떻게 대응할지 여러 입장으로 나뉘어 있었는데요. 대표적으로 개방이냐 쇄국이냐를 둘러싼 치열한 논쟁이 있었죠. 자, 그러면 누구의 말이 더 일리가 있는지, 우리가 나아갈 길은 어디였을지 토론을 나눠보겠습니다.

내가 먼저 이야기를 꺼내지. 당시 조선은 안팎으로 위기였네. 오랜 **세도정치**의 폐해도 극복해야 했고, 강력한 군사력을 앞세운 외세의 압력에도 대응해야 했지. 그래서 나는 내부적으로 **개혁을 추진하면서, 외세와 맞서는 척화 정책도 펼친 것**일세. 만약 내가 계속 집권했다면, 나라가 망하는 일은 없었을 게야.

아편전쟁 1840년과 1856년, 청과 영국이 벌인 두 차례의 전쟁. 영국이 무역수지 적자를 메우기 위해 아편을 판 뒤, 이에 반발한 청을 오히려 공격한 사건.

일본의 강제 개항(1853년) 일명 쿠로후네(흑선) 사건. 미국의 페리 제독이 이끄는 흑선 함대가 무력으로 일본을 개항했다.

개혁? 보수? 흥선대원군의 실체는?

흥선대원군은 열한 살 어린 나이에 왕이 된 아들 고종 대신 10년간 섭정으로 정치를 좌우했다. 초기에는 개혁 정치를 펼쳐서, 세도정치의 핵심 기구가 된 비변사를 폐지하고, 양반에게 세금을 물리는 호포제를 실시했으며, 부패한 서원 수백 개를 철폐했다. 하지만 외국과의 통상은 강하게 거부하며 척화비를 세웠다. 이후 흥선대원군은 경복궁 수리, 당백전 발행 등의 정책 실패로 민심을 잃고, 고종이 친정에 나서서 권력을 잃는다.

그 역할을 왜 대원군께서 하려 하십니까? 물론 서양인은 믿을 수 없지요. 말로는 교역하며 친하게 지내자고 하지만, 실제로는 총과 대포를 겨누는 자들이니까요. 일본도 그들과 마찬가지고요.

자네, 생각은 나랑 비슷한데?

대원군께서 무리한 권력 욕심을 부리시는 건 반대했지만, 도둑 떼에 맞서 나라를 지키는 데는 뜻이 같지요. 서양인들이 얼마나 무도한지는 남원군의 묘를 도굴

이양선 모습이 다른 서양의 배.

세도정치 19세기 이후 붕당정치가 붕괴되고, 국왕의 위임을 받은 소수 가문이 정치를 독점한 것. 이 시기에는 삼정의 문란이 극도로 치달았고 농민봉기도 자주 일어났다.

하려 한 일만 봐도 알 수 있습니다.

그래! 그 사건을 생각하면 아직도 치가 떨려. 인간으로서 어찌 남의 묘를 도굴한단 말인가? 지난 병인양요와 신미양요에서 알 수 있듯, 저들의 탐욕은 끝이 없어. 그저 나라의 문을 굳게 닫아 지키고, 내부에서 힘을 기르는 것이 최선이야. 그래서 나는 전국에 척화비를 세워 이런 뜻을 밝혔던 것이네.

잠깐만요. 그래서 신미양요의 결과는 어땠습니까? 제대로 싸워보지도 못하고 수백 명의 사상자만 생기며 참패하지 않았습니까? 그들과 맞설 힘을 기르려면, 근본적인 변화가 필요합니다. 일본도 우리와 비슷하게 강제 개항의 수모를 겪었지만, 결국 메이지유신을 통해 스스로 근대화·산업화를 이루었습니다. 우리도 그들을 본받아야 합니다. 나라를 지키기 위해서라도 개화는 필수입니다.

총칼을 앞세워 강화도조약을 강요한 게 누군가? 과거

오페르트 도굴 사건(1868년) 독일의 상인 오페르트가 대원군의 아버지 남연군의 묘를 도굴하려다 실패한 사건. 이로 인해 서양에 대한 조선의 반감은 더욱 커졌다.

병인양요(1866년)·신미양요(1871년) 각각 프랑스와 미국이 강화도를 공격한 사건. 전자는 천주교도 박해(병인박해), 후자는 제너럴셔먼호 사건과 개항을 빌미로 일어났다.

에 임진왜란을 일으킨 건 또 누구지? 그런 일본을 뭘 보고 믿으며, 또 배울 게 있단 말인가! 이럴 땐 먼저 올바른 것을 지키고 사악한 것을 물리치는 '위정척사'의 큰 뜻을 세워야 하네. 우리가 본받고 지켜야 할 것은 오직 올바른 학문인 성리학뿐이야.

당시 우리에겐 급진적이고 전면적인 개혁이 필수였습니다. 현실을 무시하는 그런 고지식한 태도가 결국 나라가 망친 거라고요. 현실을 무시하면 어떻게 되냐고요? 이미 200년 전 병자호란이라는 끔찍한 일도 겪지 않았습니까? 지금 그때의 일을 반복하자는 말씀입니까? 한심하고 답답하군요.

뭐라? 자네 지금 말 다했는가?

듣고 보니 궁금한 점이 생기는데요. 사실 2000년대 중후반에도 한미 FTA, 즉 미국과의 자유무역협정을 둘러싸고 비슷한 논쟁이 벌어졌다고 하네요. 자유로운 무역과 보호 무역, 무엇이 더 우리에게 이득이 될지 두

메이지유신(1868년) 일본의 근대화 개혁. 사쓰마번·조슈번을 중심으로 한 개혁파가 도쿠가와 막부를 타도하고 중앙집권제를 회복, 이후 자체적인 근대화에도 성공했다.

강화도조약(1876년) 1875년 일본이 운요호를 앞세워 통상을 강요함에 따라, 조선이 맺은 최초의 근대적 조약이자 불평등 조약.

분의 생각이 궁금합니다.

자유로운 무역? 맙소사. 일본이나 양이와 같은 말을 하는군. 외국과 교역하고 친하게 지내도 우리에게 좋을 게 없어. 저들은 우리에게 사치품을 팔고 생필품을 가져갈 텐데, 그러면 물가만 올라서 평범한 이들의 살림살이에 해만 끼치지 않겠는가?

저는 찬성입니다. 오히려 싼 생필품을 수입할 수도 있고, 무엇보다 전면 개방을 통해 우리 스스로 경쟁력을 길러야지요.

음. 한마디 해도 괜찮겠습니까? 저도 개방에는 찬성합니다. 다만, 예상되는 피해를 줄이고 힘을 기를 수 있도록 신중하게 개방과 개혁이 이루어져야죠. 여러분이 살고 있는 시대가 어떤지는 잘 모르지만, 적어도 제가 살았던 시대엔 서양과 일본이 우리보다 압도적 우위에 있었습니다. 군사력 · 기술력 · 경제력 등 많은 면에서요. 제가 온건하면서 점진적인 개혁 정책을 추구했던 이유입니다.

현실을 감안해 절충안을 찾자는 거군요?

그렇습니다. 일본과 강화도조약이 체결된 뒤, 저는 <u>수신사</u>로 일본에 간 적이 있습니다. 한 달간 일본의 수도인 동경(도쿄)에 머물렀는데, 그곳의 발전된 모습은 정말 큰 충격이었습니다. 저는 거기서 개화의식을 갖게 됐고, 또 주일청국 공사관 황준헌을 만나 개혁 정책과 국제 정세에 관해 필담도 나눴습니다. 그에게 『조선책략』을 받아 가져왔지요.

그 책이 아주 요망했지! 거기 쓰인 얼토당토않은 주장을 따라 일본과 친하게 지내면서 개화를 주장하는 사람이 늘어났으니까. 바로 그런 자들이 나라를 망치는 것을 막기 위해 우리 <u>유생들이 만인소를 올렸던</u> 것일세.

저 드넓은 대륙을 차지한 강대국 청나라조차 멀리 바다를 건너온 영국은 물론, 서구식 근대화를 이룬 일본에게도 참패했습니다. 개혁 개방은 피할 수 없는 대세예요. 다만 우리의 현실에 맞게 적용하는 것이 중요하죠. 그게 바로 제가 어윤중 등 온건 개화파 동료와 함께 <u>갑오개혁</u>을 추진해서 이루고자 했던 뜻입니다.

수신사 강화도조약 이후 조선 정부가 일본에 파견한 통신사.

조선책략(사의조선책략) 황준헌이 쓴 책으로 조선은 청과 친하고 일본과 결속, 미국과 연결해 러시아와 맞서야 한다고 주장했다. 조선은 이후 책의 영향을 받아 개화 정책을 추진한다.

갑오개혁의 전개

1894년 7월부터 1896년 2월까지 진행된 조선의 근대화 개혁. '제1차 갑오개혁'은 관제 개편, 신분제와 연좌제, 과거제 등 폐지, 조세의 금납제 시행, 근대적 경찰제도(경무청) 등을 도입했다. 동학농민운동과 청일전쟁 도중에 진행되어 상대적으로 자주적이라는 평가를 받는다.

이후 청일전쟁에서 승리한 일본은 조선의 내정에 간섭하기 시작했고, 갑신정변 이후 일본에 망명했던 박영효가 귀국하면서 김홍집·박영효 연립 내각이 들어서〈홍범 14조〉를 발표하며 '제2차 갑오개혁'이 실시된다.

그러나 이후 러시아·프랑스·독일이 힘을 합쳐 일본이 요동을 차지하는 것을 막은 '삼국간섭'이 일어났고, 이 틈을 타 조선도 일본을 견제하기 위해 친미·친러로 기운다. 이때 일본은 불리한 분위기를 반전시키기 위해 1895년 을미사변을 일으켜서 명성왕후를 살해하는 만행을 저지른다. 이후 일본의 힘을 등에 업은 개화파는 제3차 개혁(을미개혁 또는 제3차 갑오개혁)을 추진했으나, 단발령 등의 조항이 민중의 거센 반발만 사게 된다. 결국 1896년 고종이 러시아 공사관으로 도망치는 아관파천을 벌임으로써 내각은 붕괴됐고, 김홍집·어윤중 등의 책임자들이 피살되며 개화파는 몰락하고 만다.

최익현

그래, 그 잘난 개혁이란 게 단발령 같은 패륜을 하자는 거였나?

영남만인소 사건(1881년) 이만손 등 유학자 만여 명이 개화 정책에 반대해 상소를 올린 사건. 김홍집이 가지고 온 『조선책략』의 유포가 그 계기가 됐다.

개혁가 어윤중 (1848년~1896년)

온건 개화파이자 개화기 개혁 정치가. 21세에 정시에 급제했으며, 암행어사로 활약한 뒤 세금 제도 개혁안을 제시했으나 받아들여지지 않았다. 이후 일본과 청의 사절단을 거쳤고, 이후 1882년 조미수호통상조약·조청상민수륙무역장정 등을 조인했다. 조정 다른 대신과 달리 동학군을 도적이 아닌 민당(백성들의 모임)이라 칭했으며, 갑오개혁에 참여해 조세와 재정을 혁신했다. 1896년 아관파천 이후 고향으로 피신했다가, 정적에 의해 암살당했다.

김옥균

아뇨! 그 정도로도 어림없습니다. 우리에겐 좀 더 근본적이고 전면적인 변혁이 필요해요. 그래서 저는 갑오개혁 훨씬 전에 **갑신정변**을 일으켰던 것입니다.

흥선대원군

자네들 개화파들은 갑신정변 당시 청나라에 볼모로 잡혀 있던 나를 데려오자고 주장했더군. 내가 그 이유를 모를 것 같은가? 나를 팔아서 민씨 일족을 견제하고 권력을 쥐려 한 거겠지.

단발령 을미개혁 당시 이루어진 서구식 근대화 정책의 하나. 전 국민의 머리를 짧게 자르게 하여, 유생과 민중의 큰 반발을 샀다.

갑신정변(1884년) 김옥균·서재필·박영효 등 급진 개화파가 우정국(우체국) 개국 축하연에서 반란을 일으켜 정권을 탈취한 사건. 결국 청나라 군대의 개입으로 3일 만에 권력을 잃었으며, 이 사건의 여파로 급진 개화파는 세력을 잃고 청의 내정 간섭도 심해졌다.

최익현 홍. 어리석기는. 함부로 외세의 힘을 빌려서 일으킨 폭동이자, 임금의 뜻을 거스른 대역무도한 반역자가 아닌가!

김옥균 뭐라고요? 말씀이 지나치군요. 우리 개화당에는 조선 왕실의 마지막 부마이자 처음으로 태극기를 공식 석상에서 사용한 박영효, 그리고 서재필 같은 젊은 애국자가 많았습니다. 비록 실패하긴 했지만, 갑신정변은 어디까지나 나라를 위한 충정의 마음에서 벌인 일이라는 걸 말씀드리고 싶습니다.

최익현 그래서 자네들의 난동을 지지하던 사람이 있던가?

김옥균 그, 그건!

김홍집 나 역시 개화와 개방에 찬성하지만, 갑신정변은 너무 성급한 행동이었다고 생각하네. 민중의 지지를 얻지 못했고, 임금과 대신들의 동의도 얻지 못하지 않았나? 순진하게 일본의 지원만 믿고 무리한 일을 저지르는 바람에, 많은 개화파 인사가 피해를 입었어. 현실을 충

태극기 대한민국의 국기. 1882년 조미수호통상조약을 앞두고 고종과 김홍집의 지시로 역관 이응준이 만들었으며, 이를 박영효가 일부 수정했다.

반역자인가 개혁가인가, 김옥균

갑신정변을 주도한 김옥균은 겨우 다섯 살 때 「월수소조천하(달은 작지만, 천하를 비춘다)」라는 시를 지을 정도의 수재였다. 수신사로 일본에 갔을 때, 계몽사상가 후쿠자와 유키치를 만나 제자가 되었다. 이후 그는 1884년 12월 4일 갑신정변을 일으키지만, 청군의 개입으로 결국 실패하고 일본으로 망명한다. 그는 10여 년간 떠돌다가 결국 자객 홍종우에게 피살됐고, 시신은 조선에 돌아와 갈기갈기 찢긴다.

급진 개화파는 일본의 메이지유신을 본받아 자력 근대화를 추구했던 뜻을 긍정적으로 평가하기도 하지만, 준비되지 않은 무모한 시도로 개화파의 명분과 역량을 잃어버리고 청과 일본의 간섭을 심화시켰다는 비판도 받는다.

분히 고려하면서 점진적으로, 하지만 확실한 개혁을 하는 것이 최선이야.

김옥균

그렇게 해서 어느 세월에 개혁을 할까요? 당시로서는 다른 방법이 없었습니다. 달은 비록 크기는 작지만, 어둠이 내릴 때 온 천하를 비춘다고 하지요. 저 역시 나라를 구하기 위해 최선을 다했을 뿐입니다.

최익현

그렇게 애국심이 뛰어났으면 나라가 망했을 때 제 목숨이라도 바쳤어야지! 내 눈에는 자네들이 매국노, 친일파로 보이는군.

비록 일본의 힘을 빌려 개화를 시도한 것도 사실이고, 동지였던 박영효가 훗날 친일로 돌아서기도 했습니다만…. 적어도 저희가 갑신정변을 일으켰을 때의 마음은 애국에 있었습니다.

자, 논의가 뜨거워지는데요. 저기 앉아서 손을 드신 분이 있네요. 아니, 죄송합니다. 일어나 계셨던 거군요. 혹시 이름이 어떻게 되시나요?

안녕하십니까. 저는 전봉준이라고 합니다.

녹두장군이셨군요! 어떤 이야기를 해주겠습니까?

지금 여기 계신 분들 모두 나라와 백성을 사랑하는 마음으로 이야기를 나누고 계실 테지요. 하지만 논쟁을 듣다 보니, 다들 가장 중요한 걸 하나 잊고 계신 것 같아 손을 들었습니다.

그게 무엇인지요?

녹두장군 녹두는 키가 작았던 전봉준의 별명이다. 구전 민요 〈새야 새야 파랑새야〉의 노랫말에 등장하기도 한다. "새야 새야 파랑새야, 녹두밭에 앉지 마라. / 녹두꽃이 떨어지면 청포장수 울고 간다."

바로 민생입니다. 나라를 튼튼하게 만들려면, 어떤 개혁이든 먼저 사람들의 삶을 돌보는 것이야말로 최우선 목표가 되어야 하지 않겠습니까?

그렇다면 선생께서는 구체적으로 어떤 개혁이 필요하다고 생각하는지 말해주시겠습니까?

당시 조선에는 조병갑 같은 백성의 고혈을 빨아먹는 탐관오리가 득실댔습니다. 우리 동학농민군은 그런 자들을 내쫓아 백성이 편안하게 살 수 있도록 무기를 들고 일어났던 것이지요. 집강소를 설치한 것 역시 그러한 개혁 정책의 일환이었습니다.

어허! 임금과 신하, 어버이와 자식 사이에는 반드시 지켜야 할 도리가 있는 법. 아무리 문제가 있다고 하나 백성으로서 지켜야 할 도리를 어기고 민란을 일으키다니, 이는 명백한 반역일 뿐!

글쎄, 애초에 조정이 정치를 똑바로 했다면 그런 일이 일어났을까? 만약 내가 있었다면….

집강소 동학농민군이 설치한 자치기구. 전라도 지역에 주로 설치되어, 폐정 개혁(폐해가 심한 정치를 개혁하는 것)을 추진했다.

옛 성인들께서는 한결같이 백성이 가장 귀하다고 말씀하셨습니다. 민심이 곧 천심, 백성의 삶을 돌보는 것이 곧 하늘의 뜻이자 성인의 뜻을 지키는 것이 아니겠습니까?

음. 지금 말하는 걸 보니 자네도 유학을 공부한 것 같은데….

네. 비록 집은 가난했지만, 저 역시 학문을 공부했었지요. 하지만 30대에 큰 뜻을 품고 동학에 가담했습니다. 사실 잠시 대원군께 신세 진 적도 있고요.

어쩐지! 조금 낯이 익다 했어.

임금은 임금답게, 신하는 신하답게, 백성은 백성답게! 성리학 질서에 따라 백성의 삶을 돌보는 것은 오직 위정자의 역할과 책임이오. 모두가 각자 올바른 역할을 해서 도덕과 질서를 바로 세운다면, 나라는 저절로 평안해질 거요.

그런 관념 만으론 현실의 문제들을 해결할 수 없습니다. 어쩌면 저부터 반성해야겠군요. 백성들이 삶이 어려워져서 봉기까지 한 가장 큰 책임은 부패한 관리를 제대로 처리하지 못한 저 같은 대신들에게 있으니까요. 나름대로 민심을 수습하고 무너져가는 나라를 살리기 위해 여러 개혁안을 펼쳤지만, 결국 힘이 부족했던 것이 너무 안타깝습니다.

조정에서 우리 목소리에 귀 기울이지 않고, 무작정 외국 군대를 끌어들인 것이 원망스럽습니다. 첫 봉기 이후 잠시 무기를 내려놨지만, 결국 청나라와 일본은 우리 땅에서 전쟁을 벌였고, 이를 막기 위해 농민군은 죽을 각오로 다시 군대를 일으켰던 겁니다.

아, 잠시만요. 당시 배경을 짚고 가겠습니다. 1885년 톈진조약 때문이었죠? 갑신정변이 실패하고 이듬해 청과 일본은 "일본은 조선에 대해 청과 동일한 파병권을 갖는다" 등의 내용이 적힌 조약을 맺었다고 들었습니다.

그렇습니다. 그 조약 때문에 10년 뒤에 큰일이 났죠. 동학농민운동이 일어나자 우리 조정은 어리석게도 청나라에 파병을 요청했어요. 그런데 일본까지 톈진조약을 빌미로 군대를 끌고 올 줄은 미처 생각하지 못한 거죠.

그렇습니다. 그렇게 일본이 무력으로 경복궁을 점령하고 내정을 간섭하니, 나라를 구하기 위해서라도 우리 농민군은 다시 일어설 수밖에 없었습니다. 비록 한양으로 진군하다가, **우금치전투**에서 참혹한 패배를 겪었지만요….

정말 안타깝습니다. 외적을 막아야 할 우리 군대가, 오히려 일본과 함께 우리 민중을 학살하는 데 힘쓰다니. 결국 **청일전쟁**이 일어나 나라가 쑥대밭이 되었으니, 할 말이 없습니다.

청일전쟁, 한반도에서 벌어지다

조선에 대한 영향력을 강화하려던 청과 일본은 동학농민운동을 계기로 한반도에서 힘 대결을 벌이게 된다. 결국 1894년 7월, 일본 해군이 청을 급습하면서 전쟁이 시작됐고, 결국 일본이 승리하여 양국은 1895년 4월 시모노세키 조약을 맺는다. 이 조약으로 청은 한국에 대한 영향력을 잃고 조선을 자주국으로 인정했으며, 요동과 대만 등을 일본에 할양하고, 막대한 전쟁 배상금도 지불했다.

유학자로서 동학 농민군이 무기를 들고 일어난 것이 잘했다고 생각하지는 않소. 하지만 아무리 그래도 수만 명을 죽인 일본은 절대 용서할 수 없는 일! 그래서

나는 이후에도 계속 위정척사운동을 벌여서 나라를 구하려 했고, 그런 노력에도 을사조약이 체결되자 마지막으로 의병을 일으켰던 거요.

의병의 마지막 저항

일제는 청일전쟁에 이어 러일전쟁(1904년~1905년)에서도 승리를 거두자, 본격적으로 한반도를 식민지로 만들려는 야욕을 보인다. 먼저 을사조약(1905년)으로 대한제국의 외교권을 박탈하고 통감부를 설치, 초대 통감인 이토 히로부미가 국정을 좌우했으며, 뒤이어 정미조약(1907년)으로 군대까지 해산한다. 이에 반발한 해산 군인과 유생, 백성들은 힘을 합쳐서 의병을 일으켰으니, 이것이 을사의병·정미의병이다. 최익현 역시 이때 의병을 일으켰다가 체포되어 쓰시마로 유배되었고, 결국 그곳에서 병사하고 만다.

일제는 1909년 9월부터 10월까지 이른바 '남한대토벌'을 통해 의병을 학살함으로써, 한국의 저항 의지를 짓밟는다. 1909년 10월 26일, 대한의군 참모중장 안중근은 하얼빈에서 전 한국통감 이토 히로부미를 사살하지만, 결국 대한제국은 1910년 8월 29일 한일합병조약으로 멸망하고 한반도는 식민 지배를 받게 된다.

저와 온건 개화파 관료들도 그러한 혼란 속에서도 최선을 다했습니다만, 결국 실패했습니다. 그 과정에서

우금치전투(1894년) 공주 우금치에서 동학농민군이 조선군·일본군과 싸운 전투. 수만 명의 사상자를 낳으며 참패했고, 전봉준과 김개남 등 동학 지도자가 체포되어 처형됐다.

친일파라는 억울한 비난을 받기도 했지만, 저로서는 억울함보다는 반성의 마음과 책임감을 더 크게 느낍니다….

나의 갑신정변이 성공했다면, 우리나라가 아시아의 프랑스가 될 수 있었을 텐데! 너무나도 안타까울 따름이오.

개혁이 실패하고 우리 민족은 정말 어려운 시기를 겪지만, 결국 많은 이의 헌신적인 노력으로 지금의 자유와 평화, 번영을 누리게 되었지요. 조금이나마 한을 푸시기 바랍니다.

너무 기쁩니다. 아, 그런데 마지막으로 질문이 하나 있습니다. 지금 여러분이 살고 있는 나라는 개방과 봉쇄 어느 쪽을 택하고 있나요?

진행자인 제가 답변을 해야겠죠? 이곳에 와서 살펴보니, 대한민국은 매우 개방적인 나라인 것 같습니다. 여러 나라와 자유무역을 하고 있고, 자동차나 반도체, 휴대전화 외에도 지금은 영화나 드라마, 음악 등 우리가 만든 문화상품까지 전 세계 사람들이 즐기고 있으니까요.

그렇군요. 제가 살던 때와는 많이 달라졌네요. 정말 감동입니다!

역시 나는 틀리지 않았어….

으음….

슬슬 오늘 토론을 마치겠습니다. 흥선대원군과 최익현 선생께서는 외국과의 교류를 막는 쇄국에 한목소리를 내셨고, 김홍집 선생은 좀 더 현실적이고 온건한 입장에서, 김옥균 선생은 급진적인 입장에서 근대화 개혁을 주장했습니다. 전봉준 선생은 백성의 입장에서 개혁의 필요성, 그리고 자주와 독립의 중요성을 강조해주셨지요.

  사실 외부 환경이 급변하는 시기에, 개방이나 봉쇄를 주장하는 것은 양쪽 다 일리가 있습니다. 다만 어느 길이 진정 우리가 나아가야 할 길인지, 모두가 받아들일 수 있는 방향을 찾았다면 하는 아쉬움이 남습니다. 중간에 짧게 이야기를 나눈 한미 FTA 문제 역시 많은 갑론을박이 있었지만, 결국 개방을 택했습니다. 그리고 그 선택이 향후 대한민국 경제 성장의 큰 동력이 되었지요.

  토론을 관전한 여러분의 의견은 어떤가요? 누구의

의견이 옳다고 생각하는지 토론을 이어가면서, 오늘날에도 적용할 만한 교훈을 찾아보는 것도 역사를 즐기는 좋은 방법이 되겠지요.

토론자들의 주장 정리

① 개방하면 민생만 피폐해진다. 나라를 지키려면 쇄국이 필수! (흥선대원군)
② 급진적인 개혁 개방만이 살 길이다. (김옥균)
③ 점진적이면서도 현실적인 개혁 개방이 필요하다. (김홍집)
④ 먼저 민생부터 살려야 한다. (전봉준)

오늘 토론자 가운데 누구의 입장에 가장 가까운가? 한번 그 반대편 입장에서, 그 근거를 살피고 변호해보자.

ROUND 11. 안중근 vs 이토, 진정한 평화주의자는?

폭력으로 평화를 얻을 수 있을까?

평화를 위한 수단

안중근
이토 히로부미를 저격한 독립운동가

생몰년 1879년~1910년 | **대표작** 『안응칠역사』, 『동양평화론』(미완)

어릴 적 이름은 응칠. 계몽운동가이자 대한의군 참모 중장. 러일전쟁 이후 일제가 조선의 식민화를 진행하자, 하얼빈에서 이토 히로부미를 저격했다. 이후 공판 과정에서 '동양 평화론'을 내세우면서, 한중일 삼국이 오늘날의 유럽연합과 유사한 형태의 평화 공동체를 맺어야 한다고 주장했다.

후세 다쓰지
대한민국의 유이한 일본인 독립유공자.

생몰년 1880년~1953년 | **사상** 묵자의 '겸애'와 톨스토이의 '평화' 사상에 감명

일본의 인권변호사. 일본 정부의 핍박을 받으면서도 평생 반전운동과 평화운동에 힘썼다. 일본이 조선을 강제 식민화를 강력 비판했으며, 2·8 독립선언으로 구금된 조선인 학생들과 일본 천황 암살을 시도한 박열·가네코 후미코 등을 변호했다. 2004년 일본인 최초로 건국훈장 애족장이 수여됐다

폭력을 통한 혁명!

신채호
독립운동가이자 근대적 역사가

생몰년 1880년~1936년 | **좌우명** "역사란 아(我)와 비아(非我)의 투쟁!"

유학자에서 민족주의자로, 다시 사회주의자, 아나키스트로 다양한 사상적 변화를 겪었지만, 일생을 바쳐 독립운동에 매진했다. 기억력이 매우 좋아서 한 번 읽은 책을 줄줄 외웠다고 하며, 근대적 역사가로 민족주의적 한국사 연구에 기여했다. 저서로 『독사신론』, 『조선상고사』 등이 있다.

테러는 불법적인 폭력!

이토 히로부미
일본제국 내각총리대신이자 한국의 초대 통감

생몰년 1841~1909년 | **특징** 일본 역사상 최연소 총리

일본의 정치가. 평민 출신으로 요시다 쇼인의 제자가 되었다. 런던에 유학을 갔다가 돌아와서 메이지유신에 가담, 헌법 초안을 작성하고 의회제도 확립에 기여했다. 1885년 초대 및 최연소 총리를 역임했으며, 1906년 한국의 초대 통감으로 을사조약과 정미조약을 주도했다. 1909년 하얼빈에서 안중근에게 피살됐다.

폭력과 평화는 서로 반대말입니다. 하지만 강도를 막기 위해 경찰이 필요한 것처럼, 때로는 정당한 폭력이 부당한 폭력으로부터 평화를 지켜주기도 하죠. 이번 주제와도 연결된 이야기인데요. 1909년 일본의 한 정치인이 하얼빈에서 총에 맞아 사망하는 사건이 발생합니다. 피살자는 67세의 이토 히로부미, 범인은 한국의 31세 청년 안중근입니다. 사건 직후, 안중근은 큰 저항 없이 "코레아 우라", "대한 만세!"를 외치며 체포됐고, 뤼순 감옥에 갇혔다가 결국 처형됩니다.

과연 안중근은 의인일까요, 아니면 살인자일까요? 당연히 우리에겐 일제의 침략 야욕에 저항한 정당한 '의거'지만, 누군가는 그의 행동을 잔인한 '테러'라고 말합니다. 일각에서는 온건파인 이토가 암살되는 바람에 오히려 한국의 식민화가 빠르게 진행됐다고 주장하기도 하죠. 과연 누구의 말이 맞을까요?

이렇게 독립된 조국을 보게 되어 기쁩니다. 아시다시피, 나는 이토 히로부미 씨와 어떤 사적인 원한도 없습니다. 단지 그가 대한의 독립과 동양의 평화를 심각하게 해쳤기에, 이를 지키기 위해 불가피하게 처단했을

러시아어? 에스페란토어? 안중근이 체포 직후 외친 말은 러시아어(코레아 우라)라는 설과 에스페란토어(코레아 후라)였다는 설이 있다. 공판기에서 그는 "세계에서 보통 널리 쓰이는 언어"를 썼다고 밝혔다.

뿐입니다.

이토

어리석기는. 평화를 위해 살인을 했다고? 자네는 나를 죽여서 법적으로 사형을 선고받은 테러리스트에 불과해. 가장 끔찍한 폭력인 살인을 저지른 범죄자의 입에서 평화라는 단어가 나오는 것이 좀처럼 이해가 안 되는군.

안중근

당시 우리는 일본에게 국권을 빼앗기기 직전이었소. 이토 씨는 한국통감부 초대 통감으로 일했지요? 말로는 한국을 보호하며 국력을 키워주겠다고 했지만, 실제로는 어떤 일을 했습니까?

이토

하하, 그야 한국의 근대화를 위해 일했지.

안중근

을사조약과 정미조약으로 외교권을 빼앗고 군대까지 해산시켰잖소. 결국 이러한 침략 행위에 저항하기 위해 전국에서 의병이 일어났던 거고. 그 많은 의병을 당신들은 어떻게 처리했지요?

이토

무자비하게 날뛰는 폭도들은 제대로 진압해야 치안이 안정될 것 아닌가?

그래, 당신들은 그런 명분으로 소위 남한 대토벌 작전을 펼쳐 수많은 의병을 학살했지. 평화가 아니라 일본의 야욕을 위해서! 그래서 나는 대한의군의 참모중장, 즉 군인 신분으로 적장인 당신을 제거한 것뿐이오. 교전 과정에서 정당한 폭력을 쓴 것이지, 단순히 사적 원한으로 무도한 폭력을 쓴 게 아니오.

정당한 폭력이라고? 그때 나는 이미 한국 통감 자리를 사임했어. 사건이 벌어진 곳은 전쟁터도 아니고. 그저 러시아에 친선 외교 사절로 갔던 나를 암살한 게 어떻게 정당한 교전이란 말인가. 게다가 여기서 들으니, 당신은 우발적으로 일을 치른 게 아니라 정말 치밀하게 계획을 세웠더군. 오랫동안 내 동선을 추격하고 민간인으로 위장해서 총격을 가했지. 그걸 정당한 교전이라 할 수 있을까?

잠깐만요. 논쟁을 이어가기 전에, 먼저 용어를 정확하게 짚고 넘어가야 할 것 같습니다. 바로 '테러'라는 말을 정의해야겠는데요. 오늘날 이 단어는 굉장히 부정적으로 쓰이지만, 시대에 따라 뉘앙스가 달라진다고

남한 대토벌 작전 1907년 정미 의병에는 강제 해산된 군인 다수가 합류했다. 이에 따라 의병 투쟁이 격렬해지자, 일제는 1909년 9월부터 10월까지 전라도를 중심으로 의병을 학살하며 초토화했다.

합니다. 먼저 사전에는 "정치적 목적을 위해 폭력으로 상대를 위협하고 공포에 빠뜨리는 행위"라고 정의하고 있는데요. 다른 한편, 유엔 안전보장이사회에서는 테러를 "민간인을 목표로 한 폭력 행위"로 그 대상을 한정하기도 합니다. 즉, 중립적으로 쓰이기도 하고 부정적 뉘앙스로 쓰이기도 하는 거죠.

폭력이라…. 좋습니다. 이유야 어쨌든 내가 폭력을 쓴 것도, 살인한 것도 맞으니. 그런데 궁금한 게 있군요. 힘으로 이웃 나라의 권리를 빼앗고, 황제를 강제로 폐위시키며, 군대를 해산하고, 이런 행위에 저항하는 수만 명의 한국인을 학살한 행위는 뭐라고 불러야 합니까? 이 모든 일은 이토 씨가 통감으로 있을 때 주도한 것이지요. 그리고 하나 묻겠습니다. 러시아는 왜 방문했습니까?

말하지 않았나? 러시아 재무상과 평화로운 외교 회담을 하려 했다고.

한국을 식민지로 만드는 일을 논의하러 간 것은 아니고요? 이렇게 정치적인 목적으로 러시아를 방문한 당신을 무고한 민간인이라고 할 수 있을까요? 나는 '도마'라는 세례명을 받은 천주교도입니다. 무고한 이에게 이유 없이 폭력을 쓰는 행위는 종교적으로도 용납할 수 없어요. 앞서 말한 것처럼, 이토 씨를 살해한 건 어디까지나 공적인 목적, 즉 조국의 독립과 궁극적으로 동양의 평화를 지키기 위해서였습니다. 나는 이런 뜻을 전 세계에 널리 알리기 위해, 적장을 쓰러뜨린 이후에도 도망가거나 저항하지 않고 순순히 체포된 겁니다.

하? 사람을 죽인 행위가 어떻게 동양 평화의 논리로 연결될 수 있지?

애초부터 내 목적은 그저 당신 한 사람만 죽이기 위한 게 아니었으니까. 재판 과정에서 우리나라가 처한 현실을 일본 천황, 그리고 전 세계에 정확하게 알릴 생각이었지. 수많은 인물 중 이토 씨를 대상으로 한 이유는 분명합니다. 재판에서도 밝힌 것처럼 무려 15가지 이유가 있지요.

그중에서도 가장 큰 죄는 이토 씨가 저지른 일들이 동양 평화를 깨는 침략 행위인 것은 물론, 한국 황제 폐하와 일본 천황 폐하까지 기만한 반역 행위였다는 점이오.

쯧쯧, 어리석은 자 같으니. 한국의 독립과 동양 평화야

이토의 15개의 대죄

안중근은 재판정에서 이토 히로부미가 죄를 15가지로 정리해 발표했다. 그 대표 조항을 살펴보면 아래와 같다.

2. 1895년, 자객들을 황궁에 보내 대한 황후 폐하를 살해한 죄. (을미사변)
3. 1905년, 군사력으로 대한 황제 폐하를 위협해 강제로 다섯 조약을 맺은 죄. (을사조약)
4. 1907년, 군사력으로 위협하여 강제로 일곱 조약을 맺고 대한 황제 폐하를 폐위한 죄. (정미조약, 고종 폐위)
7. 국채 1300만 원을 강제로 지게 한 죄.
9. 나라의 주권을 되찾으려 한 의사들의 봉기를 폭도로 몰아 죽이고, 그 가족까지 십수만 명을 살육한 죄. (남한대토벌 작전)
14. 2천만의 곡소리가 하늘에 끊이지 않고, 포성과 총알이 비 오듯 쏟아지는데도, 한국이 무사한 것처럼 메이지천황을 속인 죄.
15. 동양 평화를 파괴하고 교란한 죄.

말로 내가 통감으로 있을 때 계속 주장했던 내용이야. 러시아가 한국을 차지하기 전에 일본이 먼저 병합해야 한다는 강경파들의 정한론에 맞선 것도, 한국의 근대화 개혁을 위해 일본에서 차관을 끌어온 것도 전부

정한론 일본의 안전과 번영을 위해 한반도를 병합해야 한다는 주장. 1860년대 이후 요시다 쇼인, 사이고 다카모리 등이 주장했다.

나였어. 하지만 이런 진심을 어리석은 한국인들은 알아주지 않았지…. 내가 한복까지 입으면서 얼마나 애썼는데!

입에 침이나 바르고 거짓말 하시죠. 일본 천황이 우리 고종 황제께 뭐라고 했습니까? "동양 평화를 영원히 지키려면 한국과 일본이 동맹을 맺어야 한다"고 하지 않았습니까? 그 뒤로도 공식 석상에서 몇 번이나 한국의 독립, 그리고 아시아의 평화를 위해 힘쓰겠노라 약

이토 히로부미가 친한파?

"한민족 정도의 수준에 있는 사람들이 스스로 나라를 경영하지 못할 이유가 없다. 지금 상황이 나쁜 것은 국민이 아닌 정치 때문이다. 합병은 매우 성가신 일이며, 나는 한국이 자치할 수 있도록 지도하고 있다."

놀랍게도 이토 히로부미의 입에서 나온 말이다. 그는 통감으로 있을 때 한복을 입고 다니기도 하고, 정한론을 주장하는 본토의 강경파 정치인들에게 맞서기도 했다. 그렇다면 정말로 이토는 한일합병에 반대한 걸까?

당연히 아니다. 을사조약과 정미조약 체결에서도 알 수 있듯, 그 역시 한일합병 자체에는 찬성했다. 다만 급격한 합병에 반대했을 뿐이며, 강경파에 맞서 자신의 정치적 입지를 다지기 위해서도 서서히, 점진적으로 한국을 흡수하려고 했다. 하지만 한국인의 반발이 거세고 일본 내에서도 강경파에 정치적 입지가 밀리자, 결국 이토 역시 병합에 찬성한 뒤 통감 자리에서 사임한다.

속했지요. 그 말이 진심이면 좋겠습니다. 하지만 신하인 당신은 그 뒤 어떤 일을 저질렀죠? 처음부터 대놓고 거짓말을 한 게 아니라면, 당신이 임금을 속인 거라 봐야 하지 않겠소?

이봐, 난 한국이 자치 능력을 기르게 하자고 주장했다니까. 병합을 주장한 건 내 라이벌이었던 **야마가타 아리토모**였지. 자네가 누군가 쏘고 싶었다면 내가 아니라 야마가타 쪽이었어야 해. 괜히 나를 쏘는 바람에 한국만 더 빨리 식민지가 됐다는 걸 모르나?

한국의 자치 능력을 기르자고 했다고? 뭐, 좋습니다. 나도 처음엔 당신의 그런 빤한 거짓말을 믿었으니까. 러일전쟁 때만 하더라도 이토 씨는 물론 일본 천황도 선전 조칙을 통해 "동양의 평화를 유지하고 한국을 견고히 하겠다"라고 공언했죠. 그래서 러일전쟁에서 **일본이 승리를 거둔 일을 마치 한국이 승리한 것처럼 기뻐했던** 것입니다. 서양 제국주의 열강의 침략 야욕을 저지한, 동양의 첫 승리였으니까!

야마가타 아리토모(1838~1922년) '일본 육군의 아버지'로 불리는 인물. 총리대신을 역임했으며, 군부 강경파로 한국의 식민화를 강력하게 주장했다.

안중근, 일본의 승리를 응원하다?

"일본은 동양 평화를 유지하고 또 한국의 독립을 위해 러시아와 싸웠으므로, 한국인은 다 감격하여…(하략)."

공판에서 안중근은 러일전쟁에서 일본을 응원했다고 고백한다. 놀랍게도 이런 인식을 했던 사람은 그만이 아니었다. 중국 혁명의 아버지 쑨원은 물론, 인도의 네루 역시 "일본의 승전 소식을 듣고 수많은 아시아 소년, 소녀와 어른들이 감격했다"고 고백했기 때문이다.

이러한 인식에는 당대의 인종주의적 사고(인종에 따라 각각의 특성이 있고, 우열이 있다는 사고 방식)가 크게 영향을 미쳤다. 러일전쟁을 황인종과 백인종의 대결로 바라본 것이다. 그러나 현실에서 이들의 전쟁은 기존 제국주의 열강 대 신흥 제국주의 열강의 주도권 전쟁에 불과했다. 결국 러일전쟁 이후 한반도에는 평화가 찾아오는 것이 아니라, 참혹한 침략과 폭력이 일어난다.

이토: 그래. 올바른 생각을 했었군. 사실 나도 당시엔 러일전쟁을 반대하긴 했지만…. 그래도 전쟁 자체는 일본의 이익만 위해서 싸운 게 아니었어. 자네 말처럼 동양의 평화, 그리고 아시아의 평화를 위해 서양의 강대국 러시아와 맞서 싸운 거지.

안중근: 가증스럽군! 그 후에 한국의 외교권과 군대를 차례로 빼앗고, 차관까지 강제로 떠넘겨 재정 부담만 안겨주었잖소. 식민지로 만들기 위해서!

이렇게 뭘 모르나. 당시 조선이 얼마나 가난하고 낙후됐나? 근대화 개혁을 위해선 막대한 자금이 필요했고, 그에 필요한 자금을 빌려줬을 뿐이야. 오히려 나한테 감사해야지.

대체 어떤 개혁을 했지? 제대로 된 개혁에 쓰지도 않았고, 이자만 갚기 힘들 정도로 계속 불어났지. 우리 민중이 그 빚을 조금이라도 갚아보자고 나선 **국채보상운동**을 방해한 것도 당신들이야. 일본이 진짜 평화를 바랐다면 결코 저지를 수 없는 일들이지. 그제야 나는 현실을 깨달았소. 일본 천황이 처음부터 새빨간 거짓말을 했거나, 혹은 최소한 이토 당신만큼은 대한의 독립과 동양 평화가 아니라, 우리를 식민지로 만들어 지배하려는 음흉한 속셈을 품고 있었단 사실을!

국채보상운동

을사조약 전후로 일본은 근대화 개혁에 필요하다는 이유로 한국에 거액의 차관을 제공했다. 하지만 현실적으로 한국 정부가 갚기 힘든 높은 이율의 자금이었고, 이에 따라 1907년 대구를 시작으로 빚을 갚자는 '국채보상운동'이 전국에 퍼져나갔다. 일본은 이를 저지하기 위해 운동을 주도한 《대한매일신보》를 탄압하는 한편, 친일 단체로 전락한 일진회를 활용해 갖은 압력을 행사했다. 결국 일본의 방해와 여러 현실적 문제에 부딪혀 국채보상운동은 실패하고 만다.

이토 흥. 한국인들이 의병이니 뭐니, 소란을 떤 게 문제야. 만약 내 뜻만 순순히 잘 따랐다면, 한국인은 일본 군부의 무자비한 무단통치를 겪는 대신, 좀 더 온건한 보호 아래 일본의 일부가 되어 훨씬 평화로운 삶을 살 수 있었을 텐데!

안중근 드디어 흑심을 드러냈군! 그렇게 지배받는 삶을 평화라고 부를 수 있을까? 그런 평화보다는 차라리 정의로운 폭력을 택하겠소. 나는 당신을 쏠 수밖에 없었지만, 그래도 당신 말고 진심으로 동양 평화를 믿고 따르는 선량한 일본인에겐 나쁜 감정이 없소이다. 일본 천황도 진심으로 동양 평화에 뜻이 남아 있다면, 나를 처벌할 게 아니라 오히려 간신을 무찌른 나에게 상을 주는 게 마땅하오!

이토 계속 동양 평화 운운하는데…. 그래, 자네가 생각하는 평화가 뭔가? 당시 서양 제국들은 아프리카와 인도, 아메리카를 식민지로 삼은 것처럼 무력으로 동양을 침략했지. 그런 서양에 맞서 동양의 평화를 지키기 위해 싸우고, 최초의 승리를 거둬 희망을 준 것이 바로

일본의 일부 일제는 한국을 식민화한 뒤 이렇게 발표했다. "한국인은 식민지인이 아니라 일본 국민이 되었다." 하지만 현실적으로 일제 치하 한국인은 정치적 권리를 빼앗긴 채 35년간 온갖 억압과 수탈, 차별을 당했다.

우리 일본이야.

안중근

러일전쟁 이후 일본이 정말 평화를 위해 애썼다면, 모든 아시아인의 존경을 받는 훌륭한 나라가 됐을 거요. 러시아와 서양의 위협? 인정합니다. 다만, 서양 제국주의를 저지하기 위해선 동양 삼국부터 연대해야 했소. 당신처럼 다른 나라의 주권을 빼앗는 데 애쓰는 게 아니라.

이토

흥. 대단히 이상적이군.

안중근

나는 진정한 동양 평화를 위해 중립지대를 만들어 평화회의를 설립하고, 공동의 군대와 은행, 화폐를 만들어 사용하자고 주장했습니다. 먼저 한중일 세 나라가 힘을 합쳐 평화를 외치기 시작하면, 나아가 동서양이 모두 참여해 진정한 평화를 이룰 날도 있을 거라 생각한 거요. 이런 뜻을 『동양평화론』에 더 자세히 담고 싶었지만, 결국 뜻을 이루지 못해 아쉬울 뿐이오.

정약용

오늘날의 유엔이나 유럽연합 같은 국제기구를 연상시

동양평화론 안중근이 옥중에서 집필하려고 했던 미완의 책. 사형 판결을 받은 그는 항소하지 않는 대신 이 책을 집필할 시간을 허락받았으나, 결국 서론과 목차만 집필했을 때 급하게 사형이 집행되었다.

키는 제안이군요. 아, 그런데 저 뒤에서 손을 들고 계신 분이 있네요. 신채호 선생인가요?

보태고 싶은 말이 있어서 손을 들었습니다. 먼저 이토가 말하는 동양 평화가 얼마나 기만적인지는 더는 말하지 않아도 잘 아실 겁니다. 일제는 한반도를 식민지로 삼고 헌병경찰을 통해 폭력적인 통치를 했어요. 이런 거대한 폭력에는 폭력으로 저항하는 것이야말로 정의가 아닐까요? 나 역시 의열단을 위해 쓴 『조선혁명선언』에서 폭력을 통한 궁극적인 사회 혁명과 독립을 주장했습니다.

평화를 위해 부득이하게 이토를 암살했지만, 폭력을 통한 궁극적인 사회 혁명이라…. 나와는 생각이 조금 다른 것 같습니다. 그렇게 과격한 방법만으로 평화가 유지될까요?

그런가요? 사실 나 역시 선생의 동양 평화론이 조금 문제가 있다고 생각합니다.

무단통치 1910~1919년 일제는 군인 경찰로 한반도를 통치했다. 또한 보안법, 출판법 등을 통해 언론의 자유를 막고, 태형령을 그대로 남겨 전근대적인 신체형을 가했다.

의열단 1919년 김원봉이 만주에서 조직한 항일무장단체. 박재혁의 부산경찰서 폭파, 김상옥의 종로경찰서 폭파, 김익상의 조선총독부 청사 폭파 등을 계획했다.

왜 그렇게 생각하십니까?

일본 침략주의자들이 쓰는 논리니까요. 안 선생님께서는 일본 천황에 대한 일말의 믿음을 가지신 것 같은데, 국권을 빼앗긴 뒤 그는 이렇게 말합니다. "합병으로 동양의 화근을 뿌리 뽑고, 영원한 평화를 유지할 수 있게 됐다."

내심 그럴 거라 생각하긴 했지만 결국 그런 말을…. 정말 유감이군요. 하지만 제가 생각하는 평화는 그들이 말하는 것과 완전히 다릅니다.

네, 선생의 본뜻은 다른 걸 알고 있습니다. 아무튼 저는 진정한 독립과 평화를 위해서는 말만 좋은 동양 평화론이나 국제법 같은 것에 의존할 생각을 버려야 한다고 생각합니다. 그런 허울 좋은 이상은 절대로 우리를 지켜주지 않아요.

역사는 **아와 비아의 투쟁**이 이루어지는 무대입니다. 자유와 독립을 위해서는 먼저 우리 스스로 똘똘 뭉쳐서 싸울 힘을 길러야 해요.

조선혁명선언(1923년) 신채호가 김원봉의 의뢰를 받아 쓴 글. 아나키스트적 관점에서 폭력을 통한 독립과 혁명을 주장했다.

유학자, 민족주의자 아나키스트

단재 신채호는 평생 사상적으로 많은 변화를 가져갔다. 원래 성균관 박사 출신의 유학자였지만, 을사조약이 체결되자 민족주의와 영웅주의에 심취해 『이태리 건국 삼걸전』, 『을지문덕전』 등을 집필했다. 1910년대 후반에는 러시아혁명과 3·1운동에 영향을 받아 아나키스트가 되었다.

그는 유연한 사상적 변화를 통해 인간의 자유와 해방을 추구했고, 상하이임시정부에서는 외교독립론에 반대하면서 폭력의 불가피성을 주장했다. 이후 의열단을 위해 「조선혁명선언」을 쓰며 항일투쟁을 계속했고, 결국 일제에 체포되어 1936년 뤼순 감옥에서 병사하고 만다.

음. 일리 있는 말씀이군요. 저 역시 외국과 연대하는 일과 별개로, 우리 민족 역시 내부적으로 더 단결해야 하고 실력도 길러야 한다고 생각합니다. 그래서 을사조약이 체결된 뒤 애국계몽운동에 참여해 학교를 설립하기도 했고, 국채보상운동에도 참여했지요. 물론 그 뒤로는 아시다시피 의병 활동에 투신했지만요.

그렇지요? 역시 독립하기 위해서는 무엇보다 무력이 필요합니다.

애국계몽운동 1905년 이후 교육 및 언론 활동 등을 통해 힘을 길러 국권을 회복하려던 실력양성운동의 하나. 비밀결사인 신민회를 비롯해 보안회·헌정연구회·대한자강회 등이 활동했다.

하지만 여전히 다른 한편으로는 폭력 없는 평화의 가능성을 꿈꾸고 싶군요. 저는 언젠가는 여러 나라가 국제법에 따라 연대할 필요가 있다고 굳게 믿습니다. 아시다시피, 저희가 살았던 시기는 **힘을 가진 이가 힘없는 이를 핍박하는 것이 당연한 시대**였습니다.

그런 논리에 맞서 궁극적으로 모든 인류와 국가, 민족이 평화롭게 살기 위해서는 국제적 연대가 필수예요. 그게 가능해야 한국의 독립, 나아가 동양의 평화와 세계의 평화가 굳건해질 수 있으니까요. 바로 제가 재판 과정을 통해서, 그리고 미완의 책인 『동양평화론』을 통해 밝히고 싶었던 뜻입니다.

이상적인 이야기네요. 국제사회는 늘 힘의 논리로 돌아가는데, 언젠가 그런 날이 오기는 할까요…. 아까 안중근 선생이 이야기한 것과 같은 국제기구가 오늘날에는 생겼다고 들었는데, 어떤가요? 지금 세계는 좀 평화롭습니까?

이곳에 와서 보고 들은 것을 생각하면, 안타깝게도 아

사회진화론과 적자생존 1870년대 이후 유행한 유사 사회과학 이론. 사회가 생물처럼 진화하고(실제 찰스 다윈이 말한 진화는 '진보'가 아닌 환경에 따른 '변화와 적응'이다), 적자생존의 법칙에 따라 강자가 약자를 지배하는 것이 당연하다고 보았다.

닌 것 같군요. 여전히 세계 곳곳에서 전쟁이 계속되고 있어요.

역시 제 역할을 못 하는군요. 나라고 폭력을 좋아해서 계속 힘을 강조하는 게 아닙니다. 평화를 지키기 위해서는 부당한 폭력에 맞설 수 있는 정당한 폭력이 부득이하게 필요하다고 생각한 것뿐이지요. 뭐, 생각이 다른 부분이 있긴 하지만, 나 역시 안 선생님께서 훌륭한 영웅이라고는 생각합니다.

아아, 정말 감동적입니다. 특히 안 선생님께서 하신 말씀은 진정한 평화주의자만 할 수 있는 이야기라고 생각합니다.

선생은 누구신지요?

저는 일본인 변호사 후세 다쓰지라고 합니다. 당시 제 조국인 일본은 말로만 동양 평화, 대동아공영권을 떠들었지, 실제로는 침략과 억압을 일삼았습니다. 안중근 선생님의 재판 과정만 해도 그렇습니다. 하얼빈은 청

대동아공영권 1940년대 일제의 대표적 프로파간다. 서양에 맞서기 위해서는 일본을 중심으로 아시아 민족이 힘을 합쳐야 한다는 논리였지만, 실제로는 일본의 아시아 침략으로 이어졌다.

부당한 재판을 받은 안중근

안중근이 이토 히로부미를 암살한 하얼빈은 당시 러시아가 청나라 영토를 조차(다른 나라의 영토 일부를 빌려 일정한 기간 동안 통치하는 것. 영토권은 빌려준 나라에 속하지만, 통치권은 빌린 나라에 속한다)한 곳이었다.

안중근의 변호사인 카마타 세이지는 청 영토 안에서 일어난 한국인의 범법 행위는 한국법으로 다스려져야 하고, 당시 일본은 을사조약에 따라 한국의 외교권을 위임받았을 뿐이니, 한국인 안중근의 죄는 일본 형법이 아닌 한국 형법에 의해 다뤄져야 한다는 논리를 폈다.

나라 영토이고 열차는 러시아의 주재 아래 있던 곳인데, 일본은 한·청조약과 을사조약을 제멋대로 해석해서 시작부터 **부당한 재판**을 열었어요. 재판의 시작에서부터 침략적 야욕을 드러낸 셈이지요.

후세 씨는 일본인이신데도, 이렇게 나를 변호하고 뜻까지 알아주시는군요!

안 선생님 말씀하신 대로 세계 역사가 흘러갔다면, 한국과 일본은 서로 싸우면서 지금까지 원한을 품는 대신 진정한 평화를 이루며 협력하는 관계가 됐을 겁니다. 너무 안타깝습니다.

언제부터 그런 생각을 하셨습니까?

저는 어릴 때부터 묵자와 톨스토이의 평화 사상에 깊은 감명을 받았습니다. 그래서 더더욱 조국의 제국주의적 만행에 동의할 수 없었죠. 일본인으로서 그 죄를 조금이라도 만회하고자 한국의 독립을 지지하는 글을 발표하고, 독립선언문을 낭독한 유학생들이나 독립운동가들을 변호했던 것입니다.

그러고 보니 일본 천황을 폭살하려 한 박열과 가네코 후미코도 변호하셨다죠?

그렇습니다. 동양척식주식회사에 땅을 빼앗긴 농민들도 변호했지요. 식민 지배 과정에서의 수탈은 물론, 특히 **간토대지진** 이후 일본이 벌인 학살에 대해서는 어떠한 변명의 여지도 없습니다. 일본인으로서 책임감을 느끼며, 이 자리를 빌려 다시 한번 사죄의 말씀을 드립니다.

저 역시 한국인을 대신해서 감사 말씀을 드립니다. 후

간토대지진과 간토대학살(1923년) 간토(관동) 지역에서 일어난 대지진. 10만여 명이 넘는 사상자와 함께 막대한 피해가 발생했으며, 이후 민심이 흉흉해진 상황에서 일제 군경과 언론의 조장에 의해 조선인 학살이 벌어져 수천 명이 사망했다.

세 선생님은 평생 평화를 지키겠다는 신념을 위해 사셨지요. 늦었지만, 2004년 한국 독립에 힘써오신 점이 인정되어 일본인 최초로 건국훈장 애족장까지 받으셨다고 들었습니다.

제가 감사하지요. 안창호 선생님은 이렇게 말씀하셨습니다. "나는 진심으로 일본이 망하지 않고 좋은 나라가 되기를 원한다. 이웃을 유린하는 것은 일본에도 이익이 안 된다. 원한을 품은 2천만을 두는 것보다 우정 있는 2천만을 이웃으로 두는 것이 일본에도 축복일 것이기 때문이다. 대한의 독립은 동양 평화뿐 아니라 일본의 이익도 위하는 것이다."

저 역시 이 말에 동의합니다. 제가 한 일들은 한국을 위한 일이기도 하지만, 진정으로 일본을 위한 일이기도 하니까요.

자, 어느덧 마칠 시간이네요. 오늘은 폭력과 평화의 의미에 관해 생각해볼 지점이 많았던 토론이었습니다. 일반적으로 생각할 때 폭력은 지양되어야겠지요. 하지만 어떤 폭력은 평화라는 이름으로 가장하기도 하고, 또 어떤 폭력은 평화를 위해 부득이하게 필요하기도 합니다.

참 어려운 문제인데요. 진정한 평화란 무엇인지, 우

리가 그것을 이루려면 어떤 노력을 해야 할지 이번 토론을 통해 깊이 생각해보면 좋겠습니다.

토론자들의 주장 정리

① 이토 히로부미 암살은 동양 평화를 지키기 위한 불가피한 군사작전이다. (안중근)
② 진정한 평화를 위해서는 먼저 동양 삼국이 협력해야 하고, 나아가 국가를 초월한 세계 기구를 만들어야 한다. (안중근 '동양 평화론')
③ 외교나 국제법에 의존하는 평화는 허상이다. 평화를 지키려면 힘을 길러야 한다. (신채호)
④ 세계 평화를 위해서는 민족과 국가를 넘어 협력하면서 폭력에 맞서야 한다. (후세 다쓰지)

생각하고 정리해보자

폭력은 무조건 나쁠까, 아니면 필요악일까? 이번 라운드 주제를 다시 한번 생각해보자. 만약 정당한 폭력이 있다면, 그것이 올바르게 쓰이기 위한 조건들을 정리해보자.

ROUND 12. 성공인가 실패인가, 평화 시위인가 폭력 시위인가?

3·1운동을 왜 기념해야 할까?

성공한 운동이다!

여운형
3·1운동의 시작을 열다

생몰년 1886년~1947년 | **별명** 터키 청년

신한청년당을 조직해 3·1운동을 기획했고, 이후 임시정부에 참여했다. 배짱이 두둑해서 독립운동을 분열시키기 위한 일본의 초대에 응해, 오히려 도쿄에 모인 외신 기자들 앞에서 한국 독립을 역설했다. 해방 이후 '건국준비위원회'를 만들어 좌우합작운동에 나섰으나 암살됐다.

최린
3·1운동의 지휘자

생몰년 1878년~1958년 | **특징** 친일파로 변절

메이지대학 법학과 출신으로 천도교도. 민족대표 33인 중 한 명이자, 천도교·기독교·불교 대표를 아울러 3·1운동을 조직하고 이끌었다. 옥살이를 하고 출소했으나 1930년대에 적극적인 친일파로 돌아서서 중추원 참의를 지낸다. 1949년 반민특위에 체포되었을 때 자신의 친일 행적을 인정하고 반성했다.

이승훈
기독교 진영의 참여를 이끈 민족대표

생몰년 1864년~1930년 | **활동** 사업가, 교육자, 독립운동가

보부상 출신의 성공한 사업가였으나, 안창호의 연설을 듣고 오산학교를 설립하며 교육 활동에 나선다. 105인 사건에 휘말려 5년간 옥살이를 했고, 1919년 3·1운동에 민족대표로 참여해 3년간 옥살이를 했다. 이후 오산학교 교장을 지냈고, 조만식과 함께 물산장려운동을 추진했다.

아니다. 실패했다!

윤치호
친일파인가 민족지도자인가

생몰년 1865년~1945년 | **특징** 1883년부터 1943년까지 영어 일기를 씀

개화파 출신으로 독립협회, 신민회 활동을 했다. 1930년대 중반까지도 일제에 비협조적이었으나, 이후 친일파로 돌아선다. 한국의 독립이 현실적으로 어렵다 보면서도 안재홍·안창호 등 친분 있는 독립운동가를 지원했고, 한국의 근대화를 비관적하면서도 계몽운동을 계속한 아이러니한 인물.

민중의 힘이 드러난 시위

유관순
학생 신분으로 서울과 천안의 3·1운동에 적극 참여

생몰년 1902년~1920년 | **특징** 3·1운동의 상징

이화학당 재학 중 3·1운동이 일어나자 적극 참여했다. 이후 휴교령이 내리자 고향인 천안으로 내려가 아우내 만세 운동에 가담했으며, 그 과정에서 부모가 살해되고 본인도 체포된다. 수감 도중 고문 후유증으로 만 17세의 나이에 사망한다. 인도의 네루가 감옥에서 딸에게 보낸 편지에 이름이 거론됐다.

3·1절은 대한민국의 대표적인 국경일입니다. 물론 여러분이 더 잘 알겠지만, 1919년 3월 1일 일제의 식민 지배에 맞서 만세 운동을 시작한 것을 기념하는 날이죠. 하지만 안타깝게도 이후로도 식민 지배는 무려 26년이나 더 이어졌습니다. 그렇다면 3·1운동은 실패한 운동인 걸까요? 오늘날 이날을 기념해야 하는 이유는 무엇일까요?

하하, 이런 뜻깊은 자리에 첫 발언 기회를 얻어서 영광입니다. 먼저 만세 운동이 어떻게 시작됐고, 어떤 의미가 있는지 이해하려면 당시 세계 정세를 잘 살펴봐야 하지요.

그렇군요. 당시 세계 정세는 어땠나요?

1918년, 한국이 식민지로 전락한 지 8년째였죠. 전 세계는 서구 열강이 편을 나누어 치열하게 싸웠던 **제1차 세계대전**이 끝을 앞두고 있었습니다. 이때 미국의 대통령 우드로 윌슨이 의회에서 중요한 메시지를 발표했지요. 바로 **14개조 평화 원칙**입니다. 여기에는 모든 민

제1차 세계대전(1914~1918년) 세계 열강이 협상국(영국, 프랑스, 미국, 일본 등)과 동맹국(독일, 오스트리아-헝가리제국, 오스만제국 등)으로 나뉘어 싸운 전쟁. 무려 1500만 명이 사망했다.

족이 독립과 자유의 권리가 있다는 민족자결주의의 메시지가 담겨 있었습니다.

일본의 식민 지배를 받고 있던 우리에겐 눈이 번쩍 뜨일 이야기였네요?

그렇죠. 그래서 저는 중국을 방문해 있던 미국 대통령의 비공식 특사 찰스 크레인을 급하게 만났고, 한국 독립에 관한 긍정적인 답변을 받았습니다. 외교 독립의 가능성을 본 것이지요. 그래서 신한청년당을 조직한 뒤, 영어를 잘하는 김규식은 파리강화회의에 보내고, 일본과 조선에는 장덕수 등을 보냈습니다.

간단히 말해서, 전 세계에 우리의 독립 의지를 널리 알리는 데 우리 신한청년당이 시작점을 열었다고 할까요? 하하하. 뭐, 그 구체적인 과정은 나보다 더 잘 설명해줄 분이 여기 계실 텐데…. 아, 최린 선생! 앞으로 나오시죠.

내가 이 자리에 설 자격이 있는지 모르겠군요….

14개조 평화원칙 1918년 1월, 윌슨 미 대통령이 의회에서 발표한 원칙. 특히 민족자결주의는 전 세계에 엄청난 영향을 끼쳤다.

민족자결주의 모든 민족이 다른 민족의 간섭 없이, 독립적으로 자기 권리를 찾을 수 있다는 주장.

하하, 잘못한 일은 나중에 따질 테니, 지금은 편하게 이야기해요.

당시 상황을 설명하면, 민족자결주의가 널리 알려지자 우리도 독립에 대한 열망에 불타기 시작했습니다. 특히 일본에 유학 중이던 학생들은 도쿄에서 **독립 선언**을 하겠다고 결심하고, 이를 국내에도 알려왔습니다. 이런 내용을 전달받은 나는 천도교 지도자 손병희 선생님을 찾아갔지요.

최린 선생은 천도교 신자였지요. 그래, 그 뒤에는 어떻게 됐습니까?

어린 학생들도 독립에 대한 열망이 저렇게 간절하니, 민족지도자인 우리가 당연히 힘을 보태야 한다는 생각이 들었지요. 처음에는 국내외로 명성이 있던 박영효나 윤치호, 한규설 같은 이들의 지지를 얻으려 했지만, 하나같이 고개를 가로저었어요. 결국 우리 같은 종교 단체와 학생들의 힘을 모아서 평화적인 대중 시위

신한청년당 1918년 8월 상하이에서 결성된 독립운동 단체이자 한국 최초의 정당.

파리강화회의 1919년 1월 18일, 제1차 세계대전에서 승리한 국가들이 모여 전후 처리를 논의한 회의. 이때 회의에서 국제연맹의 창설이 결의되었다.

도쿄에서 독립을 외치다, 2·8독립선언

민족자결주의의 메시지가 신문을 타고 전 세계에 퍼지자, 재일 유학생 역시 독립에 대한 열망에 차오른다. 당시 와세다 대학에 다니던 이광수는 최팔용 등 다른 조선인 유학생과 함께 독립 선언을 기획했고, 국내로 사람을 보내 교사였던 현상윤, 최린 등과 계획을 논의한다. 이후 1919년 2월 8일, 유학생들은 일제의 수도였던 도쿄에서 한국어와 영어로 작성된 「2·8독립선언서」를 발표하며 독립을 선언한다. 이후에도 많은 유학생이 귀국해 3·1운동이 한반도 전역에 확산되는 데 기여한다.

를 전개하기로 했지요. 그래서 이승훈 선생을 통해 기독교, 한용운 선생을 통해 불교와의 연대를 진행한 것입니다.

윤치호

흥. 선생의 제안에 시큰둥했던 이유는, 그런 운동이 무의미하기 때문이오. 그저 거리에 우르르 떼로 몰려 나가 만세를 외친다고 독립이 된다면, 이 세상에 식민지 상태에 놓인 약소국이 어디 있겠소? 실패가 뻔한 쓸데없는 일에 목숨을 걸 순 없지.

이승훈

세상에 성공을 무조건 보장하는 일이 어디 있습니까? 매사 너무 부정적으로 생각하는 것 아닌가요?

누구…? 아아, 이승훈 선생인가.

오, 서로 아는 사이입니까?

그렇습니다. 나와는 비슷한 연배에 **신민회** 활동도 같이 했고, 민립대학 설립운동도 함께했지요. 그나저나 저 친구가 매사 부정적인 건 이해 부탁드립니다. 원래 성격이 특이하기도 하지만, 105인 사건 때 워낙 고생을 했거든요.

내, 내가 뭘….

나는 지금도 또렷하게 기억하고 있습니다. 처음 독립선언을 제안 받았을 때의 설렘을요. 당시 신문을 보면서, 매일 이 소식이 오기만 기다렸던 터라 어찌나 가슴이 벅차던지!

흥. 파리강화회의니 민족자결주의니 하는 말에 기대를 품는 건 바보나 하는 짓이지. 당시 일본은 그냥 강대국이 아니라, 무려 제1차 세계대전의 승전국이었어.

민립대학 설립운동 1920년대 초 한국인을 위한 대학을 설립하려는 운동. 3·1운동 이후 이른바 '문화통치'로 바뀌자, 민족 지도자들이 실력양성운동의 연장선에서 이 운동과 물산장려운동을 펼쳤다.

신민회와 105인 사건

1907년 조직된 신민회는 교육 계몽과 학교 설립, 산업 진흥 등 민족의 실력양성을 위해 활동한 비밀결사다. 안창호·양기탁·이승훈·이회영·이동녕·이상재·박은식 등 주로 평안도 일대의 기독교 인사들이 참여했고, 《대한매일신보》를 사실상 기관지로 활용했다. 항일 단체 중 최초로 공화주의를 지향했으며, 이 이념은 대한민국 임시정부로 이어진다.

이들의 활동에 위협을 느낀 일제는 1911년 신민회가 조선총독부 총독 데라우치 마사타케의 암살을 시도했다는 '105인 사건'을 조작해서 신민회 회원 105인을 체포해 심하게 고문했고, 결국 조직은 해체되고 만다.

세계 질서를 좌우하는 그런 나라들이 자기편인 일본을 빼고, 힘없는 우리 편을 들어줄 것 같나? 그런 상황에서 대규모 시위를 벌인다는 게 얼마나 순진하고 무모한 발상인지.

이승훈

순진한 발상이라…. 정말 그런가? 사실 만세 시위에 나선 많은 민족대표 역시 만세 운동 하나로 당장 독립이 어려울 거라는 건 잘 알고 있었네. 다만 민족자결주의의 메시지가 전 세계에 울려 퍼졌을 때 2천만 동포가 힘을 합쳐 죽을 각오로 독립을 외쳐 의지를 밝히면, 당장은 아니어도 훗날 독립을 이루는 씨앗이 되리라 믿었던 거지.

목숨을 바쳐서 싹이 틀지 안 틀지도 모르는 일을 하겠다고…? 차라리 정말 독립을 꿈꾼다면, 미래를 위해 신식 교육이나 산업 육성에 힘쓰는 게 현실성 있지 않겠나?

글쎄요. 비록 긴 시간이 걸렸지만, 결국에는 이승훈 선생 말씀처럼 독립이 이뤄졌으니까요. 그런데 논쟁을 듣다 보니 궁금한 게 생기네요. 만세 운동의 날짜는 왜 3월 1일이 된 건가요?

음. 사실 2월 8일 도쿄에서 유학생들이 먼저 독립 선언을 했기에, 국내에서도 재빨리 운동을 진행할 필요가 있었습니다. 총독부의 감시가 더 심해지기 전에요. 그런데 때마침 1919년 1월에 사망한 고종 황제의 장례일이 3월 3일로 예정됐지요.

그나저나 **고종 황제는 독살된 거라는 소문**을 들은 적 있는데….

그런 말이 세간에 돌았다더군요. 다만 당시 영친왕과 일본 방계 황족 마사코(이방자)의 결혼식을 며칠 앞둔 상황에, 일제가 굳이 고종 황제를 독살할 이유는 없었다고 들었습니다.

 맞습니다. 고종 황제는 망국의 책임이 있기는 하지만, 여전히 민중에겐 상징성이 있었죠. 그의 장례를 지켜보려 전국 각지의 사람들이 서울로 몰려들 테니, 독립의 뜻을 널리 알리기에 최적의 시기였습니다. 다만 당일은 일제 헌병의 감시가 심할 테고, 그 전날은 기독교의 휴일인 일요일이었지요. 그래서 3월 1일로 거사 날짜를 정한 겁니다.

 사실 기독교 진영에서도 의견은 갈렸습니다. 독립의 뜻을 밝히는 건 좋지만, 그 형태가 선언이 아니라 청원이어야 한다고 주장하는 이도 있었지요.

 둘이 어떤 차이가 있는 거죠?

 선언은 우리가 주체적으로 하는 것이고, 청원은 좀 더 수동적으로 독립을 부탁하는 것이지요.

 그러니 반드시 독립 선언이 필요했습니다! 청원만으로는 전 세계에 우리 민족의 강력한 독립 의지를 알릴 수 없을 테니까요.

고종 독살설과 『윤치호 일기』 윤치호는 무려 60년 동안 한문(1883.1.~1887.11.)·국문(1887.11.~1889.12.)·영어(1889.12.~1943.10.)로 일기를 썼다. 자신의 솔직한 생각과 심정은 물론 고종 독살설 같은 세간의 소문도 생생하게 기록했다.

이승훈

저도 동감입니다. 다만, 어차피 당장 결과를 보려고 하는 게 아니라면 청원만으로도 우리 뜻이 충분히 전달됐을 거라 주장하는 분도 있었죠.

그땐 **헌병경찰의 무단통치**가 가혹했습니다. 섣불리 독립을 선언했다가 일제를 자극하면, 상상하기 힘든 희생을 치를 가능성도 있었어요. 우리 민족대표들이야 모진 고문과 죽음까지 각오했다지만, 시위에 가담한 어린 학생과 무고한 사람들까지 심한 피해를 보게 할 순 없었습니다.

무단통치와 문화통치

일본의 식민 지배는 세 시기로 나뉜다.

- 1기 무단통치(1910년~1919년): 군인인 헌병경찰이 치안을 담당하고, 관리와 교사들이 칼을 차고 다니는 등 무력으로 식민 지배를 했던 시기.
- 2기 문화통치(1920년~1930년): 보통경찰이 치안을 담당하고, 언론과 출판, 창업의 자유(회사령이 허가제에서 신고제로 전환)가 제한적으로나마 허용된 시기.
- 3기 민족말살통치(1931~1945년): 일제가 만주사변(1931년), 중일전쟁(1937년) 등을 일으키며 전쟁을 확산한 시기. 특히 1937년 이후에는 국민총동원령을 통해 대량의 물자와 인력 자원을 한반도에서 수탈했다. 정신대 등 강제징용 문제, 일본군 '위안부'의 성착취 등의 전쟁범죄가 이 시기에 일어났다.

어쨌든 천도교와 기독교는 이승훈 선생님 덕분에 뜻을 모을 수 있었고, 독립 선언과 청원을 동시에 하기로 정했지요. 독립 선언서는 최남선 선생이 쓰고, 이종일 선생이 보성사에서 인쇄하도록 했습니다. 거기에 서명한 명단에는 여러 우여곡절이 있었지만, 최종적으로 <u>민족대표 33인</u>이 선정됐습니다.

만세 운동에는 저희 학생들의 역할도 결코 빼놓을 수 없지요!

앗, 굉장히 어린 여학생 분이신데요.

민족대표 33인은 어떻게 구성됐을까?

민족대표는 「기미독립선언서(3·1독립선언서)」에 이름을 올린 이들이다. 천도교를 중심(15인)으로 개신교(16인), 불교(2인)가 가담했고, 천주교와 유교는 내부 사정상 참여하지 못했다. 한때 민족대표가 대부분 변절했다는 헛소문이 퍼졌으나 사실이 아니다. 33인 가운데 대부분은 숙기 전까지 독립과 민족 계몽을 위해 활동했으며, 변절한 사람은 박희도·정춘수·최린 정도다.

한편, 이들 외에도 만세 운동에 깊게 관여한 함태영·현상윤·송진우·강기덕·김원벽 등을 추가해 '민족대표 48인'이라 부르기도 한다.

안녕하세요, 저는 유관순이라고 합니다. 민족대표들께서 운동을 기획해주신 건 감사합니다만, 이 자리에선 학생들을 대표해 한 가지 아쉬운 점을 말씀드리고 싶네요.

음. 어떤 점이지?

처음엔 독립 선언식을 파고다 공원에서 열기로 했다가, 나중에 태화관으로 바꾼 이유가 궁금합니다. 예정된 장소에서 진행됐다면, 더 많은 사람에게 만세 운동이 알려지지 않았을까요?

그 이유는 당시 우리를 찾아온 학생 대표 강기덕 군에게 충분히 얘기한 것 같네만…. 우리 민족대표의 최우선 목표는 독립을 세계에 선언하고, 인쇄한 선언서를 전국에 널리 퍼뜨려 평화적인 시위를 이끄는 것이었네. 그런데 자네와 같이 뜨거운 열정을 지닌 학생들이 잔뜩 모인 곳에서 민족대표가 나섰다가 체포당하는 모습을 보면 어떻겠나? 자칫 시위가 과열되어, 폭력으로 치달을 수 있겠지.

그러면 운동이 더 크게 확산될 수 있으니 좋은 일 아닙니까?

민족대표를 대신해 만세 운동을 지휘하다

강기덕(1886년~?년)은 보성전문에 재학 도중 3·1운동에 가담했다. 학생 시위를 이끈 지도자이자 민족대표 48인으로 중등학교 대표들에게 「기미독립선언서(3·1독립선언서)」를 나눠주었다.

이후 민족대표가 독립 선언 장소를 태화관으로 바꾸자, 그들을 대신해 탑골공원에서 대중 시위를 이끌었다. 결국 체포되어 옥살이를 치른 뒤에도 원산총파업과 신간회 조직 등 평생을 독립운동에 매진했다. 한국전쟁 때 납북되었다.

그런 움직임이 일제가 무력을 사용하는 데 명분을 줄 수 있네. 그러면 평화 시위라는 애초의 목적에 어긋나게 되고, 시위가 폭력적으로 치달으면 파리강화회의에서 조선 독립의 정당성을 세계에 알리겠다는 명분도 흐려질 수 있어.

하하, 평화 시위를 한다고 정말로 파리강화회의가 조선 문제를 다룰 거라고 믿은 건 아니겠지? 세계를 지배하는 논리는 힘이야. 진정으로 조선 독립을 바라고 민족을 위한다면, 그런 허튼 일에 힘쓰지 말고, 상공업과 교육에 힘써 실력부터 양성하라니까. 실력이 있어야 뭐든 하지 않겠나?

일제로부터 귀족 작위를 받으신 것도 민족을 위해서

그러신 겁니까?

그건 이미 105인 사건 때 박탈당했어. 내가 그 사건으로 얼마나 큰 고초를 치렀는지 아는가?

나중에는 총독부 중추원 고문이 되셨다고 들었는데….

그, 그건.

물론 파리강화회의는 조선을 외면했습니다만…. 결국 3·1운동으로 한국인의 독립에 대한 열망은 세계에 널리 알렸으니, 우리 의도는 어느 정도 성공한 셈이지요. 미국《뉴욕타임스》, 파리《앙탕트》, 런던《모닝 포스트》, 상하이《민국일보》 등에 널리 보도됐고, 그야말로 곳곳에서 한국인들의 시위가 이어졌거든요.

저희 학생들은 만세 운동이 일어난다는 소식을 듣고, 우리의 독립 의지를 당당히 밝힐 수 있다는 생각에 무척 기뻤습니다. 비밀리에 선언서를 나눠 갖고 3월 1일

실력양성론 독립을 위해서는 먼저 우리 민족의 실력을 길러야 한다는 주장. 다만 이런 입장을 지닌 독립운동가 중 일부(윤치호, 이광수 등)는 추후 친일파로 변절한다.

만 기다리고 있었지요. 그런데 정작 민족 대표들께서 마지막에 소극적인 태도를 보이신 건 사실 조금 실망이었습니다.

물론 자네들도 같은 마음이었겠지만, 우리 민족대표들도 모두 그 일을 성공시키는 데 목숨을 걸었네. 민족대표 48인 중 한 명이자, 대한제국 판사 출신으로 법에 밝았던 함태영 선생은 독립 선언서에 서명하면 내란죄로 사형당할 수 있다고 했네. 정말 많은 사람이 죽거나 후유증으로 고생했어. 혹독한 고문으로 양한묵 선생이 순국했고, 우리 대종교의 손병희 선생님도 투옥 생활로 병을 얻어서 돌아가셨지.

감사해요. 민족대표들께서 정말 많이 애쓰셨다는 사실은 잘 알고 있습니다.

하아, 자네 같은 어린 여학생도 독립운동에 목숨을 바쳤는데, 정작 나는 변절했으니….

민족대표 48인 민족대표 33인 중 일부를 포함, 3·1운동을 기획하고 실행하는 데 참여해 일제의 처벌을 받은 이들.

함태영(1872년~1964년) 대한제국 판사 출신 독립운동가. 민족대표 48인으로 3년간 옥살이를 한 이후 목사로 활동했고, 광복 후에는 제3대 부통령을 역임했다.

여운형: 하하, 그래도 3·1운동을 계획하고 진행하는 과정에서 선생의 역할은 대단했습니다. 변절한 것은 창피한 일이고, 변명의 여지가 없는 큰 잘못이지만.

최린: 해방 후 반민특위 때도 고백했지만, 친일 행위를 한 건 분명 내 잘못입니다. 한때나마 민족대표로 불렸으니 더 큰 책임감이 있어야 했는데, 나 혼자 살자고 변절했으니 부끄러울 뿐입니다.

유관순: 독립이 단번에 이뤄질 거라 생각하진 않았습니다. 그래서 강기덕 선배님을 비롯한 학생 지휘부는 3월 1일 독립선언식 이후에도 만세 운동이 계속되도록 1선, 2선을 나누어 제2차, 제3차 운동을 계획했다고 해요. 대표자와 시위대가 체포된 뒤에도 시위대가 계속해서 조선총독부로, 덕수궁으로, 미국과 프랑스 등 외국 영사관으로 나가서 당당히 독립을 외칠 수 있도록 말이지요.

윤치호: 그렇게 해서 전국적으로 벌인 만세 운동의 결과가 뭔가? 내가 계속 말했지만, 우리 민족은 늘 지나치게 감

반민족행위특별조사위원회 1948년 일제강점기에 반민족 행위를 한 이들을 처벌하기 위해 만들어진 기관. 자세한 내용은 15라운드 참조.

정적인 게 문제야. 자네 나이가 몇이지?

만으로 열일곱입니다.

어려, 너무 어려! 이런 순진한 아이들이 눈에 뻔히 보이는 위험 속으로 달려들다니, 용감하다고 할지 무모하다고 할지….

엇, 혹시 지금 눈물을…?

하, 하품입니다!

아뇨, 저희는 어린 학생이지만 결코 어리석거나 순진하지 않습니다. 당장 독립이 안 되더라도 저희 학생들의 희생을 통해 먼 훗날이라도 반드시 싹틀 독립의 씨앗을 뿌리는 게 목적이었으니까요.

독립선언 이후 만세 운동이 어떻게 진행됐는지 이야기해주실 수 있을까요?

네. 3월 1일 서울과 평양에서 처음으로 만세 시위가 시작된 이후, 일제는 학생들의 가담을 막기 위해 휴교령을 내리고 만세 운동을 진압하려 했지요. 그래서 저는

사촌 언니와 함께 고향인 천안에 내려가서 운동에 참여했습니다. 우리는 대체로 평화적으로 시위에 임했지만, 일제는 무차별적인 폭력으로 대응했지요. 결국 아우내장터 시위 과정에서 부모님 두 분을 다 잃고 말았습니다. 그리고 저 역시 서대문형무소에 투옥되었지요.

안타까운 일이야. 저렇게 어린 학생을 비롯해 많은 사람이 희생했는데도 일제의 지배는 한참을 더 이어졌으니. 3·1운동은 지금 봐도 너무 무모한 운동이자 실패한 운동이 아닌가?

실패가 아닙니다. 헛된 희생도 아니고요. 만세 운동 때 우리는 독립에 대한 열망을 꽃피었고, 그뿐 아니라 자유·평등·정의·평화에 대해서도 함께 선언했습니다. 남녀노소를 불문하고 그 메시지에서 공감해 전국 각지의 만세 운동을 벌인 경험이, 바로 오늘날 대한민국 민주주의의 토대가 된 것이 아닐까요?

맞아요. 3·1운동에 참여한 연인원이 100만 명 이상이라고 하던가요? 우리의 독립 의지를 세계에 분명하게 확인시킨 계기이자, 또 국민이 주인인 민주공화국의 탄생을 이끈 자랑스러운 운동이지요. 뭐, 당시엔 저도

3·1운동의 아이콘, 유관순

1919년 당시 유관순은 이화학당 고등과 1학년에 재학 중이었다. 그녀는 당차면서도 상당히 개구진 성격으로도 유명했다. 품행 점수에 낙제점을 받기도 했는데, 기숙사에서 잠들기 전 기도문을 외울 때 "하느님의 이름으로 빕니다"가 아니라 낮에 먹었던 맛있는 반찬인 "명태님 이름으로 빕니다"라고 해서 학생들의 웃음을 터뜨렸기 때문이다. 그녀가 평소 존경하던 인물 역시 '망치를 든 여인'으로 불린 나이팅게일과 프랑스의 영웅 잔 다르크였다.

'굳이 정부라는 형태까지 필요할까?' 하고 의심하면서 참여하긴 했습니다만.

1919년은 대한민국이 맞이한 자랑스러운 첫 번째 봄날입니다. 앞서 말씀드렸듯이 저희 학생들을 비롯한 모든 한국인이 주권을 찾기 위해 독립을 선언한 날이기에 임시정부 헌법, 그리고 오늘날 대한민국 헌법에도 '민주공화국' 이념이 명시될 수 있었죠. 얼마나 의미 있고 기쁜 일인가요?

존경스럽다는 말씀을 드릴 수밖에 없네요. 지금까지 3·1운동에 관해 열띤 토론을 나눴는데요. 사실 일제강점기에 이런 대규모 시위를 벌이는 건 무척 어렵습니다. 비밀리에 계획을 준비해야 하고, 실행 과정에서 목숨까지 걸었어야 하니까요. 실제로 민족대표는 물론, 시위에 참여한 많은 이가 총칼에 희생되거나 옥고를 치렀습니다.

중요한 건 분명 3·1운동은 궁극적으로 성공했다고 말할 수 있다는 겁니다. 비록 식민 지배를 단번에 끝내진 못했으나 독립 의지를 세계에 알렸고, 향후 독립운동의 구심점이 되어 국민에게 주권이 있는 민주공화국 대한민국이 탄생하게 됐으니까요. 3·1절에는 이런 의미를 되새기며, 따뜻한 봄을 맞이하는 시간을 가져 보면 좋겠네요.

토론자들의 주장 정리

① 3·1운동은 윌슨의 민족자결주의 영향을 받아 일어났다.
② 민족대표는 「독립선언서」를 통해 전 세계에 독립을 '선언'했다.
③ 독립 선언 후, 학생들을 중심으로 평화적인 만세시위가 전국으로 확산됐으며, 만주와 연해주, 필라델피아 등 세계 곳곳으로도 이어졌다.
④ 3·1운동의 정신은 임시정부, 그리고 오늘날 대한민국 헌법으로 이어졌다.

3·1운동 당시 시위자들은 독립뿐 아니라 '자유, 평등, 정의, 평화'를 외쳤다. 오늘날 이 조항들은 우리 사회에 잘 적용되고 있다고 생각하는가? 국민이 주인인 나라, 민주주의의 진정한 의미와 가치에 대해 정리해보자.

ROUND 13. 무장투쟁 VS 실력양성 VS 외교독립

독립을 위한 최선의 길은?

이승만
임시정부 초대 대통령 | "외교독립!"

생몰년 1875년~1965년 | **특징** 독립운동가이자 독재자

독립협회 활동으로 투옥, 출소 후 미국 하버드와 프린스턴에서 석·박사 학위를 받았다. 임시정부 초대 대통령이었으나, 1925년 탄핵됐다. 해방 후 단독 정부 수립을 주장해 초대 대통령이 됐다. 농지 개혁 등 업적이 있으나, 반민특위 해산, 제주4·3사건 등에 책임이 있다. 독재와 부정선거로, 1960년 4·19혁명이 일어나 하야했다.

안재홍
비타협적 우파 민족주의자 | "실력양성"

생몰년 1891년~1965년 | **별명** 조선의 사마천

3·1운동 이후 국내에서 임정 연통부로 활동하는 등 독립운동을 했다. 물산장려운동과 민립대학 설립을 추진했고,《조선일보》주필로 활동하면서 조선어학회 사건 등으로 무려 아홉 차례나 옥살이를 했다. 신간회에 적극 참여하며 민족유일당 운동에 나섰으며, 해방 뒤에도 좌우합작운동에 나섰다. 한국 전쟁 때 납북됐다.

이광수
안창호의 사상을 왜곡 | "민족개조"

생몰년 1892년~1950년 | **망언** "민족을 위해 친일했다!"

작가, 언론인, 친일반민족행위자. 1919년 와세다대학 유학생으로「2·8독립선언서」를 작성했다. 이후 소설『무정』이 베스트셀러가 되었으며, 임시정부에도 참여했다. 1921년 귀국, 안창호의 사상을 왜곡한 민족개조론을 주장하며 적극적인 친일파로 돌아섰다. 해방 이후에도 변명만 일삼으며 반성하지 않았다. 한국전쟁 때 납북되었다.

국민대표회의에서 대격돌!

신채호
임시정부 창조파 | "무장투쟁!"

생몰년 1880년~1936년 | **좌우명** "역사란 아(我)와 비아(非我)의 투쟁!"

유학자에서 민족주의자로, 다시 사회주의자, 아나키스트로 다양한 사상적 변화를 겪었지만, 일생을 바쳐 독립운동에 매진했다. 기억력이 매우 좋아서 한 번 읽은 책을 줄줄 외웠다고 하며, 근대적 역사가로 민족주의적 한국사 연구에 기여했다. 저서로 『독사신론』, 『조선상고사』 등이 있다.

안창호
임시정부 개조파 | "실력양성+독립 전쟁"

생몰년 1878년~1938년 | **특징** 평안도(서북) 사투리

실력양성을 통한 독립전쟁론을 주장했다. 1911년에 미국으로 가서 흥사단을 설립해 이끌었으며, 3·1운동 이후 임시정부에 가담해 연통제·교통국을 설치했다. 1937년 수양동우회 사건으로 투옥되었다가, 고문과 옥살이의 후유증으로 사망했다.

김구
임시정부 현상유지파 | "임시정부 지켜!"

생몰년 1876년~1949년 | **저서** 『백범일지』

젊은 시절 동학농민운동에 가담했다. 1919년 대한민국 임시정부 수립에 기여했고, 이후 임시정부를 끝까지 책임지며 한인애국단 의거(이봉창, 윤봉길 등)를 이끌었다 중국 국민당 장제스가 카이로 선언에서 한국 독립을 주장하는 데 영향을 주었다. 해방 후 신탁통치 반대와 남북통일정부 구성을 주장했으나, 1949년 암살당하고 만다.

일제는 을사조약으로 한국의 외교권을 박탈했고, 뒤이어 1910년에는 국권을 빼앗습니다. 35년에 달하는 일제강점기가 시작된 건데요. 물론 우리 민족은 자유와 독립의 의지를 놓지 않았습니다. 수많은 독립운동가가 독립을 위한 다양한 방법을 고민했는데요. 크게 무장투쟁론과 실력양성론, 외교독립론이 그것입니다. 과연 그중에 어떤 방법이 가장 최선의 방법이었을지, 또 실제로 독립에 얼마나 기여했는지 이야기를 나눠 보겠습니다.

잘됐군요. 언젠가 기회가 되면 이렇게 모여 이야기하고 싶었는데. 나는 대한민국 임시정부의 초대 대통령이자, 대한민국 정부의 초대 대통령으로서 당당하게 말할 수 있습니다. 나의 외교독립론이야말로 민족을 독립으로 이끈 가장 현실적이고 효과적인 방법이었다고 말입니다.

흥. 외교독립론? 기껏해야 **미국에 한국을 위임 통치해달라고 청원**한 것이 무슨 대단한 독립운동이라고?

쯧쯧. 독립운동을 한다는 분이 이렇게 국제 정세에 어두워서야. 당시엔 민족자결주의가 세계의 대세였소. 그걸 주창한 강대국 미국의 힘을 빌려 일본의 지배로

위임통치 청원 사건

1918년 11월, 미국의 대한인 국민회는 제1차 세계대전이 끝나자 파리강화회의에 보낼 대표단을 꾸리고, 미국 대통령에게 보낼 독립 청원서도 준비한다. 여기에는 안창호·이승만·정한경 등이 참여했다. 하지만 이러한 청원운동은 3·1운동 이후 논란이 됐고, 특히 무장투쟁론을 주장하던 이들(이동휘, 신채호, 박용만 등)에게 강한 비판을 받았다.

부터 해방시켜달라는 청원이 독립운동이 아니면, 대체 뭐가 독립운동이오?

말부터가 독립운동이 아니잖소? 완전한 독립이 아니라 위임 통치를 요청한 거니까. 결국 지배자만 일본에서 미국으로 바꾸자는 말인데, 이완용은 있는 나라를 팔았다면 당신은 없는 나라까지 팔아치운 매국노나 다름없소!

뭐라고? 지금 말 다 했소?

잠시 진정들 하디요. 먼저 위임 통치 청원은…, 사실 당시엔 나도 찬성했던 사안입니다. 풀어야 할 오해가 있

안창호와 사투리 안창호는 굉장한 달변가로 유명했는데 평안남도 출신이어서 서북 사투리를 썼다고 한다.

는데, 청원은 2·8독립선언이나 3·1운동이 일어나기 전에 시도한 일입니다. 당시 우리는 10년 가까이 식민 지배를 받던 상황이었고, 혼자 힘으로 당장 독립하기는 어렵다고 판단했습니다. 그 와중에 제1차 세계대전이 끝나고 파리강화회의가 열리고 민족자결주의까지 주창되었으니, 이 기회에 식민 지배의 부당함을 세계에 알리고 일제의 지배에서 벗어날 절호의 기회라고 생각한 것이지요.

좋습니다. 그럼 3·1운동이 일어난 뒤에는 생각이 달라졌습니까?

물론입니다. 2천만 동포가 한목소리로 그토록 간절히 독립을 외치는데, 당연히 그 뜻을 따라야 하지 않겠습니까?

다들 가방끈이 짧아서 그런가, 내 큰 뜻을 단단히 오해하는 게 안타깝군. 3·1운동은 평화적 시위로, 그야말로 내가 외교독립론을 강하게 주장할 수 있는 명분이 됐지. 당시 미국 언론과 인터뷰하며 3·1운동을 널리 알린 게 바로 나요.

당신에겐 위임청원 건뿐 아니라 다른 문제도 있었지.

스티븐스 저격사건 때 장인환과 전명운 의사를 돕지도 않았던 데다가, 그렇게 대통령이 되고 싶어 했으면서 정작 상하이에는 계속 들어오지 않다가 겨우 와서 몇 개월만 머물렀소. 대체 왜 그런 거요?

> **스티븐스 저격사건**
>
> 1908년 샌프란시스코의 한 기차역에서 미국 외교관 스티븐스가 전명운·장인환에 의해 피살된 사건. 스티븐스는 친일 성향으로 을사조약을 미화하면서 매번 한국인을 비난했다. 이에 전명운, 장인환은 그의 암살을 계획했는데, 흥미로운 점은 둘이 어떠한 접점도 없이 각자 따로 계획했다는 것이다. 먼저 전명운이 스티븐스를 쏘려다 실패하고 싸움을 벌였는데, 이때 장인환이 나타나 총을 쏘았다. 결국 스티븐스는 며칠 후 사망한다.
>
> 이때 전명운과 장인환의 재판 변호에 통역을 부탁받은 것이 이승만이다. 하지만 그는 저격 사건이 미국 내에서 한국에 대한 과격하고 나쁜 인상을 줄 것을 걱정해 변호 요청을 거절했다. 이후 그는 안중근의 이토 저격도 "독립하는 데 실익이 없다"며 부정적으로 평가했다.

이승만

스티븐스가 아무리 친일 행보를 보였다지만, 엄연히 미국을 대표하는 외교관이오. 그런 사람을 미국 땅에서 죽였으니, 미국인이나 세계인이 한국인을 어떻게 보겠소? 감정적이고 폭력적인 야만스러운 민족으로 생각하지 않겠소? 또 자꾸 상하이에 안 온다고 뭐라고 하는데, 내가 뭐 미국에서 놀았나? 외교 활동도 하고, 구미위원부를 설립해 자금도 모으고 바빴소. 그리고 내 지론인 외교를 통한 독립운동을 펼치기에도 미국에 머무르는 게 최선이었지.

독립운동 자금을 멋대로 쓰고, 의정원의 의견도 매번 무시했으니…. 탄핵당해도 할 말이 없어요!

저 양반이야 원래 그렇다지만, 솔직히 도산 선생의 행보도 좀 아쉽습니다.

음? 내 어떤 점이 말입니까?

3·1운동으로 탄생한 임시정부가 결국 독립운동의 구심점 역할을 못한 책임이 어디 있겠습니까?

저런, 임시정부에 문제가 있었군요?

그렇습니다. 각지의 독립운동을 제대로 지원하지도 못했고, 심지어 통일된 방향도 없었죠. 이게 다 외교론이나 앞세우는 이승만 같은 자를 대통령으로 둔 탓입니다. 그러니 아예 조직을 갈아엎고 임시정부를 새로 창조하는 것이 낫지요.

창조론 vs 개조론 vs 현상유지론

1920년대 임시정부의 방향성을 놓고 창조론·개조론·현상유지론의 싸움이 계속되자, 마침내 1923년에 국민대표회의가 열리게 된다. 하지만 이 회의에 김구 등 임시정부 현상유지파는 참여 자체를 거부했으며, 개조파도 치열한 논의 끝에 결국 이탈하고 만다. 이후 임시정부는 힘을 잃고, 잔류한 김구에 의해 활로를 모색하게 된다.

- 창조론: 신채호, 박용만 등
- 개조론: 안창호, 여운형, 박은식 등
- 현상유지론: 김구, 조소앙, 이동녕 등

어떻게 세운 통합 정부인데, 없애고 처음부터 다시 만들자고요? 말이 되는 소리입니까. 그리고 애초에 임시정부가 왜 어려워졌나요? 이게 다 공산주의자들이 독립운동 자금을 빼돌렸기 때문 아닙니까?

그게 무슨 말씀인가요?

당시 임시정부에는 민족주의자 외에도 공산주의자도 가담하고 있었습니다. 그런데 그들은 **국제공산당에게 받은 자금**을 임시정부에 가져오지 않았어요. 제멋대로 횡령한 것이지요.

국제공산당 자금사건

국제공산당 자금사건은 크게 1·2차로 나뉜다. 1차 사건은 1919년 국제공산당으로부터 한인사회당이 받은 자금을 전러한인공산당(이르쿠츠크 파)이 탈취한 것이고, 2차 사건은 1920년 김립과 이동휘 등이 국제공산당에게 받은 자금을 임시정부가 아닌 한인사회당 자금으로 쓴 사건이다. 2차 사건으로 이동휘는 국무총리를 사임했으며, 김립은 김구에 의해 암살됐다. 결국 다수의 사회주의 세력이 임시정부를 떠났으며, 국민대표회의가 개최된 원인 중 하나가 되었다.

잠깐만요. 민족보다 계급을 중시하는 좌파나 공산당의 활동은 나 역시 마음에 들지 않았습니다. 하지만 그 문제를 횡령으로 볼 수 있나요?

당연하죠! 임시정부는 좌우를 막론하고 모든 한국인을 대변하는 유일한 정부니까요.

이상적으로는 그렇지만, 현실적이지는 않은 이야기입니다.

쯧쯧, 이래서 내가 국민대표회의를 열자고 한 겁니다. 당시 임시정부는 여러 진영으로 갈라져 다투기 바빴어요. 국제적으로 어떤 나라도 우리 독립운동에 주목하지 않았고, 국내의 독립운동도 계속 위축됐지요. 거기에 임시정부는 어떤 대응을 했죠? 별다른 대처를 못 했습니다. 그렇게 무능하다면, 차라리 싹 갈아엎고 완전히 새로운 독립운동 기관을 세우는 것이 낫지 않겠습니까?

국민대표회의의 취지에는 공감합니다. 그동안 임시정부가 제 역할을 못 한 것도 사실이니 재정비가 필요했지요. 하지만 그렇다고 간신히 만들어낸 통합정부의 상징성과 역사를 모조리 무시하는 게 옳을까요? 수리할 곳이 많다고, 집을 아예 헐어서야 되겠습니까?

당신들 개조파는 그리 생각할지 모르지만, 우리 창조파는 생각이 좀 달라요. 당시 상하이의 임시정부는 이미 연통제와 교통국 같은 시스템이 무너졌고, 운영할 군대도 없었어요. 더 이상 어떤 독립운동을 할 수 있단 말입니까?

연통제와 교통국이야말로 내가 임시정부에서 정말 신경썼던 조직들입니다. 너무 안타까워요. 사람들은

연통제 임시정부의 국내 연락망 조직. 1920년에는 일제의 탄압으로 무력화됐고, 임시정부는 자금난을 겪게 된다.

교통국 임시정부의 국외 연락망 조직. 임시정부를 선전하고 독립운동가와 연락하며 자금을 모으기 위해 설치되었다.

흔히 외교론이니 무장투쟁이니 말하기 좋아하는데, 어떤 운동을 하든 제일 기본이 되는 것이 바로 재정입니다. 독립운동도 글자나 말만으로 되는 것이 아니라, 돈이 있어야 계속할 수 있지요. 두 조직이 바로 그 역할을 담당했고요.

그런 상황에서는 차라리 상하이의 임시정부를 없애고, 본격적인 무장투쟁을 벌일 수 있는 연해주 같은 곳에 새 정부를 만드는 것이 낫습니다.

말도 안 되는 소리! 그렇게 임시정부를 없애면, 여러 독립운동 단체가 다시 하나로 힘을 합치지 못할 거요. 우리는 있는 임시정부를 단단하게 지켜서 독립운동의 구심점으로 삼아야 해요.

이렇게나 생각이 다르니…. 됐습니다. 그냥 각자 갈 길 갑시다!

다들 흥분을 좀 가라앉히시고, 정리를 해볼까요? 먼저 신채호 선생님께선 무장투쟁을 주장하시는 거죠?

그렇습니다. 국민대표회의가 결렬된 후, 나는 임시정부를 나와 의열단을 위해 「조선혁명선언」을 썼지요.

외교론처럼 입에 발린 운동이 아니라, 적극적인 무력투쟁을 통해 제국주의와 자본주의의 폭력에 맞서야 한다고 생각한 겁니다.

무장투쟁을 병행해야 한다는 생각에는 백번 공감합니다. 하지만 그건 임시정부 틀 안에서도 가능해요. 내가 한인애국단을 만들어 이봉창, 윤봉길의 의거를 이끈 것처럼 말입니다.

나 역시 무장투쟁에 동의합니다. 하지만 전투 몇 번 이기는 것보다 중요한 게 있습니다. 실력을 기르면서, 점진적으로 싸움의 판을 키우는 것이지요. 이것이 나의 '독립전쟁론'입니다. 일본과 정면으로 맞서 싸우자는 거죠. 그리고 김구 선생께도 한마디 하고 싶군요. 뚝심 있게 헌신하는 모습은 좋지만, 매번 자기 입장만 고집스럽게 내세우면 대화가 되겠습니까?

선생께서 임시정부를 흔드는 말씀을 하시는 건 괜찮고요? 이래서 내가 선생이 국무령이 되는 걸 반대한 거요!

한인애국단(1931년) 김구가 만든 무장투쟁 조직. 이들의 활동은 임시정부가 중국 국민당의 지원을 받고 1943년 카이로선언 때 한국의 독립이 보장받는 데에도 영향을 끼쳤다.

조직을 개조하자는 것이지 없애자는 게 아닙니다. 나 역시 임시정부가 신민회부터 이어진 '민주공화국' 이념으로 세워진 걸 뿌듯하게 생각하는 사람이에요.

임시정부는 법통이 있는 조직입니다. 독립에 대한 뜨거운 열망으로 탄생한 곳이며, 많은 독립운동가가 참여한 정부예요. 하지만 현실적으로는 자금난과 파벌 갈등, 독립운동가들의 이탈로 어려움을 겪었지요. 상하이에서 난징, 충칭으로 옮겨 다닐 때마다 얼마나 고생했는지. 그럼에도 난 임시정부를 지키려고 애썼습니다. 임시정부가 있기에 국내외 한국인들이 독립에 대한 희망을 계속 지킬 수 있었으니까요!

선생의 강한 의지와 무조건적 헌신은 정말 존경합니다. 다만 저 역시 임시정부의 의미를 너무도 잘 아는 사람으로서, 쓴소리도 한마디 하고 싶습니다.

오랜만이군요. 조선의 사마천 선생!

하하, 제가 좋아하는 별명으로 불러주시는군요. 저는 독립을 위해서는 좌우가 협력해야 한다고 믿습니다. 그래서 민족유일당운동의 뜻에 동의했고, 국내에 신간회를 조직했던 것입니다.

신간회의 탄생 배경

독립운동 세력이 좌우로 분열하자, 이를 통합하기 위한 움직임도 일어났다. 중국에서도 일제에 맞서 제1차 국공합작(1924년~1927년)이 이뤄졌고, 1927년 한국 역시 민족주의 계열(안재홍, 이상재, 조만식 등)과 사회주의 계열(홍명희, 허헌 등)이 모여 신간회를 조직한다.

신간회는 '일체의 기회주의를 부인한다'는 강령을 통해 단호하게 독립을 추구했으며, 전성기 때는 회원수가 무려 4만 명에 달했다. 하지만 일제의 탄압이 시작되고 자치운동이나 민족개조론을 주장하는 개량주의 친일파들의 가담으로 논란이 되자, 결국 해산을 결정한다.

김구

나도 **민족혁명당**을 지켜봤어. 그런데 공산주의자는 계급투쟁만 앞세울 뿐, 민족의 독립은 외면했네. 어떻게 그들을 믿고 함께 일하겠나?

안재홍

저도 민족주의자입니다. 다만 계급투쟁을 통해 독립을 추구하는 이들의 존재도 인정하지요. 우리가 분열되면 누가 이득을 보겠습니까? 좌파 중에서도 독립을 위해 싸우는 훌륭한 지도자가 많습니다. 사회주의와 민족주의의 단결만이 일제를 물리치고 독립을 얻을 수 있는 길이에요.

민족혁명당(1935년) 좌우합작으로 결성된 정당. 지청천·김규식·조소앙·김원봉·김성숙 등 좌우인사가 두루 참여했으나, 갈등을 겪다 다시 분열되고 만다.

글쎄, 이념이 다른 이들을 하나로 뭉치는 건 현실적으로 너무 힘들어.

음, 신간회에 대해 좀 더 설명해주시겠습니까?

말 그대로 좌우가 힘을 합쳐 민족유일당을 만들기 위한 단체입니다. 오직 독립을 열망하는 이들, 즉 비타협적 민족주의자와 사회주의자가 힘을 모으려 했죠. 그렇게 뜻을 함께한 국내 독립운동가들이 전국 강연을 다니며 원산총파업을 지원하고 근우회를 통해 여권도 신장하려 노력했으며, 광주학생항일운동에도 진상 조사단을 파견하는 등 활발하게 활동했지요. 전국적인 지지를 받은 단체였지만, 안타깝게도 일제의 탄압과 저런 '타협적 민족주의자', 사실상 친일파들 때문에 실패하고 말았습니다.

이런, 가만히 있는 나를 왜 째려봅니까? 나는 신간회와 관련이 없습니다만, 이 기회에 한마디 하겠습니다. 무장투쟁, 외교독립 뭐 다 좋아요. 하지만 현실적으로 독립하려면 가장 필요한 게 뭘까요? 실력입니다. 그게

원산총파업(1929년) 1월부터 4개월간 함경남도 원산 지역 노동자들이 벌인 파업 시위.

근우회(1927년) 여성 운동 단체로 성평등과 여성 교육 확대, 노동자 권익 향상 등을 추구했다.

없으면 언제든 또 다른 강대국의 지배를 받을 거예요. 그런데 당시 우리에게 실력이 있었습니까? 없었죠? 그래서 나는 어디까지나 안타깝고 민족을 아끼고 사랑하는 마음에 민족개조론을 주창한 겁니다.

끝까지 변명만 늘어놓는군! 그따위 말로 사람들을 현혹하면서 결국 독립을 포기하고 참정권을 얻자는 자치론이나 주장하며, 우리 민족의 독립 의지를 꺾으려 하지 않았나?

천만에요. 저 역시 부득이하게 민족을 위해 친일했을 뿐입니다. 차별받는 게 싫다면, 차라리 모든 한국인이 일본인이 된다면 차별도 없어지는 거 아닙니까? 그리고 사실 민족개조론은, 일단 그 말부터 제가 만든 게 아니에요. 도산 스승님의 뜻에 크게 공감해서 널리 알리려 했던 것일 뿐이죠.

시끄럽다, 이놈! 내가 말한 민족개조는 어디까지나 민족의 실력을 길러 자유와 독립을 회복하기 위한 것이

광주학생항일운동(1929년) 전남 광주에서 시작된 항일운동. 1929년 10월 일본 학생이 한국 여학생을 성희롱한 사건을 계기로 폭발, 전국적인 항일투쟁으로 번졌다.

민족개조론 독립을 위해선 민족성의 개조가 필요하다는 주장. 안창호는 독립을 위한 수단으로 주장했으나, 이광수는 독립을 포기하는 방향으로 왜곡했다.

끝까지 뻔뻔했던 조선의 천재

육당 최남선, 벽초 홍명희와 함께 '조선의 3대 천재'로 불린 이광수도 초창기에는 독립운동에 헌신했다. 1917년 신한청년당에 가입하고 당대 베스트셀러가 된 『무정』 등의 소설을 통해 계몽운동에 나섰으며, 상하이임시정부를 위해서도 일했다. 하지만 1921년 귀국, '민족개조론'을 주장하며 적극적인 친일파로 전향한다. 그는 해방 이후에도 자서전 『나의 고백』에서 자기 행동을 변명하면서 끝까지 반성하지 않았다.

었다. 너처럼 차라리 일본인이 되자는 매국적인 주장과는 완전히 달라.

서운합니다. 저도 신한청년당 활동도 했고, 독립선언문도 작성했고, 소설을 통한 계몽운동도 했어요. 나름 민족을 위해 일해왔다고요.

그래. 네 재주가 많아서 아꼈는데, 결국 민족을 배반해 친일파가 되다니!

그러게 더 오래 사시지 그랬습니까! 스승님마저 저를 비난하시면 어쩔 수 없습니다. 다만, 과연 일제강점기 때 한국인 중에서 친일 행위에서 완전히 깨끗한 사람이 몇이나 될지 모르겠군요.

안재홍: 어쩌다 저리 염치가 없어졌는지. 도쿄에 유학하던 시절부터 친했던 자네지만, 그런 식의 태도가 신간회를 망칠 것을 염려해 '일체의 기회주의를 배격한다'라는 강령을 넣은 것이야.

이승만: 좌우합작이든 뭐든, 결국 우리가 어떻게 독립했지요? 무장투쟁이 아니라 외교의 힘으로 독립했어요. 우리의 독립이 최초로 논의된 카이로회담처럼 말이지. 뭐, 겉보기엔 외교독립론보다 무장투쟁론이 훨씬 멋져 보일 순 있소. 하지만 내 외교론의 우수성은 역사의 결과가 증명하고 있지.

김구: 왜 남이 한 일에도 숟가락을 얹습니까? 카이로선언에 한국의 독립이 약속된 건 대한민국 임시정부, 그리고 나와 조소앙이 중화민국의 장제스를 설득했기 때문 아닙니까?

이승만: 어허! 미국 루스벨트 대통령에게 여러 번 편지를 보내

카이로회담(1943년) 11월, 미국·영국·중화민국 대표가 모인 회담. 이때 장제스의 주장으로 한국의 독립이 결정지어졌다.

장제스(1887년~1975년) 쑨원의 뒤를 이어 중화민국 총통을 역임. 공산당 토벌에 나섰으나 실패했고, 결국 국공합작으로 제2차 세계대전 승리를 이끌었다. 하지만 이후 이어진 국공내전에서 패배, 타이완(대만)으로 옮겨갔다.

한국 독립을 설득한 건 나라고.

김구

한때 **형님과 뜻을 함께했던 적**도 있지만, 해방 후 단독 정부 수립을 계속 고집하며 민족의 분열을 방치한 건 정말 실망입니다.

신채호

독립은 말로 하는 게 아니라 피와 땀으로 하는 겁니다. 계속해서 무장투쟁을 벌인 이들이 아니었으면, 강대국들이 우리 민족의 독립을 보장하는 일은 결코 없었을 거예요.

안재홍

우리가 실력을 더 길러서 하나로 뭉쳤다면, <u>얄타회담</u>이나 <u>모스크바삼상회의</u>의 비극은 없었을 텐데. 또 기왕 신탁통치가 결정됐다면, 그걸로 좌우가 싸우는 대신 힘을 모아 통일 정부 구성을 논의했어야 했는데…. 안타까울 뿐입니다.

정약용

오랫동안 기다리던 해방이 결국 좌우 갈등과 분단으로 이어진 것이 안타깝습니다. 이번 라운드에서는 독립운동의 방향을 놓고 논쟁했습니다. 신채호 선생은

얄타회담(1945년) 2월, 연합군의 승리를 앞두고 미국·영국·소련 대표자가 모인 회담. 여기서 한국의 신탁통치가 논의됐다.

모스크바삼국외상회의(1945년) 12월에 개최된 미국·영국·소련의 외무장관 회의. 이곳에서 한국의 신탁통치가 최종 결정됐다.

김구와 이승만의 관계

김구는 오랫동안 이승만과 정치적 파트너로서 함께했고 사적으로 호형호제하는 사이였다고 한다. 해방 후에는 신탁통치도 함께 반대했다. 그러나 이승만이 정읍발언을 통해 남한 단독 정부 수립을 주장하자 점차 사이가 벌어졌고, 결국 김규식과 함께 분단을 막기 위한 남북협상에 나선다.

'무장투쟁'을, 안창호 선생과 안재홍 선생은 '실력양성'을, 이승만 선생은 '외교독립'을 강조하셨죠. 이후 임시정부 내의 노선 갈등을 해결하기 위해 '국민대표회의'가 열렸고, 신채호 선생은 '창조론', 안창호 선생은 '개조론', 김구 선생은 '현상 유지'를 주장하며 열띤 논쟁을 벌였습니다.

좌우합작과 관련해서도 논쟁이 있었습니다. 안재홍 선생께서는 국내에서 언론·경제·문화 여러 부문에서 활약하시면서도 비타협적 민족주의자의 입장을 지켰는데요. 민족주의 계열 중도 우파라는 정치적 입장임에도 '신간회'를 통해 좌우합작을 시도하셨죠. 해방 이후 남북이 분단된 점을 생각하면, 이런 좌우합작이 성공했다면 하는 아쉬움이 있습니다.

사실 우리 민족의 독립은 어느 하나의 방법만으로 이루어진 것은 아닐 것입니다. 비록 분열과 갈등도 있었지만, 모든 분이 각자 독립을 위해 최선을 다해주셨기에 지금의 대한민국이 존재하는 것이겠지요. 진심으로 감사하는 마음을 가져야겠습니다.

토론자들의 주장 정리

① 강대국과의 외교를 통해 독립하자. (이승만)
② 무장투쟁이 중요! 임시정부는 다시 창조해야. (신채호)
③ 실력양성 후 독립 전쟁! 임시정부는 개조해야. (안창호)
④ 무슨 소리! 임시정부는 무조건 그대로 지켜야 한다. (김구)
⑤ 국내에서의 실력양성도 중요하다. (안재홍)

최선의 독립운동 방법은 무엇이라고 생각하는가? 또한 우리나라 화폐에 독립운동가를 넣는다면 어떤 인물이 가장 좋을까? 한번 생각해보고, 그 이유를 정리해보자.

ROUND 14. 친일 청산 문제로 돌아보는 역사의 의미

과거가 중요할까, 현재가 더 중요할까?

잘못된 과거사는 반성해야!

안창호
대표적 독립운동가

생몰년 1878년~1938년 | **특이경력** 대한민국 공군 창설을 고안

실력양성을 통한 독립전쟁론을 주장했다. 1911년에 미국으로 가서 흥사단을 설립해 이끌었으며, 3·1운동 이후 임시정부에 가담해 연통제·교통국을 설치했다. 1937년 수양동우회 사건으로 투옥되었다가, 고문과 옥살이의 후유증으로 사망했다.

임종국
평생 친일파 연구

생몰년 1929년~1989년 | **유산** 민족문제연구소

문학평론가였으나, 작가들의 친일 행적을 발견한 뒤 평생 친일파 연구에 매진했다. 《조선총독부 관보》, 《매일신보》 등 수많은 자료를 보며 명단과 행적을 꼼꼼히 정리했으며, 그중에는 아버지의 이름도 있었다. 대표 저서로 『친일문학론』, 『실록 친일파』 등이 있다.

과거보다 현재가 중요!

이승만
반공이 최우선!

생몰년 1875년~1965년 | **특징** 반일 정치가이면서도, 친일 청산은 반대

독립협회 활동으로 투옥, 출소 후 미국 하버드와 프린스턴에서 석·박사 학위를 받았다. 임시정부 초대 대통령이었으나, 1925년 탄핵됐다. 해방 후 단독 정부 수립을 주장해 초대 대통령이 됐다. 농지 개혁 등 업적이 있으나, 반민특위 해산, 제주4·3사건 등에 책임이 있다. 독재와 부정선거로, 1960년 4·19혁명이 일어나 하야했다.

박중양
친일 청산 반대!

생몰년 1872년~1959년 | **특징** 신념성 친일파

동족혐오의 확고한 신념을 가진 친일파. 개화파 출신으로 독립협회에 참여했으나, 이후 신념형 친일파로 일관되게 행동했다. 3·1운동 당시 자제단을 이끌며 방해했으며, 1943년 중추원 부의장이 되었다. 해방 이후에도 어떤 변명 없이 일제의 식민통치와 친일파를 옹호했다.

토론회의 마지막을 장식할 주제는 역사의 의미에 관한 것입니다. 바로 '과거가 중요할까, 현재가 더 중요할까?'라는 질문과 함께, 근현대사의 가장 뜨거운 감자인 친일 청산 문제를 다뤄보겠습니다. 1945년 8월 15일, 마침내 우리 민족은 해방을 맞습니다. 다음 관건은 식민지 잔재를 청산하고, 새로운 나라를 세우는 일이었는데요. 한반도는 **미소냉전에 휘말려 좌우 진영이 대립**하다가 결국 남북 분단과 한국전쟁이라는 커다란 비극을 겪게 됩니다.

또한, 이러한 정치적 혼란 속에서 제대로 친일 청산을 못 했다는 아쉬움도 남아 있죠. 대체 해방 후 어떤 일들이 있었는지, 또 친일 문제를 어떻게 해결하는 게 좋았을지, 그 과정에서 우리는 어떤 교훈을 배울 수 있을지 이야기를 나눠보겠습니다.

뭐라고? 아직까지 과거에 얽매여서 친일파니 매국노니 따지고 있다는 말인가? 이래서 조선인의 민족성이란…. 도대체 자네들이 생각하는 친일파와 매국노의 정의가 뭔가?

거울을 보면 알 수 있지 않나? 민족을 배신하고 나라를 팔아 부귀영화를 누린 자가 바로 친일파요. 그런 과거를 청산하지 않으면서, 어떻게 현재 그리고 미래를

미소냉전과 한반도

제2차 세계대전의 끝을 앞두고, 서로 체제가 달랐던 미국과 소련은 동맹에서 경쟁 관계로 돌아선다. 미국의 일본 원자폭탄 투하의 배경에는 소련의 일본 진출 전에 전쟁을 끝내려는 의도도 있었다. 결과적으로 미국과 소련은 전쟁 책임이 있는 일본이 아닌 한반도에 삼팔선을 긋고 냉전을 시작했고, 한민족에게 분단의 상처를 남기고 말았다.

김구·김규식·여운형처럼 통일 국가를 만들기 위해 애쓰는 이들도 있었지만, 결국 남북은 냉전의 영향력 아래에서 각각 단독정부를 수립하고 만다. 이후 남한에서는 제주4·3사건(1947~1954년), 여순사건(1948년) 등이 일어났고, 끝내 북한 김일성의 불법 남침으로 한국전쟁(1950.6.25.~1953.7.27.)이 발발하고 만다. 수백만 명이 목숨을 잃은 참혹한 전쟁 끝에 남북은 서로를 적대시하며 분단이 고착됐으며, 사람들의 마음속에 깊은 상처를 남겼다.

이야기할 수 있겠소?

박중양

흥. 조선인은 자기도 떳떳하지 않으면서, 다른 사람에게만 깨끗함을 강요하지. 그래, 과거사에 얽매이는 게 무슨 장점이 있지? 일제의 식민 지배? 오히려 감사할 일 아닌가.

안창호

잘도 그런 망언을!

당시 조선이 일본에 비해 나은 게 뭐지? 조선 사회가 얼마나 야만적인지는 갑신정변 이후 김옥균 선생이 겪은 일들만 봐도 알 수 있지 않나? 결국 홍종우가 그를 암살하자, 조선은 살인자를 처벌하기는커녕 큰 상을 줬지. 김옥균의 시체는 종로 사거리에서 갈기갈기 찢겨졌고. 이런 야만적인 일이 문명국가에서 일어나겠나? 조선은 망할 수밖에 없는, 아니 진작 망해야 할 나라였어.

닥치시오! 설령 우리에게 부족함이 있다면, 지식인으로서 계몽운동에 나섰어야 마땅할 일. 민족성 운운하면서 매국노로 살았다면, 적어도 광복 후엔 부끄러워했어야지.

잘난 척하기는! 나도 젊을 땐 독립협회와 만민공동회 활동을 했어. 하지만 역시 쓸데없는 짓이었지. 조선은 혼자 힘으로 절대 발전할 수 없어. 조금이라도 문명인에 가까워지려면, 일본의 지도를 받는 편이 나아.

서양 제국에 비하면 조선총독부의 통치는 얼마나

홍종우(1850년~1913년) 김옥균의 암살자. 최초의 프랑스 유학생으로 『춘향전』을 불어로 번역하기도 했다. 갑신정변의 실패 후 일본으로 몸을 피한 김옥균을 찾아가 살해했다.

계몽운동 실력을 길러 국권을 회복하자는 운동(실력양성론). 민중을 계몽시키자는 브나로드 운동, 민립대학 설립운동, 물산장려운동 등이 있다.

독립협회와 만민공동회

1896년 미국인이 되어 귀국한 필립 제이슨(서재필)은 이상재·윤치호·손병희 등과 함께 독립협회를 만든다. 참여자 중에는 20대의 안창호와 이승만은 물론, 훗날 대표적 친일파가 된 박중양과 이완용도 있었다. 이들은 조선이 청에게 독립한 것을 기념해 독립문을 만들고 《독립신문》을 발간했으며, 1898년 만민공동회를 개최해 계급과 성별을 초월한 대중적 지지를 받는다. 이들의 목표는 의회 설립과 입헌군주제 개혁이었다.

하지만 독립협회의 성장에 위협을 느낀 고종은 자신의 친위단체인 황국협회를 이용해 그들을 해산시키고 만다. 이후 고종은 독립협회 그리고 다수 민중이 꿈꾼 민주적 방향과는 반대로 자신의 권력을 강화하는 광무개혁을 단행했고, 그마저 한계에 부딪히자 결국 조선의 근대화 시도는 모두 실패하고 일본의 식민지로 전락한다.

관대했나? 일제강점기 동안 이 땅에 글을 못 읽는 문맹자가 얼마나 줄었는지 아는가? 도로가 깔리고, 고층 건물이 올라가고, 근대적인 행정과 교육, 의료 시스템이 갖춰졌어. 이게 <u>일본이 조선을 도와주고 근대화시켜준 게 아니면 뭔가?</u>

관대하게 다스렸다고? 칼을 찬 군인이 헌병경찰이 되고, 태형 같은 전근대적 제도를 그대로 사용해 10년이나 무단통치를 했는데? 또 이후의 민족말살정책을 알

식민지 근대화론

일제가 식민 지배를 통해 한반도를 발전시키고 근대화시켜 주었다는 주장. 일제의 식민사관은 한국의 자발적 발전·근대화가 불가능했다고 주장했으나, 해방 이후 한국 학자들은 일본의 수탈을 강조한 '식민지 수탈론'과 한국의 자발적 근대화 가능성을 주장한 '내재적 발전론(자본주의 맹아론)' 등을 통해 이를 반박했다.

그러나 이후 '식민지 수혜론'을 주장하는 이들이 등장한다. 이른바 '뉴라이트'가 대표적으로, 이들은 근대화를 무조건 찬양하면서 한국의 내재적 발전론은 부정한다. 동시에 "일제의 식민 지배는 축복"이라는 망언으로 물의를 빚기도 했다. 이는 역사적 사실에 기반한 학자로서의 입장이 아닌, 극우적이며 정치적인 주장에 가깝다.

한편, 식민지 시기 '근대화'가 이뤄진 걸 인정하면서도 그 과정에서 억압과 수탈이 일어났음을 인정하는 입장도 있다. '근대화'라는 개념이 중립적이며, 그 자체로 좋고 나쁨이 없다는 것이다. 예를 들면, 식민지 시기 한반도에는 도로나 건물이 건설되는 등 '근대화'가 이루어졌으나, 정작 그런 근대화의 주체여야 할 한국인은 자유와 권리를 박탈당했던 '장기적 수탈을 위한 근대화'였기 때문이다.

고도 그런 말을 하는 거요?

독립협회의 실패는 물론 무척 아쉽소. 나 역시 젊은 시절 큰 꿈을 품고 활동에 참여해서 잘 알고 있어요. 실패에는 여러 원인이 있겠지만, 우리의 실력 부족도 큰 요인이라 생각합니다. 그래서 점진학교를 세워 신교육 운동을 하고, 스스로의 실력도 키우기 위해 미국

유학길에 오르기도 했고요.

그래, 그 부분은 나와 생각이 비슷하군. 나도 조선인이 실력을 양성해야 한다고 생각하거든.

아뇨, 나는 당신과 다릅니다. 실력양성은 매우 중요하지만, 어디까지나 **실력을 키우는 일은 우리 스스로** 해야 해요. 기회를 박탈당한 상태에서 실력양성을 말하는 건 의미 없소. 가장 중요한 것이 자유와 독립이니까. 만약 그게 어렵다면, 차라리 조직적인 혁명을 통해 독립을 먼저 쟁취할 필요가 있는 겁니다.

앞뒤가 안 맞는데. 실력이 있어야 독립을 쟁취하지. 실력이 없으면 식민 지배를 받는 게 당연한 거고.

생각해보시죠. 메이지유신 당시만 해도 일본은 서양에 비해 약했습니다. 그렇다고 그들이 서양의 간섭이나 지배를 받았다면, 강대국이 될 수 있었겠습니까? 이런 진실은 생각하지 않고 무조건 식민 지배만 옹호하는 건 당신같은 친일파의 비겁한 변명이나 자기합리화에 불과합니다.

껄껄, 구구절절 변명하진 않겠네. 난 친일파 맞으니까.

그런데 하나 좀 물어보세. 자네 눈에는 김옥균이나 김홍집 같은 개화파도 매국노로 보이는가?

개화파가 일본의 힘을 빌린 것은 사실입니다. 다만 그렇다고 그들을 매국노라 말할 순 없어요. 비록 급진개화파의 갑신정변은 실력 없이 지나치게 성급한 시도로 실패했고, 온건개화파의 갑오개혁과 을미개혁 역시 현실적 한계에 부딪혀 실패했지만…. 적어도 나라와 민족을 위한 시도였으니까요.

그래, 결국 다 실패했지. 스스로 개혁하기엔 실력이 부족했던 거야. 그런데 지금 말한 것처럼 좋은 의도로 행동했다고 매국노라 부를 수 없다면, 이완용도 매국노가 아니지 않을까?

또 무슨 말도 안 되는 소리를 하는 겁니까?

광무개혁으로 한반도의 모든 권리는 황제에게 넘어갔지. 그런데 고종·순종 황제는 물론 황가 사람들은 한

메이지유신(1868년) 일본의 근대화 개혁. 사쓰마번·조슈번을 중심으로 한 개혁파가 도쿠가와 막부를 타도하고 중앙집권제를 회복, 이후 자체적인 근대화에도 성공했다.

개화파 서양 문명을 도입하자는 개화사상을 지녔던 이들. 주로 실학자 박지원의 손자인 박규수의 문하생들로, 온건개화파(김홍집, 김윤식 등)와 급진개화파(김옥균, 박영호)로 나뉜다.

안창호와 이토 히로부미의 만남

1902년 미국으로 떠났던 안창호는 1907년에 귀국해 신민회에 가담, 애국계몽운동에 나선다. 당시 한국 통감이던 이토 히로부미는 회담을 요청하며 "나는 일본뿐 아니라 한국도 서양처럼 발전시키려 한다"라며 협조를 구했지만, 안창호는 "한국의 개혁과 발전은 스스로의 힘과 노력에 맡겨야 한다"며 제안을 거부한다. 비록 일본 내에서는 온건파로 분류되던 이토였지만, 이미 러일전쟁 이후 을사조약과 정미조약으로 한반도의 식민화를 준비하던 일제의 야욕을 안창호는 꿰뚫고 있었던 것이다.

일합병 이후에도 이왕가로 일본의 귀족 대접을 받으며 잘 먹고 잘살았어. 아마 러시아나 다른 나라에 국권을 빼앗겼다면 그런 대접을 받을 수 있었을까? 그렇다면 적어도 이완용은 대한제국, 그리고 황실의 충신이라고 할 수 있지 않겠나?

당신은 정말 반성하는 마음이 없군. 바로 그런 이유 때문에 우리 민족이 독립해서 세울 나라가 공화주의여야 한다고 생각했던 거요!

이왕가 국권 피탈 후 대한제국 황실은 이왕가로 개편, 일본 황족(화족)이 되었다. 이들은 조선총독부의 감시를 받았으나, 상당한 사회적·경제적 예우도 받았다.

광무개혁, 최후의 개혁 시도

광무개혁은 1897년 고종이 주도한 대한제국의 최후의 근대화 시도다. 국호를 대한제국으로 바꾸고 황권을 강화했으며 문화(단발령), 행정(도로 및 철교 건설, 경기도, 충청남북도, 전라남북도, 경상남북도, 황해도, 평안남북도, 강원도, 함경남북도 등 13도 명칭 완성), 경제(한성은행, 동화약품 등 설립) 등 다방면에 걸쳐 제도를 개혁했다.

그러나 민주주의라는 시대적 열망에 역행했고, 고질적인 재정 부족과 함께 고종 본인의 인적 청산(김홍집 등)에 따른 인재 부족으로 태생적 한계가 있었다. 결국 러일전쟁에서 승리를 거둔 일제는 을사조약을 강요했고, 고종은 소극적인 저항만 하다 망국의 길에 접어든다.

나는 반성할 게 없다니까. 자, 진짜 마지막으로 하나만 묻지. 자네는 벗인 윤치호를 어떻게 생각하나?

그에게는 꽤 신세를 졌습니다. 감옥에 갇혔을 때 탄원서도 써줬고, 병간호도 도왔으며, 결국 내 장례까지 치러주었지요. 또한 나 이외에 많은 독립운동가를 구명하며, 소극적으로나마 일제 지배를 거부했던 사람입니다. 비록 염세주의적인 사고를 벗어나지 못하고, 내가 죽은 뒤에는 완전한 친일로 돌아선 것으로 알고 있지만요.

껄껄. 친일파와 독립운동가가 친구라니. 역시 조선인

은 재미있군, 재미있어!

웃기는군. 당신도 조선인 아닌가요? 내가 살아 있었을 때 그런 행보를 보였다면, 당연히 꾸짖었을 겁니다. 보통 친일파라고 하면 일제에 협력해 이권을 챙기는 을사오적 같은 이들만 떠올리기 쉽지만, 사실 복잡합니다. 당신처럼 이상한 신념을 가진 이도 있고, 소극적 자세를 취하다 결국 친일로 돌아선 윤치호나, 처음엔 독립운동에 나섰다가 변절한 이광수나 최남선 같은 이도 있소. 이들은 확실히 매국적 친일파라고 할 수 있을 겁니다. 하지만 단순하게 정의하기 어려운 이들도 있어요.

음. 간단하게 일제에 협력한 기록이 있으면 친일파! 이렇게 생각하면 안 될까요?

흥, 자네랑 붙어 다니던 여운형도 학도병 지원글을 쓴 적 있다던데.

그 일에 관해 여기서 알아봤는데, 일제에 의해 강제로

을사오적 을사조약 체결에 앞장섰던 다섯 명의 대신. 이지용·박제순·이근택·이완용·권중현. 이들과 반대로 한규설·민영기·이하영 등은 조약에 끝까지 반대했다.

명의를 도용당한 사례였다고 하는군요. 여운형이나 안재홍 등이 일제에 타협하지 않고 국내에 남아 독립운동을 계속한 것은 당대 독립운동가들이 한목소리로 증언하고 있어요.

사실 독립운동은 목숨을 걸어야 하는 일. 비밀 유지가 중요해서 복잡한 신분을 가진 이도 있었어요. 일제에 수동적으로 복종하면서 몰래 자금을 댄 사람도 있고, 일제의 밀정이면서 독립운동가로 활동했던 이도 있었죠. 물론 반대의 경우도 있지만요.

안 그래도 몇 년 전에 **밀정인지 독립군인지 모를 주인공이 나오는 영화**가 개봉되어 큰 인기를 끈 적이 있다고 하는군요.

하하, 영화로 나올 법한 이야기이긴 하죠. 사실 영화라고 하면 저도 좀 관계가 있는데, 다름 아니라 내 아들이 미국에서 영화배우로 활동했거든요. 지금 '할리우드 명예의 거리'에 이름도 새겨져 있지요.

멋집니다. 사실 내 후손 중에도 지금 한국에서 배우로

도산과 몽양 몽양 여운형은 젊은 시절 안창호의 연설을 듣고 독립운동을 시작했으며, 이후 에도 계속 뜻을 함께했다.

밀정인가 독립군인가? 황옥 경부 폭탄 사건

영화 〈밀정〉의 주인공 이정출(송강호 분)은 일제의 조선인 경찰이자 의열단의 이중간첩으로 나온다. 사실 이 영화는 실제로 일제강점기 때 경찰이었다가 의열단과 함께 경성(서울)에 폭탄을 반입하려 한 황옥 경부 폭탄 사건을 모티프로 했다. 재판정에서 황옥은 자신이 의열단이 아니라 일제의 밀정이라고 주장했지만, 결국 처벌 받는다. 의열단장 김원봉이나 다른 의열단원은 그가 일제 밀정이 아니라 의열단 단원이었다고 주장한다. 오늘날 그의 진짜 정체에 대해서는 여전히 미스터리로 남아 있다.

활약하는 이가 있다고 들었습니다.

안창호

다산 선생님의 후손이라면 당연히 잘생겼겠군요! 아무튼 돌아와서, 과거사를 돌아보는 일은 매우 중요합니다. 다만 신중해야 하죠. 예컨대 친일파 문제를 다룰 땐 역사적 정황을 잘 살펴야 합니다. 행위의 지속성과 반복성, 적극성 등을 살펴야 하죠. 사실 이런 건 시간이 지날수록 따지기 어려워요. 해방됐을 때 철저한 조사와 처벌이 이루어졌다면 좋았을 텐데….

이승만

왜 나를 쳐다보지? 당시엔 과거에 얽매이는 것보다 훨씬 중요한 일이 많았소. 바로 자유 대한민국을 재건하는 일 말이지. 과거에 얽매여서 일제 하에 교육받은 엘

리트와 사회 지도층을 다 처단해버리면, 대한민국은 진작 공산주의자 손에 넘어가고 말았을 거요.

국내의 정치적 기반을 다지기 위한 변명을 늘어놓는 건 아닙니까? 미국에서 대놓고 대통령 직함을 쓰고 다닐 때부터 당신 욕심을 알아봤거늘!

뭐가 문제라는 건가? 나는 한성정부의 집정관총재이자 대한민국 임시정부의 대통령이었는데.

과거사를 바로잡는 일과 나라의 기틀을 다지는 일은 오히려 서로 연결되는 것 아닙니까? 이승만 선생은 대한민국 초대 대통령으로 농지개혁법 같은 좋은 정책도 펴셨지만, 한편으로는 친일 청산을 가로막는 큰 잘못도 저질렀지요.

뭐야, 자네는 누군가?

임종국입니다. 문학평론가지만, 어쩌다 보니 거의 평생을 친일파 연구에 매진하게 됐지요.

농지개혁법(1949년) 이승만 정부 때 이루어진 토지 정책. 초대 농림부 장관 조봉암은 가구당 보유할 수 있는 농지 면적을 제한하고, 이를 넘는 땅은 다른 농민에게 강제로 팔도록 규정했다. 이로써 지주-소작제에 따른 오랜 경제적 수탈 문제가 해결됐다.

> **한성정부?
> 상해임시정부?**

1919년 3·1운동 이후, 지속적인 독립운동을 위한 중심 기구로서 임시정부가 곳곳에 세워진다. 대표적으로 러시아 연해주 블라디보스토크의 '대한국민의회', 경성(서울)의 '한성정부', 상하이의 '상해임시정부'가 있다. 1919년 9월 11일, 이들 기관은 힘을 모으기 위해 상하이에 모여 통합 정부인 '대한민국 임시정부'를 만든다.

이승만의 지위는 상해임시정부에서 '국무총리'였고 한성정부에선 '집정관총재'였는데, 정작 그가 미국에서 '대통령(President of Korea)' 직함으로 활동하자 이를 지적하는 안창호와 논쟁을 벌이기도 했다. 이때 이승만은 고집을 부려 대통령 직함을 계속 쓰게 됐으나, 결국엔 임시정부에서 탄핵되고 만다. 해방 이후, 1948년 정부가 수립됐을 때 이승만은 한성정부의 정통성을 주장하며 1919년 세워진 대한민국이 재건됐음을 강조했다.

이승만

별로 중요하지도 않은 일에 인생을 헛되이 낭비했군. 과거에 매달리지 말고, 당장 지금 중요한 일들을 고민해야지.

임종국

하하, 현재와 미래를 위해 필요한 일이었습니다. 일제강점기 내내 한결같은 마음으로 독립운동을 하는 건 쉽지 않았죠. 다만 해방 후에도 친일 행위에 대한 진상 규명과 반성이 없다는 건 큰 문제였습니다. 그런 의미에서 해방 후 반민특위 활동이 아쉽군요. 제가 친일파 연구에 매진한 것도 이런 문제의식과 사명감 때문이었죠. 역사에, 후손에게 부끄럽지 않기 위해 제가 아니어도 누군가 반드시 해야 하는 일이었습니다.

선생의 뜻은 **민족문제연구소**를 통해 계속 이어지고 있다고 들었습니다. 그런데 어쩌다 친일파 연구를 해야겠다고 생각했습니까? 어려움이 많았을 텐데요.

해방이 됐을 때, 저는 겨우 10대 중반의 소년이었습니다. 부끄럽지만 역사의식이 없었지요. 김구 선생님이 중국에서 귀국하신다는 소식을 듣고, "중국 사람이 왜 조선 땅에 와?"라고 되물을 정도였으니까요. 성인이 되고 진실을 알게 되니, 역사를 모른다는 게 얼마나 부끄러운지 깨닫게 되었습니다. 그래서 우리의 어두운 역사를 연구하게 됐지요.

역사를 바로 세운다거나 과거사를 청산하자는 말…. 듣기에는 참 좋지. 하지만 과거에만 매달리면 나라를

반민족행위특별조사위원회 1948년 9월 성립, 일제강점기에 반민족적 행위를 한 이들을 처벌하기 위해 만들어졌다. 4개월 동안 300여 명을 체포하여 조사했으나, 친일파 처벌에 회의적이었던 이승만의 방해를 받았고, 결국 1949년 8월 해산되고 말았다.

민족문제연구소 반민특위 정신을 계승하고 평생 친일파 연구에 매진한 임종국의 유지에 따라 설립된 시민단체. 일제강점기 연구, 강제동원 피해 규명, 독립운동가 연구 등을 주로 한다. 『친일인명사전』을 편찬했다.

지키고 발전시킬 수 있을까? 민심은 동요되고, 사회 곳곳에 무질서가 찾아오겠지. 해방 이후 우리 민족은 일본의 압제에선 벗어났지만, 대신 북한·소련·중국 등 공산주의 세력이 호시탐탐 노리고 있었어. 친일파를 처단하고 과거사를 청산한답시고 괜히 사회 혼란을 일으키면 되겠나?

오, 나랑 생각이 비슷하군. 그래, 자고로 민족 지도자라면 친일파 청산 운운하면서 분열을 일으킬 게 아니라, 이렇게 사회 통합에 나서야지.

어허! 나를 당신과 엮지는 마시오. 나는 대한민국 임시정부의 초대 대통령이자 대한민국 정부의 초대 대통령으로 외교를 통한 독립운동에 매진했으니까. 일본은 치가 떨리게 싫지만, 해방 후 건국 과정에선 과거를 파헤치는 것보다, 관용을 베풀어서 나라와 민족을 위해 일할 기회를 주는 게 낫다고 판단한 것뿐.

기가 차는군. 역사 앞에 섣불리 관용을 들먹이는 건 무책임한 일일 뿐이오!

현재는 중요합니다. 하지만 과거에 대한 직시와 반성 없이 제대로 된 현재와 미래가 있겠습니까? 친일 청산

의 목적은 단순히 누군가를 처벌하고 분열을 일으키자는 게 아닙니다. 잘못을 밝혀 진정으로 개과천선할 기회를 주어야, 우리 사회가 진정한 의미에서 통합되지 않겠습니까.

그렇게 반성하는 사람이 있을까요?

예를 들어, 3·1운동을 기획했다가 이후 친일파로 변절한 최린은 반민특위 법정에서 자기 잘못을 고백하고 반성했습니다.

아, 그러고 보니 지난 라운드에서 최린 선생의 이야기를 들었네요.

을미사변에 가담한 우범선의 아들 **우장춘 박사**의 사례도 있습니다. 그는 일본의 전도유망한 생물학자이자 농학자였는데, 부친의 잘못을 알고는 한국에 돌아와 농업 발전에 크게 기여했지요. 벼·감자·무·배추는 물론 제주도 감귤도 이 분이 개량했습니다. 이 같은 분이 많으면 좋았을 겁니다. 후손에게 당당하기 위해서도, 과거사를 정리하고 반성하는 일은 꼭 필요합니다.

이봐, 친일파의 아들이란 비난을 덮고 우 박사를 적극

우장춘 박사의 파란만장한 생애

아버지 우범선은 개화파 관료였지만, 명성황후를 시해하는 데 적극 가담했다. 이후 의병이 일어나고 고종이 아관파천을 단행하자 일본으로 망명, 일본인 여성과 결혼해 우범선을 낳았다. 그리고 아들이 다섯 살 때, 결국 암살되고 만다.

우장춘은 이후 찰스 다윈의 진화론 일부를 수정할 정도로 유망한 과학자가 됐으나, 아버지의 일을 알게 된 후 처자식까지 일본에 두고 홀로 한국에 온다. 혼혈이라고 냉대 받으면서도 평생 한국의 육종학과 농업 발전에 이바지했다. 그의 사위 중에는 일본에서 '경영의 신'으로 칭송받는 교세라 그룹의 창업주이자 일본항공 회장을 역임한 이나모리 가즈오도 있다.

기용한 게 바로 나야. 이 일만 봐도 과거사 정리를 말하는 게 순진한 이상론인 걸 알 수 있지.

아뇨. 오히려 진짜 현실적인 이야기를 하는 겁니다. 친일 청산의 실패로 이후 우리 사회가 얼마나 큰 분열을 겪고 있는지 모릅니까? 혹시 계속 과거사를 부정하는 것이 나라와 민족을 위해서가 아니라, 그저 자신의 권력을 유지하기 위한 것은 아닙니까? 그러지 않고서야 노덕술 같은 친일 경찰이 활개를 치고 다니는 걸 놔둘 리 없는데요.

공산주의의 위협에서 자유 대한민국을 지키기 위해선

어쩔 수 없었어!

정말 그럴까요? 반공 우파 진영에서도 이철승 같은 분은 악질적인 친일파는 처벌해야 한다고 말했는데요. 또 공산당을 싫어하는 김구나 김규식 선생도 민족의 분열을 막기 위해 좌우합작운동에 나섰고요.

그 친구들은 정치를 모르지.

해방 이후에 한반도가 곧장 냉전에 휘말려 분단된 것은 정말 슬픈 일입니다. 과거를 잘 수습하고 앞으로 나아가야 할 시기에 서로 미워하고 싸우게 됐으니까요. 하지만 그럴수록 저는 제가 할 수 있는 일, 즉 친일의 역사를 기록해 남겨야겠다고 다짐했습니다. 친일파의 명단과 행적을 철저하게 파헤치고 기록해서, 후대에 남기려고 한 것이지요.

흥, 그래서 자네는 아버지 이름도 친일파 명단에 올렸다고?

노덕술 악질적인 친일 경찰로 해방 이후 이승만에게 '반공 투사'라는 극찬을 받았다. 그는 독립운동가 김원봉을 체포했고, 반민특위 간부를 암살하려 하기도 했다.

그렇습니다. 제 아버님은 천도교 지도자였지만, 조사해보니 명백한 친일 행적이 있었어요. 나중에 이 사실을 알고 무척 괴로웠지만, 아버님 역시 제게 "책에 내 이름도 반드시 넣어라"라고 말해주셨지요.

효자인가, 불효자인가….

아아, 무척이나 어려운 결정이었을 텐데, 정말 대단합니다.

반드시 해야 할 일이었습니다. 거듭 말씀드리지만, 제가 친일파를 연구한 건 누군가를 비난하기 위해서가 아닙니다. 잘못을 저질렀다면 그걸 되돌아보고 스스로 반성할 기회를 줘야 해요. 그래야 후대에 교훈이 되지 않겠습니까? 일제강점기 내내 일관되게 독립운동을 하신 분들은 정말 훌륭합니다. 하지만 한때 독립운동을 했다가 변절한 이들에 대해서도 무조건 욕하기보다는 그 배경을 꼼꼼히 살피면 좋겠습니다.

음. 전체적인 맥락을 잘 살펴보자는 말씀이죠?

네. 그동안 잘 알려지지 않은 분들을 재조명하는 일도 필요하고, 친일파 역시 모순된 행적들을 자세히 남겨

서 잘한 일은 칭찬하고 잘못은 비판하면서 스스로 반면교사로 삼아야 해요. 그게 바로 진정한 의미의 친일 청산이자, 역사를 제대로 활용하는 법이겠지요.

중요한 말씀을 해주셨습니다. 마지막 논쟁도 끝을 맺을 시간인데요. 과거와 현재는 양자택일의 문제가 아니며, 둘 다 중요합니다. 우리가 역사를 배우는 이유 역시 과거를 통해 현재의 교훈을 얻고, 미래를 잘 준비하기 위한 것이니까요.

친일파 문제로 생각하면, 제대로 된 과거사 청산을 위해서는 먼저 친일파에 대한 분명한 기준을 설정하고 이해하는 과정이 필요하단 걸 알았습니다. 평생 친일파 연구에 힘쏜 임종국 선생의 말처럼, 그래야 과거사 청산이 미래로 나아가는 동력이 될 수 있을 테니까요. 비록 해방 직후에는 아쉬운 점이 많았지만, 우리가 역사를 기억하는 한 과거사에 대한 반성과 성찰은 계속될 거라 기대합니다.

지금까지 한국사의 여러 주제를 놓고 열띤 논쟁을 펼쳐보았습니다. 역사는 왜 중요할까요? 과거 동양의 역사가들은 역사를 거울에 비교하곤 했습니다. 거울을 통해 자기 모습을 보듯이, 역사를 통해 지난 날을 돌아보며 겸손을 배우고 같은 잘못을 반복하지 않도록 교훈으로 삼자는 것이지요. 이 책에서 펼쳐진 뜨거운 대화들을 통해 부디 역사의 재미를 느끼셨기를, 또 역사를 바라보는 자신만의 균형 있는 관점을 기르셨기를 바랍니다. 그럼, 여러분이 만들어갈 새로운 역사를 기대하겠습니다!

이번 라운드 핵심 요약

① 식민 지배는 수탈이다. 실력양성은 우리 힘으로! (안창호 '실력양성론')
② 반민특위 해산! 친일 청산보다는 반공이 시급하다. (이승만 '반공주의')
③ 친일 명단 기록! 진정한 참회와 반성으로 교훈을 삼아야. (임종국)

역사를 왜 배워야 할까? 이번 라운드의 임종국과 우장춘의 사례를 통해 "역사는 미래를 비추는 거울"이라는 말의 뜻을 다시 한번 생각해보자.

나가는 말

과거와 현재의 대화는 계속되어야 한다

토론회는 즐거우셨나요?

반만년을 빛낸 위인들의 열띤 논쟁을 관전하며 한국사의 묘미를 느끼셨기를 바랍니다.

『격돌! 한국사 배틀』의 아이디어를 처음 떠올린 것은 지금부터 8년 전입니다. 대학에서 역사와 철학을 공부한 전공을 살려서, 누구나 쉽고 재미있게 접할 수 있는 대중적인 책을 만들고 싶었는데요. 생각한 만큼 작업이 쉽지는 않았습니다.

물론 수천 년 한국사를 요약 정리한 입문 교양서나, 특정 시대나 주제를 다룬 교양서들은 꽤 있습니다. 하지만 역사 전반을 다루면서도, 좀 더 새로운 방식으로 재미와 감동을 느끼게 할 수는 없을까 계속 고민했지요.

그러다 문득 '한국사 위인들이 시공간을 초월해서 직접 논쟁을 벌이면 어떨까?' 하는 생각이 들었습니다. 만화에 나오는 '천하제일 무술대회'의 한국사 버전이라고 할까요. 마침 대화체 형식의 여러 인문 교양서가 인기를 끌었고, 이들을 모티브 삼아 이 책을 집필할 수 있었습니다.

물론 아이디어가 책이 되기까지 여러 어려움이 있었습니다. 의도적으로 캐릭터를 과장하거나, 좀 더 깊이 있고 다층적으로 다뤄야 할 인물이나 사건을 단순화한 부분도 있습니다. 다만 이 책의 목표가 한국사를 정확하고 상세히 다루는 게 아니라, 한국사의 재미와 매력을 찾아가는 '발판'으로 쓰이길 바란다는 점을 이해해주길 바랍니다.

이 책은 많은 연구자의 노력에 빚을 지고 있습니다. 박물관이나 미술관에 가면 수많은 파편을 한 땀 한 땀 모아서 복원해낸 훌륭한 유물들을 볼 수 있습니다. 역사학자들이 하는 일도 이와 비슷합니다. 눈에 잘 띄지도 않는 수백 수천 년 전 역사적 진실의 파편들을 열심히 모아, 그 아름다움을 멋지게 복원해내는 작업을 하고 있지요. 『격돌! 한국사 배틀』을 통해 조금이라도 한국사의 재미를 느끼게 됐다면, 참고문헌에 수록된 책들도 한 권씩 읽어보시는 것을 추천합니다.

또한 이 책에 등장하는 50여 명의 한국사 인물을 한 사람 한 사람 매력적이고 생동감 있게 그려주신 이리 작가님께도 다시 한번 감사합니다. 작가님의 멋진 일러스트는 이 책의 형식에 그야말로 살아 숨 쉬는 강력한 생명력을 불어넣어주셨습니다.

  마지막으로 무엇보다 독자 여러분께 감사 말씀을 드립니다. 이 책을 읽는 데 쓰신 귀한 시간이 한국사의 재미와 감동을 찾는 데, 나아가 자신만의 삶의 의미와 가치관을 발견하는 데 조금이나마 도움이 됐기를 바랍니다. 책장을 덮은 뒤에도 계속해서 즐겁게 역사 이야기를 나누는 계기가 되기를 바라며!

참고문헌

국사편찬위원회 한국사데이터베이스 https://db.history.go.kr/
우리역사넷 http://contents.history.go.kr/
한국독립운동사자료 https://db.history.go.kr/modern/
한국민족문화대백과사전 https://encykorea.aks.ac.kr/

Round 01. 단군 vs 기자, 우리의 진짜 시조는?
기자가 고구려인의 선조? 한민족 기원 논쟁

노태돈 외, 『단군과 고조선사』, 사계절, 2000.
단국대학교 동양학연구원·고조선사연구회 편, 『고조선과 위만조선의 연구쟁점과 대외교류』, 학연문화사, 2015.
동북아역사재단, 『고조선사 연구동향』, 동북아역사재단, 2018.
송호정, 『단군, 만들어진 신화』, 산처럼, 2004.
송호정, 『역사 인식으로 읽는 고조선사』, 경인문화사, 2024.
오강원, 『비파형 동검 문화와 요령 지역의 청동기 문화』, 청계, 2006.
이문영, 『우리가 오해한 한국사』, 역사산책, 2023.
젊은역사학자모임, 『한국 고대사와 사이비역사학』, 역사비평사, 2017.
조원진, 「조선시대 기자조선에 대한 비판적 인식」, 『동북아역사논총』 제81호, 2023.

Round 02. 고구려가 삼국을 통일해야 했을까?
삼국통일의 의의를 재조명하다

기경량 외, 『신라는 정말 삼국을 통일했을까』, 역사비평사, 2023.
노명호, 『고려국가와 집단의식』, 서울대학교출판문화원, 2009.

노태돈, 『삼국통일전쟁사』, 서울대학교출판부, 2009.
서영교, 『고대 동아시아 세계대전』(개정판), 글항아리, 2021.
신형식, 『통일신라사연구』, 한국학술정보, 2004.
안정준, 『반전의 한국사』, 웅진지식하우스, 2022.
역사비평 편집위원회 엮음, 『논쟁으로 읽는 한국사 1』(전근대), 역사비평사, 2009.
이상훈, 『나당전쟁연구』, 주류성, 2012.
이성시, 『만들어진 고대』, 삼인, 2001.
이성시, 『고대 동아시아의 민족과 국가』, 삼인, 2022.
문안식, 「의자왕의 친위정변과 국정쇄신」, 『동국사학』 47, 2009.
윤경진, 「삼한 인식의 연원과 통일전쟁기 신라의 천하관」, 『동방학지』 167권, 2014.
전진국, 「삼한의 실체와 인식에 대한 연구」, 한국학중앙연구원 한국학대학원 박사논문, 2017.2
홍성화, 「『일본서기』에 보이는 백제의 정변에 대한 고찰」, 『한국고대사탐구』 46, 2024.

Round 03. 한반도의 일본식 무덤, 그 정체는?
임나일본부 논쟁과 영산강 전방후원분의 비밀

김낙중, 『영산강 유역 고분 연구』, 학연문화사, 2009.
김현구, 『백제는 일본의 기원인가』, 창비, 2002.
박천수, 『새로 쓰는 한일교섭사』, 사회평론, 2007.
역사비평 편집위원회 엮음, 『논쟁으로 읽는 한국사』 1(전근대), 역사비평사, 2009.
요시노 마쿠토, 『동아시아 속의 한일 2천년사』, 한철호 옮김, 책과함께, 2005.
젊은역사학자모임, 『한국 고대사와 사이비역사학』, 역사비평사, 2017.
황윤, 『일상이 고고학, 나 혼자 대가야 여행』, 책읽는고양이, 2024.
박영훈, 「전방후원형 고분의 등장배경과 소멸」, 호남고고학회, 2009.
백승옥, 「4~6세기 가야의 대백제·신라 관계」, 『한국고대사연구』 94권, 2019.
서정석, 「구조적 특징을 통해 본 전남지역 전방후원분의 피장자」, 『청계사학』 25호, 2023.

이정호, 「5~6세기 영산강유역 고분의 성격」, 『고문화』 59권, 2002.
임영진, 「영산강유역 장고분의 정체」, 『한국사 시민강좌』 제44집, 2009.
정기진, 「전남 서부지역 전방후원형분 축조세력 검토」, 『야외고고학』 제19호, 2014.
주보돈, 「백제 칠지도의 의미」, 『한국 고대사 연구』 62호, 2011.
최성락, 「전방후원형 고분의 성격에 대한 재고」, 『한국상고사학보』 제44호, 2004.
최영주, 「일본 긴키지역의 생산유적으로 본 백제계 도래인의 정착양상」, 『역사학연구』 77권, 2020.
츠지 히데토, 「영산강유역의 전방후원분과 왜국 주연지역의 전방후원분」, 『백제연구』 43, 충남대학교 백제연구소, 2006.
이민규, 「한반도 중부지역의 적석총 연구」, 연세대학교 대학원 석사 학위논문, 2023.
Rui Wang·Chuan-Chao Wang, 「Human genetics: The dual origin of Three Kingdoms period Koreans」, 『Current Biology』 vol.32, 2022.8. (https://linkinghub.elsevier.com/retrieve/pii/S0960982222010065)

Round 04. 발해는 정말 우리 역사일까?
동북공정과 발해사의 진실

김은욱 외, 『해동성국, 고구려를 품은 발해』, 동북아역사재단, 2020.
송기호, 『발해 사학사 연구』, 서울대학교출판문화원, 2022.
김진한, 「8세기 신라의 대발해 인식 변화와 그 배경」, 『한국학』 46권, 2023.
박한설, 「고구려가 망한 뒤 고구려인은 모두 중국인이 되었는가」, 『고구려발해연구』 29권, 2007.
이성시, 「발해사의 새로운 관점을 찾아서」, 『동북아역사포커스』 제8호, 2024.

Round 05. 한국사 최강의 국가는?
반만년 역사를 톺아보는 흥미진진한 대결

박현도·곽민수·강인욱·허준, 『역사를 보다』, 믹스커피, 2024.
이문영, 『우리가 오해한 한국사』, 역사산책, 2023.

전국역사교사모임, 『살아있는 한국사 교과서』(전2권), 휴머니스트, 2019.
황윤, 『일상이 고고학, 나 혼자 가야 여행』, 책읽는고양이, 2021.

Round 06. 사회 갈등을 어떻게 해결할 것인가?
진보 vs 보수, 끝나지 않는 논쟁

역사비평 편집위원회 엮음, 『논쟁으로 읽는 한국사』 1(전근대), 역사비평사, 2009.
조유식, 『정도전을 위한 변명』, 휴머니스트, 2014.
김성우, 「16세기의 사림파, 진보세력이었던가?」, 『한국사 시민강좌』 33권, 2008.
송웅섭, 「고려 말~조선 전기 '정치 세력의 이해' 다시 보기」, 『역사비평』 120권, 2017.

Round 07. 강대국 틈에서 살아남을 방법은?
고려를 살린 외교 vs 조선을 망친(?) 외교

김한규, 『한중관계사』(전2권), 아르케, 1999.
구범진, 『병자호란, 홍타이지의 전쟁』, 까치, 2019.
도현철, 『고려와 원』, 동북아역사재단, 2022.
안정준, 『반전의 한국사』, 웅진지식하우스, 2022.
오항녕, 『광해군 그 위험한 거울』, 너머북스, 2012.
한명기, 『정묘·병자호란과 동아시아』, 푸른역사, 2009.
한명기, 『병자호란』(전2권), 푸른역사, 2013.
오수창, 「청과의 외교 실상과 병자호란」, 『한국사시민강좌』 36권, 2005.
최덕환, 「993년 고려-거란 간 갈등 및 여진 문제」, 『역사와 현실』 85권, 2012.

Round 08. 정치인의 싸움은 무조건 나쁠까?
붕당으로 살펴보는 좋은 정치의 조건

오항녕, 『조선의 힘』, 역사비평사, 2010.
이이화, 『당쟁과 정변의 소용돌이』(한국사이야기 13), 한길사, 2001.

이정철, 『대동법, 조선 최고의 개혁』, 역사비평사, 2010.

최태성, 『역사의 쓸모』(개정판), 프런트페이지, 2024.

Round 09. 빈부격차, 해결 방법이 있을까?
조선 후기 실학자, 양극화 문제로 대격돌!

강만길, 『고쳐 쓴 한국 근대사』(개정판), 창비, 2006.

김태영, 『실학의 국가 개혁론』, 서울대학교출판부, 1998.

오영교, 『실학파의 정치·사회개혁론』, 혜안, 2008.

정성희 외, 『실학, 조선의 르네상스를 열다』, 사우, 2022.

Round 10. 개방 vs 보호, 무엇이 정답일까?
19세기와 21세기, 갈림길에 서다

김옥균 외, 『갑신정변 회고록』, 건국대학교출판부, 2006.

김태웅, 『어윤중과 그의 시대』, 아카넷, 2018.

신동준, 『개화파 열전』, 푸른역사, 2009.

왕현종, 『한국 근대국가의 형성과 갑오개혁』, 역사비평사, 2003.

Round 11. 폭력으로 평화를 얻을 수 있을까?
안중근 vs 이토, 진정한 평화주의자는?

강만길, 『고쳐 쓴 한국 근대사』(개정판), 창비, 2006.

김도형, 『대한 제국기의 정치 사상 연구』, 지식 산업사, 1994.

안중근, 『동양평화론(외)』, 범우사, 2010.

박정심, 「신채호의 동양주의 비평에 대한 연구」, 『코기토』 제89호, 2019.

이시다 타케시(石田雄), 「이토 히로부미의 동양평화관: 안중근의 평화론과 대비해서(伊藤博文の"東洋平和"觀: 安重根のそれと對比して)」, 『한림일본학』 8권, 2003.

Round 12. 3·1운동을 왜 기념해야 할까?
성공인가 실패인가? 평화 시위인가 폭력 시위인가?

강만길, 『고쳐 쓴 한국 근대사』(개정판), 창비, 2006.
박찬승, 『1919』, 다산초당, 2019.

Round 13. 독립을 위한 최선의 길은?
무장투쟁 vs 실력양성 vs 외교독립

김삼웅, 『투사와 신사 안창호 평전』, 현암사, 2013.
김도형, 「안창호의 위임통치청원 관련 자료 검토」, 『한국근현대사연구』 68권, 2014.
박찬승, 『한국독립운동사』, 역사비평사, 2014.
박찬승, 『대한민국은 민주공화국이다』, 푸른역사, 2013.
한국근현대사학회, 『새롭게 쓴 한국 독립운동사 강의』, 한울, 2020.

Round 14. 과거가 중요할까, 현재가 더 중요할까?
_친일 청산 문제로 돌아보는 역사의 의미

민족문제연구청년모임·정운현, 『친일, 청산되지 못한 미래』, 책보세, 2014.
정운현, 『임종국 평전』, 시대의창, 2023.
주대환, 『시민을 위한 한국현대사』, 나무나무, 2017.
하세가와 쓰요시, 『종전의 설계자들』, 한승동 옮김, 메디치미디어, 2019.

격돌! 한국사 배틀

초판 1쇄 인쇄 2025년 7월 2일
초판 1쇄 발행 2025년 7월 16일

지은이 김대한
그린이 이리

편집 김대한
디자인 studio forb
제작 (주)공간코퍼레이션

펴낸이 홍정희 **펴낸곳** 알키미스트
출판등록 2024년 9월 9일 제2024-000121호
이메일 alchemist.txt@gmail.com
인스타그램 @alchemist.press

ISBN 979-11-990376-2-5 (03910)

· 책값은 뒤표지에 있습니다.
· 파본은 구입하신 서점에서 교환해드립니다.
· 이 책은 저작권법에 의하여 보호를 받는 저작물이므로 무단 전제와 복제를 금하며,
  이 책 내용의 전부 또는 일부를 이용하시려면 반드시 저작권사와 출판사의 서면 동의를
  받아야 합니다.